A Bíblia da Mitologia

A Bíblia da Mitologia

Tudo o que você queria saber sobre mitologia

Sarah Bartlett

TRADUÇÃO:
Jacqueline Damásio Valpassos

Editora
Pensamento
SÃO PAULO

Título do original: *The Mythology Bible*.

Copyright © 2009 Octopus Publishing Group Ltd.
Copyright da edição brasileira © 2011 Editora Pensamento-Cultrix Ltda.
1ª edição 2011.
2ª reimpressão 2018.
Texto de acordo com as novas regras ortográficas da língua portuguesa.

Publicado originalmente na Grã-Bretanha em 2009
pela Godsfield Press, uma divisão do Octopus Publishing Group Ltd.
Endeavour House, 189 Shaftesbury Avenue
London WC2H 8JY
www.octopus-publishing.co.uk

Todos os direitos reservados. Nenhuma parte desta obra pode ser reproduzida ou usada de qualquer forma ou por qualquer meio, eletrônico ou mecânico, inclusive fotocópias, gravações ou sistema de armazenamento em banco de dados, sem permissão por escrito, exceto nos casos de trechos curtos citados em resenhas críticas ou artigos de revistas.

A Editora Pensamento não se responsabiliza por eventuais mudanças ocorridas nos endereços convencionais ou eletrônicos citados neste livro.

Coordenação editorial: Denise de C. Rocha Delela e Roseli de S. Ferraz
Preparação de originais: Roseli de S. Ferraz
Revisão: Maria A. A. Salmeron

Dados Internacionais de Catalogação na Publicação (CIP)
(Câmara Brasileira do Livro, SP, Brasil)

Bartlett, Sarah
  A Bíblia da mitologia: tudo o que você queria saber sobre mitologia / Sarah Bartlett; tradução Jacqueline Damásio Valpassos. – São Paulo: Pensamento, 2011.

  Título original: The mythology bible: everything you wanted to know about mythology.
  ISBN 978-85-315-1753-2

  1. Mitologia I. Título.

11-09526   CDD-291.13

Índices para catálogo sistemático:
1. Mitologia   291.13

Direitos de tradução para o Brasil
adquiridos com exclusividade pela
EDITORA PENSAMENTO-CULTRIX LTDA.
Rua Dr. Mário Vicente, 368 – 04270-000 – São Paulo, SP
Fone: (11) 2066-9000 – Fax: (11) 2066-9008
E-mail: atendimento@editorapensamento.com.br
http://www.editorapensamento.com.br
que se reserva a propriedade literária desta tradução.
Foi feito o depósito legal.

Sumário

INTRODUÇÃO 6

Parte 1 **MITOLOGIAS DO MUNDO** 44

ÁSIA 46

EGITO ANTIGO E MESOPOTÂMIA 72

O MUNDO CLÁSSICO 98

NÓRDICA, CELTA E OUTRAS MITOLOGIAS
  EUROPEIAS 126

ÁFRICA E OCEANIA TRIBAIS 154

AS AMÉRICAS 186

Parte 2 **TEMAS NA MITOLOGIA** 212

CRIAÇÃO E COSMOS 214

SOL, LUA E CÉU 246

FERAS E MONSTROS 278

AMANTES MÍTICOS 304

TRAPACEIROS, HERÓIS E AVENTURAS 332

MORTE E O MUNDO INFERIOR 364

ÍNDICE REMISSIVO 392

AGRADECIMENTOS 400

INTRODUÇÃO

Os maiores mitos sobre a criação, amor, heróis e aventura, que espelham profundamente nossa própria humanidade, reunidos de todas as partes do mundo. Oferecendo uma visão impressionante dos deuses e deusas mais conhecidos de cada civilização, este livro traz à vida a magia da mitologia, apresentando não apenas os já tão conhecidos mitos greco-romanos e nórdicos belamente recontados, mas também os da Ásia, das Américas, da Oceania e da África.

Como usar este livro

Este livro é um guia para os mitos, deuses e deusas que são evocativos de nossas maiores visões ao longo do tempo, atravessando culturas e civilizações.

Você pode usar este livro para pesquisar sobre determinadas divindades ou simplesmente ler sobre o panteão de deuses ou crenças mitológicas de uma civilização em particular. Descobrir as maravilhas do Tempo do Sonho na Austrália, ler sobre a crença egípcia na vida após a morte, ou conhecer alguns dos deuses gregos ou nórdicos. Então, na segunda parte deste livro, você pode constatar quantos mitos de diversas culturas e épocas têm temas semelhantes. Há também um gráfico de tempo na p. 26 – um ponto de referência para comparar as épocas envolvidas no mundo da mitologia.

A Introdução explora a mitologia em geral e comparativamente. Como tudo começou, e por quê? O que as mitologias das diversas partes do mundo têm em comum, qual a importância do mito na literatura e na arte, e, também, qual sua relação com a psicologia e interpretações modernas? A Parte 1, em seguida, subdivide a mitologia por localização geográfica e/ou civilizações.

Diversidade e temas

A vasta gama de mitos e deuses de cada uma das mitologias grega, nórdica, egípcia ou indiana poderia render um livro à parte. Na mitologia de cada uma dessas civilizações, há um deus criador inicial ou ser supremo, ao qual se juntam deuses maiores e seus consortes e, subsequentemente, deuses menores. Os papéis mais importantes dessas culturas antigas, como os deuses da fertilidade ou do amor, ou divindades da guerra ou da colheita, estão incluídos neste guia. Há também três "árvores genealógicas" que ajudam a explicar a relação entre os deuses maiores dos panteões egípcio, grego e nórdico. Estas podem ser encontradas no início dos capítulos relevantes.

Este livro também analisa os mitos mais sugestivos ou significativos dos povos indígenas da América, África, Oceania e do restante da Ásia. Novamente, as divindades ou personagens mais importantes da mitologia de cada cultura são destacados. Os povos caçadores-coletores da América do Norte estavam mais

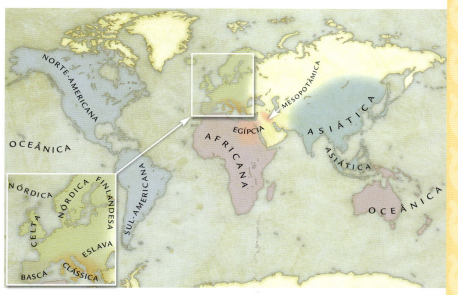

A Parte 1 deste livro divide as mitologias de acordo com a localização geográfica e as civilizações.

preocupados com as condições locais ou como o primeiro homem e a primeira mulher foram formados. Ao passo que as civilizações Inca, Asteca e Maia da América Central e do Sul são mais estruturadas e fornecem a base de suas próprias crenças religiosas e ritualísticas.

Enquanto isso, a mitologia da África (com exceção do Egito) é fragmentada; há pouca relação entre as diversas divindades. No entanto, as grandes distâncias na Oceania, com suas vastas extensões de oceano separando ilhas habitadas por pequenos grupos de pessoas, não impediram que certos deuses aparecessem em muitos sistemas de crenças das diferentes ilhas.

Por último, consideramos que a interação constante de experiências, ambiente e aspiração do espírito humano frequentemente produz temas semelhantes, seja qual for a cultura, a localização geográfica ou a época. Isso é abordado na Parte 2, *Temas na Mitologia*.

INTRODUÇÃO

O que é mito?

História sagradas de diversas culturas e civilizações compõem as mitologias do mundo. O mito é o elemento central de muitos sistemas de crenças e religiões – não apenas dando significado e propósito à vida das pessoas, mas lhes permitindo compreender o mundo à sua volta.

Sonhos coletivos são apanhados em nossa realidade pessoal por meio do mito, exatamente como em um apanhador de sonhos, retendo nossos sonhos secretos.

"Mito" vem do grego antigo *mythos*, que significa simplesmente "palavra", "narrativa", "conto" ou "discurso". Para os gregos antigos, era a antítese do *logos*, o termo para uma forma objetiva de descrever um evento, observadas as regras específicas da lógica. Filósofos, em geral, procuram chegar à verdade por meio do *logos*, enquanto poetas, historiadores e artistas de qualquer tipo tentariam chegar à verdade através de *mythos*.

Ao longo de milhares de anos, a palavra "mito" passou por uma metamorfose etimológica e é, agora, muitas vezes usada para descrever uma mentira ou crença estúpida. "Isso é um mito" é uma forma de dizer que alguma coisa não é verdade, quando, na realidade, "mito" é "verdade". As pessoas vêm contando essas histórias sagradas há milhares de anos, não apenas para compreender a si mesmas, mas para compreender melhor o mundo e o significado por trás da existência.

Mito como reflexo

Mitos são muito diferentes de fábulas ou lendas. As últimas geralmente lidam com aspectos da moralidade em uma determinada sociedade ou cultura, e estão mais preocupadas com os valores intrínsecos a um determinado *éthos*, civilização, sistema de crenças, ou era. Normalmente, estão ligados a fatos históricos ou decorrem das aventuras, obras ou realizações de uma pessoa real.

Mitos, por outro lado, são histórias que dizem respeito ao nosso relacionamento interior com o divino ou com o "desconhecido". Eles são reflexos de nossos desejos, necessidades e medos, particulares e coletivos. Como espelhos, eles nos lembram quem somos, e também de quão pouco nós, como seres humanos, mudamos desde os tempos antigos. Mitos foram relatados muito antes do advento da escrita e formam a base da maioria das religiões, filosofias, literatura e arte do mundo. Revelam a poderosa expressão da imaginação humana por meio de uma forma narrativa para criar uma linguagem universal.

O professor norte-americano de mitologia Joseph Campbell restabeleceu o poder do mito e sua responsabilidade na formação de nossas crenças e valores.

Sonhos públicos

Os mitos são histórias sagradas que usam símbolos para contar sua verdade. Eles não só descrevem nossa percepção do mundo, mas oferecem uma chave para perguntas como "Quem sou eu?", "Como eu me encaixo em minha cultura/sociedade?" e "Como devo viver minha vida?". Na verdade, os mitos são a expressão atemporal da imaginação, tanto coletiva como individual, e da nossa necessidade de compreender quem somos no universo. Como o famoso professor de mitologia e escritor americano, Joseph Campbell, escreveu: "Mitos são sonhos públicos; um sonho é um mito privado".

Introdução à mitologia

Mitologia é um tema vasto. Do mesmo modo que a História, não é fácil encapsulá-la ou contê-la. Abundam histórias sagradas pelo mundo, e enormes massas de histórias compõem as obras completas do sistema de crenças de uma cultura ou civilização.

A maioria dessas histórias sagradas foi inicialmente transmitida em forma de narrativa, passada oralmente de geração em geração, evoluindo e se desenvolvendo ao longo do tempo até se tornarem a base de muitas religiões. Os mitos que foram passados na forma escrita são normalmente encontrados em civilizações altamente organizadas. Exemplos desses registros incluem as estelas e hieróglifos dos egípcios e um pouco da mitologia mesopotâmica, os Rig-Vedas da mitologia pré-hindu, bem como a vasta literatura dos antigos gregos.

Temas universais

O psicólogo suíço do século XX, Carl Jung, famoso por sua teoria do inconsciente coletivo, acreditava que a mitologia reflete as memórias e imagens compartilhadas por toda a humanidade. E revela temas comuns, como a maneira com que o universo teve início, explicações das forças da natureza, as origens das pessoas, buscas e comportamentos pessoais, regras sociais e crenças, bem como crescimento psicológico pessoal e coletivo. A mitologia é diversificada em seus detalhes devido à geografia local e às necessidades regionais das pessoas, mas a paridade de imagens e ideias que abrangem grandes extensões geográficas e espaços de tempo é extraordinária, também.

Hieróglifos egípcios encontrados em estelas revelam contos sagrados de mais de três mil anos.

No cerne da maioria dos mitos e sistemas de crenças encontra-se a história da criação, de como o universo começou.

Por exemplo, o ovo universal ou cósmico aparece em muitas histórias da criação, assim como agentes de transformação, como pássaros como o Gaio Azul; deuses chifrudos como Pã, o Minotauro e Pashupati eram todos associados com a natureza selvagem. A mitologia também responde a questões como "Como o mundo ou o universo começou?" e "Por que somos mortais?". Muitas culturas acreditavam que a mortalidade era uma punição dos deuses para as transgressões humanas ou para a nossa capacidade de ser corruptos. Temas e ideias semelhantes que aparecem em lugares muito distantes devem ter viajado através dos continentes como mercadorias, do mesmo modo que as línguas indo-europeias que se encontram na raiz da maioria de nossos "modernos" idiomas europeus.

Muitos contos e divindades, com seus vícios e virtudes, tocam-nos profundamente em um nível "mítico". Ainda encaramos os mitos antigos como paralelos de nossa própria história de vida e podemos nos identificar facilmente com os diversos fios condutores e conceitos nas narrativas, sejam quais forem os personagens e o comportamento ou resultado do conto. Esses mitos capturam o âmago do dilema humano – seja o coração solitário ou a busca para provar a si mesmo.

O propósito do mito

A personificação das forças naturais como deuses e deusas era uma forma de explicar todas as coisas como o sol, a lua, as estrelas e também a terra, o trovão, a chuva, o fogo e o vento.

Basicamente, deuses e deusas têm um potencial "arquetípico" – em outras palavras: eles evocam sentimentos, imagens e situações com os quais todos nos identificamos. São sugestivos de várias experiências em nossas próprias vidas, como lutas de poder, o bem contra o mal, ou as escolhas que temos de fazer. O mundo simbólico da mitologia pode ser visto como um espelho de nossa própria paisagem interior.

Muitas culturas há muito perderam a crença em deuses e deusas desse tipo. Isso, ironicamente, tem um preço. Se formos sábios e abertos o bastante para perceber que a mitologia é um espelho maravilhoso da natureza humana, um mundo inteiro no qual projetamos nossos medos, dúvidas, sentimentos, ideias e desejos, então ela pode oferecer um potente recipiente para autoconsciência individual e inspiração coletiva.

Muitas civilizações criaram seres míticos para explicar os elementos, como deuses do trovão, da tempestade e do céu.

Desconexão espiritual

A perda da mitologia, particularmente na sociedade ocidental, criou uma espécie de desconexão espiritual. Estamos separados de uma parte de nós mesmos que é conectada com algo mais do que o mundo material. Como Jung destacou: "Desde que as estrelas caíram do céu e nossos mais altos símbolos empalideceram... o céu se tornou para nós o espaço cósmico do físico". Entretanto, décadas depois de Jung ter escrito isso, estamos retornando a essa rede simbólica como fonte de alimento tanto espiritual quanto psicológica. O que o cientista está descobrindo agora é o que o antigo contador de histórias sempre soube.

Alguns acreditam que os antigos criadores de mitos foram astrólogos primitivos, buscando respostas no céu exatamente como a astrologia faz agora.

Muitos eruditos têm tentado encontrar um propósito racional para os mitos. Uma teoria defende que os criadores de mitos eram cientistas primitivos que desejavam explicar como o mundo passou a existir. Os mitos também eram usados para explicar os rituais e cerimônias relativos aos ciclos da natureza entre os povos antigos. As sociedades estabeleciam lei e ordem por meio das tradições orais da mitologia, e uma hipótese é a de que os mitos eram criados para que os seres humanos pudessem ascender, ou tentar ascender, ao nível dos próprios deuses.

Mas, provavelmente, foi a ideia revolucionária de Jung que explica a nossa redespertada consciência do propósito dos mitos. Essas histórias sagradas são simplesmente as vozes de nossos antepassados e, portanto, a nossa própria voz interior. Por meio do mito podemos nos reconectar com a natureza universal de nós mesmos. Não importa quão independentes acreditamos ser como indivíduos, é a mitologia que revela a urdidura subjacente que nos entrelaça numa tapeçaria de totalidade que é o universo, que permeia todas as coisas.

Temas compartilhados

Os temas mais comuns na mitologia mundial envolvem a criação do mundo e de seus primeiros povos. Muitas vezes há um deus criador ou um evento cataclísmico que destrói a primeira raça de mortais e, então, o mundo é repovoado. Por exemplo, há mitos do Grande Dilúvio da Suméria e da Babilônia, dos maias, da América Central, e dos iorubás, da África.

Morte e renascimento eram, obviamente, temas importantes, assim como a justaposição entre o mundo inferior e o mundo superior. Mitos sobre a criação satisfazem a necessidade de uma noção sobre de onde viemos, nossas raízes e origens; mitos da fertilidade foram gerados por uma necessidade de estabilidade econômica e para garantir a continuidade da vida na Terra; mitos de heróis

O povo iorubá da África celebra o retorno dos mortos de seus ancestrais na cerimônia Engungun.

Temas similares aparecem nas mais diversas regiões do mundo. Deuses do céu e histórias da criação são predominantes em toda parte.

forneciam modelos para o comportamento humano. Algumas culturas estavam interessadas apenas em mitos que explicassem seu próprio povo e cultura. Por exemplo, os iorubás tinham uma explicação estruturada para sua cidade-estado sagrada, assim como os navajos e sua jornada espiritual pelos quatro mundos.

Sazonalidade e criação

A maioria das culturas tinha mitos a respeito da natureza cíclica das estações, do desenvolvimento da agricultura ou da evolução de uma forma selvagem para uma maneira mais civilizada de vida. Os filhos do Sol foram levados para Cuzco pelos deuses incas Manco e Mama; a história de Deméter e Perséfone na mitologia grega é tanto uma explicação poderosa para as estações e as forças da natureza como um mito cíclico altamente complexo.

Parece que a mente antiga e a moderna caminharam para as mesmas conclusões sobre como tudo começou. Seja o ovo universal que eclodiu, o homem cósmico que se dividiu em muitas partes ou a teoria do Big Bang dos cientistas, o cosmos foi colocado em movimento de alguma maneira. Mitos da criação oferecem respostas básicas a questões fundamentais, mas profundas. Deuses criadores criam outros deuses, surgem conflitos e isso dá origem a heróis e suas aventuras. Histórias de amor dramáticas e missões heroicas definem a natureza da humanidade, tanto para o coletivo como para o indivíduo.

Deuses e divindades pelo mundo todo, quer sejam representados em forma humana ou animal, são "antropomórficos" – em outras palavras, agem, pensam e falam como seres humanos. Alguns deuses são solidários ou preocupados com o progresso dos mortais, como na Grécia, Índia, Egito e América do Norte. Ao passo que outros são indiferentes ao destino humano, como nas mitologias da Babilônia e da Suméria.

Herói

Os heróis e suas missões são enormemente importantes e se tornaram ícones sagrados em todas as culturas, fornecendo uma base útil ou fórmula para a perpetuação de costumes e crenças. Geralmente, eles ensinam a humanidade a pescar, curar e caçar, ou como destruir os demônios e monstros que ameaçam suas comunidades. Os heróis conduzem seu povo a um maravilhoso mundo novo ou lhes dão fogo e demonstram novos rituais.

Parece que o herói se tornou um indivíduo distinto por conta própria após a dissolução da adoração à Grande Mãe ou Grande Deusa. Isso provavelmente ocorreu perto do final da Idade do Bronze, por volta de 2500 AEC e próximo ao início da Idade do Ferro, cerca de 1250 AEC. Esses mitos de heróis aparecem em um período de ênfase patriarcal nas civilizações, durante o desenvolvimento da agricultura e também no estabelecimento de impérios e cidadelas.

Defeitos e testes

Os mitos de herói têm muito em comum. O herói normalmente é fruto da união de um ser divino e um mortal. Se não for de ascendência divina, então o herói, em geral, é criado por um deus, como no caso de Odisseu, criado por Atená, ou adquire *status* divino como resultado de suas conquistas e sucesso. O herói raramente é perfeito, mas deve ter sempre uma missão. Na verdade, por possuir fraquezas humanas, é mais fácil para nós nos identificarmos com ele. Suas imperfeições frequentemente são tão esclarecedoras quanto suas qualidades heroicas. Como ele é submetido a vicissitudes e provas, a jornada do herói simboliza a progressiva consciência do potencial psicológico não utilizado em nós mesmos. Também representa o desenvolvimento da consciência e o crescimento interior, e a própria jornada da vida.

Teseu é um bom exemplo de um grande herói que tinha ascendência divina e uma missão a cumprir.

Os desafios de um herói envolvem muitas provas de força e coragem, como enfrentar um terrível monstro marinho.

Missão impossível

Quando o herói enfrenta o monstro, salva a desventurada princesa ou desce ao Mundo Inferior, ele finalmente vence o mal e ou ascende ao céu ou é endeusado pelos deuses. Hércules é um excelente exemplo de herói que enfrenta uma série de monstros no decurso de seus trabalhos. O oráculo de Delfos prediz sua imortalidade, como parte do panteão olímpico, mas apenas se puder concluir todos os trabalhos com êxito. Hércules consegue realizar suas provas, sobe ao céu e se casa com Hebe. Ironicamente, Hebe é filha de Hera, que odeia Hércules porque ele é fruto do caso de Zeus com uma mortal, Alcmena; na verdade, Hera é a responsável por sua missão quase impossível.

O Grande Dilúvio

Outro tema comum na mitologia do mundo é o Grande Dilúvio, que geralmente destrói a raça humana para que um deus ou criador possa purificar o mundo de sua corrupção e começar do zero. Há também histórias de dilúvio com base em necessidade geográfica e as inundações anuais perto de rios como o Nilo e o Eufrates. Mitos de inundação são encontrados praticamente em todo o mundo, da Europa continental ao Peru, onde o deus criador inca Viracocha destruiu sua primeira raça de humanos gigantes com um dilúvio e transformou-os todos em pedra.

No mito grego, Deucalião foi avisado por seu pai Prometeu, que fora acorrentado ao Monte Cáucaso, que Zeus estava prestes a destruir toda a vida por meio de um Grande Dilúvio. Prometeu disse a ele que construísse um barco, enchesse-o com comida e vivesse nele até que as águas houvessem baixado. Depois, Deucalião e sua esposa Pirra desembarcaram no Monte Parnaso, numa paisagem totalmente deserta e árida. Pediram a Gaia para repovoar a Terra e, de repente, surgiram árvores e pássaros começaram a cantar. Para criar seres humanos, eles lançaram à terra pedras e seixos, que viraram homens e mulheres.

Os construtores de embarcações

Utnapishtum foi um antepassado do herói Gilgamesh e o único ser humano a sobreviver ao Grande Dilúvio enviado por deuses furiosos para destruir a humanidade. Prevenido pelo deus Enki, ele encheu um barco em forma de cubo com plantas e criaturas de todo tipo e, em seguida, partiu com sua família enquanto as águas subiam. Após uma semana, ele enviou uma pomba para procurar terra seca; no oitavo dia, ele mandou uma andorinha e, então, um corvo no nono dia. Como o corvo não voltou, seguiu na mesma direção, encontrou terra seca, libertou todos os animais e plantou as plantas. Os deuses recompensaram-no por sua bondade concedendo a ele e sua esposa a imortalidade, e eles se tornaram os ancestrais da nova raça humana. Desnecessário dizer que este mito guarda mais do que uma notável semelhança com a Arca de Noé do Gênesis, no Antigo Testamento da Bíblia, e mais tarde no Alcorão.

Outros mitos de dilúvio incluem as histórias do deus chinês Yu, o egípcio Hapi, e Nu'u, no mito polinésio, que ao ouvir que o deus Tane iria inundar o mundo com uma onda, construiu uma cabana em uma embarcação e encheu-a com suínos e cocos. Ele acabou encalhando no topo de uma montanha.

Dilúvios foram um tema comum em muitas culturas, geralmente como castigo enviado por um deus criador para expurgar os males da humanidade.

Cultura indo-europeia e sua influência

Linguistas, antropólogos e mitólogos há anos têm discutido sobre as origens das línguas indo-europeias e os efeitos subsequentes sobre as mitologias da Europa e partes da Ásia.

Alguns estudiosos acreditam que a cultura indo-europeia descende de um povo antigo, antes chamado de arianos primitivos, atualmente mais conhecidos como protoindo-europeus. Esses povos viveram em torno de 4000 AEC.

Mas foi a arqueóloga lituano-americana Marija Gimbutas (1921-1994) que estudou as culturas dos povos do Período do Neolítico e do Bronze, combinando linguística com mitologia para mostrar como ideias, palavras, crenças e símbolos semelhantes poderiam ter sido temas comuns, devido à ampla expansão das culturas indo-europeias pela Europa e a Ásia.

O modelo Kurgan

A estepe pôntica é uma vasta área de planície sem árvores que se situa entre o Mar Cáspio e as fronteiras do Casaquistão, a oeste. Antigamente conhecida como Cítia nos períodos grego e romano, essa região de estepe foi considerada por Gimbutas a pátria da cultura Kurgan, os primeiros protoindo-europeus. Gimbutas traçou a migração desses povos entre 4000 e 1000 AEC e criou o que chamou de "modelo Kurgan", um mapa de extrema importância linguística e mitológica, que tenta provar que esses primeiros povos no coração da estepe falavam uma língua que é a raiz etimológica de muitas das línguas indo-europeias.

Segundo Gimbutas, a cultura Kurgan se expandiu gradualmente até englobar toda a estepe pôntica, e a expansão além da estepe levou a culturas híbridas, como os protogregos, os belicosos indo-arianos e os nômades indo-iranianos, por volta de 2500 AEC. Essas primeiras culturas protoindo-europeias assimilaram em suas próprias religiões outras histórias sagradas ou fundiram com outras culturas e seus mitos e religiões, conforme se espalhavam. A mitologia e a língua

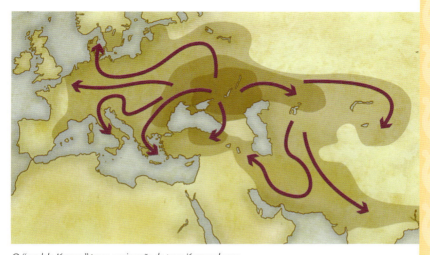

O "modelo Kurgan" traça a migração do povo Kurgan de sua terra natal, na estepe pôntica, pela maior parte da Europa, Oriente Médio e subcontinente indiano, mostrando assim sua influência sobre muitas culturas indo-europeias.

indo-ariana mais tarde evoluíram para a religião védica, o hinduísmo, o budismo e o jainismo, enquanto que a cultura indo-iraniana evoluiu para o zoroastrismo, e as línguas e mitologias persas, gregas, romanas, bálticas, eslavas, celtas, nórdicas, letãs e armênias. Ariano vem de uma palavra em sânscrito que significa "nobre" ou "honroso". Os arianos levaram seu próprio sistema de crenças e mitologia para o subcontinente indiano por volta de 2000 AEC.

Discrepância de datas

No entanto, o arqueólogo inglês Colin Renfrew (1937-) levantou a hipótese de que a cultura indo-europeia se espalhou pacificamente para a Europa da Ásia Menor em uma data muito anterior, por volta de 7000 AEC, com o desenvolvimento da agricultura e da criação de animais, pré-datando o Kurgan em milhares de anos.

Civilizações e fontes

A repetição de mitos fornece a base de um tradicional sistema de crenças de cada cultura ou civilização. Isso reflete não apenas suas necessidades sociais ou econômicas, mas também as espirituais e as religiosas. Há duas formas de coletar as informações sobre os mitos que foram recontados neste livro.

Em algumas culturas, escritos antigos foram descobertos e proporcionaram excelentes fontes como, por exemplo, os mitos da Índia, da Grécia e do Egito. Quando não existem textos gravados em tabuinhas de argila, hieróglifos ou escrita, então as fontes são geralmente os registros históricos dos folcloristas e antropólogos que visitaram, ouviram e, mais tarde, escreveram histórias da tradição oral de outras sociedades. A maioria dos mitos oceânicos e africanos surgiu dessa forma. No entanto, sempre que colonos, missionários ou invasores infiltravam-se em uma cultura ou sociedade, as histórias possivelmente eram distorcidas, desenvolvidas ou enfeitadas para servir a seus próprios fins. Inevitavelmente, alguns dos significados originais, ideias ou contos podem ter sido perdidos ao longo do caminho.

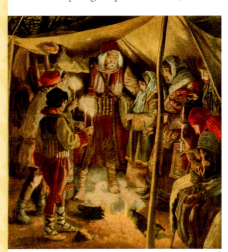

Alguns mitos eram transmitidos através de histórias contadas à comunidade pelo xamã local ou líder tribal.

Lacunas de tempo

As civilizações são separadas não apenas por continentes ou cultura, como também por enormes períodos. A linha do tempo exibida mais adiante vai ajudá-lo a compreender quais culturas

Em algumas culturas, como no Egito Antigo, na Mesopotâmia e na Índia, a mitologia foi registrada em escritos sagrados.

estavam ativas e quando, em determinado momento ao redor do globo. Obviamente, com mais de 4 mil anos de história, as épocas e datas em que os mitos surgiram pela primeira vez são muitas vezes incertas e ambíguas, mas o gráfico auxilia a dar algum sentido sobre o que estava acontecendo e quando. Na verdade, retroceder tateando no escuro e descobrir que o tempo é apenas uma invenção da humanidade nos fornece nossa própria ligação com o poder desses mitos, e, conforme você verá, certos temas são predominantes, a despeito da época ou lugar. De fato, muitos conceitos, deuses e deusas discutidos neste livro são tão parte da vida de hoje como eram quatro ou cinco milênios atrás.

Cronologia das mitologias do mundo

Esta é uma referência visual fácil para as datas e períodos importantes que são referidos ao longo deste livro.

Obviamente, em milhares de anos de História, as datas podem ser bastante vagas, e muitas vezes as histórias sagradas na verdade remontam a tempos ainda mais

3500 AEC	3000 AEC	2500 AEC	2000 AEC	1500 AEC	1000 AEC

◀ Grande Deusa 4000 AEC

Crenças védicas no subcontinente indiano 1700 AEC

Expansão Kurgan 3500-2500 AEC

Rig Vedas c. 1000 AEC

Primeira Dinastia do Egito c. 2600-2200 AEC

Décima oitava Dinastia do Egito 1550-1070 AEC

◀ Suméria c. 5300-2000 AEC

Babilônia c. 1730-1500 AEC

Assíria Antiga c. séculos XX-XV AEC

Grécia Antiga 1500-146 AEC

A Polinésia estende-se para Fiji, Tonga e Samoa 1300-900 AEC

◀ Caçadores-coletores surgem na Austrália 40.000 AEC

◀ Migração original da Eurásia para América do Norte pela Beríngia 10.000 AEC

3500 AEC	3000 AEC	2500 AEC	2000 AEC	1500 AEC	1000 AEC

antigos, antes de serem registradas. Além disso, as culturas e crenças estão interligadas ao longo da história mundial. Por exemplo, os deuses arianos védicos foram assimilados pelo sistema de crença hindu da Índia em algum momento entre 1000 e 550 AEC. Entretanto, é fascinante percebermos tanto as semelhanças como os contrastes entre as mitologias ao longo do tempo, em diferentes civilizações.

Acredita-se que a crença na Grande Deusa tenha prevalecido por volta de 4000 AEC e dominado a maioria dos sistemas de crenças das culturas por um longo tempo.

500 AEC	0	500 EC	1000 EC	1500 EC	2000 EC

Religião védica mescla-se com o hinduísmo 900-550 AEC
Início do budismo c. 560 AEC
Início do taoismo c. 600 AEC
Início do confucionismo c. 550 AEC
O Kojiki 680 EC
O Nihoshoki 720 EC
Surgimento do xintoísmo c. século VI EC
Surgimento do zoroastrismo c. 450 AEC
Império Neoassírico 934-609 AEC
Conquista da Grécia pelos romanos 146 AEC
Roma Antiga 753 AEC – 500 EC
Civilização celta 1100 AEC – 400 EC
Kalevala é publicado c. 1835
Mitologia nórdica 200-1030 EC
Mitologia eslava 1000 AEC – século VI EC
Mitologia basca séculos I-IV EC
Reino de Ashanti é fundado na década de 1670
Primeiro reino iorubá é fundado no século IV EC
Primeiro assentamento Dogon 1500
Reino de Banyarwanda é fundado no século XV EC
A Polinésia estende-se para Ilhas Cook, Tahiti e Ilhas Marquesas 300 AEC
A Polinésia estabelece Rapa Nui e Havaí 300-500 EC
Colonizadores ocidentais na Austrália 1770
Período clássico Maia 250-900 EC
Império asteca 1300-1521 EC
Civilização inca 1200-1526 EC
Colonizadores ocidentais nas Américas 1500 EC

500 AEC	0	500 EC	1000 EC	1500 EC	2000 EC

27

Mitologia e Psicologia

Figuras arquetípicas como o herói, a mãe ou o pai, mostram fortes verdades psicológicas. Tanto Freud com a psicanálise quanto Jung com a psicologia analítica, ambas psicologias do profundo, recorreram largamente a temas mitológicos.

No entanto, foi Sigmund Freud, no início do século XX, um dos primeiros a compreender o uso simbólico do mito, quando apresentou seu bem conhecido complexo de "Édipo"; mais tarde, Jung batizou a versão feminina do complexo de Édipo com o nome de Electra. A controversa teoria de Freud sugere que uma menina, como um menino, é originalmente ligada à mãe, mas, em seguida, na fase fálica do desenvolvimento, ela descobre que não tem um pênis, ressente-se e culpa sua mãe (inconscientemente) por castrá-la, e volta-se para o pai, buscando amor.

Carl Jung interessou-se mais pela mitologia em si do que Freud, acreditando que a função do mito era revelar os processos do inconsciente. Jung trabalhou com sonhos e, com o conhecimento da vida das pessoas, símbolos, mitologia e religião, concluiu que uma diversidade de energias ou arquétipos (definidos como "padrões ou modelos originais") habitavam o inconsciente. Ele descreveu esses arquétipos míticos como "grandes sonhos da humanidade". Jung acreditava também que "nós nos lembrávamos de nós mesmos do universo" e que nossas projeções acontecem a nós, em vez de nós as fazermos acontecer. Em certo sentido, é o mito nos sonhando, em vez de nós sonhando o mito. Jung chamou o inconsciente coletivo de "um reservatório de experiências de nossa espécie". Joseph Campbell e muitos outros concordaram com Jung que o mito representa a busca humana por sentido ou o que dá significado a nossas vidas. Esses arquétipos psicológicos são um modelo inato universal acessível a todos nós.

Mito como psicologia

O termo "narcisismo" é derivado (originalmente por Freud) do famoso mito de Eco e Narciso. O narcisismo é definido como uma ênfase exagerada no amor-próprio, delírios de grandeza e inveja patológica. É hoje reconhecido como uma condição clínica psicológica conhecida como TPN, Transtorno da Personalidade Narcisista.

O mito de Narciso conta como ele se apaixonou por seu próprio reflexo, desprezando a ninfa Eco por amor a si mesmo.

A psicóloga junguiana suíça, Marie-Louise Von Franz, escreveu muitos livros notáveis baseados em arquétipos míticos nos contos de fadas. Seu livro sobre a liberação do princípio feminino nos homens é centrado em torno do conto romano "Apuleio, o Asno de Ouro", que inclui a primeira versão do mito de Eros e Psiquê. Mais tarde, o analista junguiano dr. Sigmund Hurwitz foi influenciado pelo trabalho de Franz ao escrever um livro sobre Lilith e os aspectos do lado sombrio feminino.

A mitologia e as artes

A mitologia é uma expressão criativa da imaginação humana, e por milhares de anos não só tem sido escrita ou contada oralmente, como seu imaginário tem florescido através da arte de cada cultura, seja para servir a uma função meramente decorativa ou a rituais e religião. Grandes mitos também inspiraram artistas, escritores e músicos através dos tempos. Como esse assunto abrange todo o mundo e é imensamente vasto, eis aqui apenas alguns exemplos.

Na Europa Ocidental, a mitologia grega teve grande influência sobre o mundo da arte. Os gregos antigos representavam seus deuses e heróis em toda parte, seja em templos sagrados ou ornamentos, jarros e vasos do dia a dia. A batalha entre os centauros e os lápidas é retratada no friso do Partenon, que, de acordo com algumas fontes, mais tarde inspirou os cavalos frenéticos de Picasso em sua pintura *Guernica*.

Apolo era um dos deuses mais populares representados na escultura grega, enquanto Oceano, que governava o grande rio que circundava a Terra, era um dos favoritos em ornamentos de bronze romanos.

Imagens duradouras

Imagens da Medusa eram originalmente usadas para afastar o mal, e durante o início do século XX na França, aldravas de porta foram forjadas com o formato da cabeça cheia de serpentes da Medusa, com características alongadas típicas do estilo *Art Nouveau*. Contos trágicos como o de Orfeu e Eurídice atraíram pintores simbolistas do final do século XIX, como Maurice Denis, e inspiraram Stravinsky, Henry Miller e Cocteau. A história de Narciso influenciou os pintores Caravaggio, Poussin, Rafael e Gustav Moreau, e a trágica Cassandra apareceu em *As Mulheres de Troia*, de Eurípides. Dido, de Virgílio, foi igualmente baseada em Cassandra, que também influenciou a Ofélia de Shakespeare, e as loucas e melancólicas heroínas em óperas de Berlioz e Donizetti. A sedução de Leda por Zeus em seu disfarce de cisne inspirou poetas como Goethe, Yeats e Gide.

Cruzando continentes

Divindades chinesas e indianas foram exaustivamente representadas em pinturas, templos e estátuas, mas também eram muito populares. O deus chinês Kui é o deus do sucesso nos exames, e desejos de boa sorte são ainda trocados sob a forma de cartões ou pingentes representando Kui, e seu nome é um ícone em pincéis e tinteiros. Os incas e astecas criaram esculturas, máscaras de ouro e templos dourados, enquanto os povos nativos da América do Norte produziram entalhes e totens de animais ancestrais. Na arte aborígine, a imagem da serpente era sagrada e ainda é estimada por artistas australianos dos dias atuais. Havia tantas imagens quanto mitos, mas sempre uma vasta gama de cores representando a vida. A serpente tanto cercava o desenho interior da pintura ou tecia seu caminho através do labirinto de padrões, espirais e trançados. A arte rupestre aborígine encontrada na paisagem geralmente possui uma mensagem

O deus chinês Kui ainda é considerado um bom presságio em exames e é frequentemente representado em canetas, pingentes e cartões de "boa sorte".

oculta, e seus padrões intrincados retratam o mito local associado com o Sonho, lugares sagrados e caminhos invisíveis.

No Ocidente, contos celtas e do Rei Arthur inspiraram escritores como Sir Thomas Malory em *Le Morte d'Arthur* (1485), e artistas como os pintores pré-rafaelitas do século XIX, que criaram todo um novo mundo medieval de elegância extraído do mais sombrio dos contos. Mais tarde, essas pinturas inspiraram cineastas e dramaturgos – o contemplativo filme de Robert Bresson, *Lancelot do Lago*, e o musical *Camelot* são dois exemplos.

Mitos, símbolos e você

O que é um símbolo? O termo vem de uma antiga palavra grega que significa "misturar". Nós utilizamos essa palavra para designar qualquer coisa, ideia ou ação que seja um sinal exterior ou indicação de outra coisa por sugestão indireta.

O herói Gilgamesh incorpora tudo o que é egoísta no indivíduo, bem como a aceitação de que ele é apenas humano.

Por exemplo, usamos a cor vermelha para indicar ou representar raiva, enquanto o verde é utilizado para sugerir a inveja, e assim por diante. Símbolos são também "correspondências". Assim, por exemplo, o vermelho pode ser ligado simbolicamente ao elemento fogo, ao sol, à ação dinâmica, a um feito heroico. O movimento simbolista francês do final do século XIX rejeitou o realismo na literatura e na arte e expressou suas ideias através de um mundo simbólico de sugestões, sinais e imagens sutis. A mitologia também é uma linguagem simbólica, porque "mistura" ideias que são uma representação ou projeção exterior de nosso mundo interior. Podemos usar a mitologia simbolicamente para saber mais sobre nós mesmos e nossa jornada de vida.

Não há espaço suficiente neste livro para revelar o que todo mito significa em nível individual, mas aqui estão alguns exemplos de como um mito específico simboliza um processo psicológico ou experiência de vida. Algumas vezes nos identificamos fortemente com o mito, enquanto em outras ele pode ser mais relevante para outras pessoas.

Fazendo do mito realidade

Na seção "Amantes míticos" (ver pp. 304-31), a história de Pomona e Vertuno simboliza o medo da rejeição no amor e como apenas sendo fiéis a nós mesmos podemos ser verdadeiramente amados. Em outro nível, o conto dentro do conto revela como o medo de nossos sentimentos significa que muitas vezes também perdemos com amor.

Gilgamesh é um excelente exemplo de "mau" herói com a determinação bastante egoísta de se tornar imortal. Sua ambição nunca é cumprida e ele aprende que é apenas humano. Nós, do mesmo modo, também devemos aprender a aceitar nossa mortalidade e nossas falhas, o que não nos impede de termos metas e sonhos na vida.

Orfeu foi tolo ao desafiar as ordens de Hades e olhou para trás no Inferno para se certificar de que Eurídice o estava seguindo, e assim ele a perdeu. Isso reflete nossa falta de confiança nos outros e em nós mesmos. Também sugere que, se continuarmos a ansiar por aquilo que já passou, nunca seremos capazes de seguir em frente e recomeçar.

Nos mitos do *Sol, Lua e Céu* (ver pp. 246-77), o simples conto do Trovão e o Elefante pode ser utilizado para explicar como o homem é mais poderoso do que os animais ou a natureza. Em um nível psicológico, esse mito simboliza como devemos nos esforçar para nunca subestimarmos alguém, já que isso geralmente acaba se revelando ser o tipo mais perigoso de arrogância.

A vingança é também um tema comum, como a história de perda e vingança no mito inuit do Alasca do deus trapaceiro Qayaq (ver p. 209). Após vingar a morte de seus irmãos e depois de anos de aventuras, ele volta para casa para encontrar seus pais mortos há muito tempo. Em sua dor, ele se transforma em um falcão peregrino.

O conto africano do Trovão e o Elefante expõe a vulnerabilidade psicológica de fazer suposições.

Divindades como arquétipos

A natureza arquetípica dos deuses fala por si só. Há pais e mães arquetípicos, amantes, vilões e heróis arquetípicos – na verdade, todo tipo de condição humana e experiências são refletidas na gama de divindades do mundo inteiro.

Há arquétipos da figura do pai que podem ser tanto protetores como destrutivos, como o deus hindu Shiva ou o cruel deus grego Cronos, que impede seus filhos de o destronarem comendo-os vivos. A mãe, também, é um arquétipo dinâmico. A Mãe Terra, a Grande Deusa ou a Deusa Mãe foram amplamente veneradas na Grécia pré-helênica pelas mais antigas culturas matriarcais, como os minoicos. Ela era a deusa da fertilidade e dispensadora dos alimentos, muitas vezes associada à água, ao mar e à lua. No entanto, com a mudança para civilizações patriarcais, o arquétipo da mãe foi assimilado pelas novas mitologias.

Terra

Ainda podemos encontrar as reais joias da herança da Grande Deusa entremeando o tecido dos mitos de dominação masculina. Em uma primeira versão pré-helênica do conto de Orfeu, Eurídice era, na verdade, a mãe do destino, e a serpente, sua companheira no Mundo Inferior, que apenas acolhera Orfeu em vez de matar Eurídice. Como fonte de vida, a Grande Deusa era também o ventre sempre frutífero, e, seja ela manifestada mais tarde sob a forma de Hathor, Cibele, Ishtar, Gaia, Parvati, Tara, Kuan Yin, Sofia ou Maria, é benéfica, protetora e criativa. Está ligada à Terra, assim como o arquétipo masculino, ou do pai, está ligado ao céu. No entanto, a Grande Mãe tem um outro aspecto sombrio, mais assustador. Ela é tanto feiticeira como mer-

A Mãe Terra tem sido um poderoso arquétipo desde os tempos neolíticos.

O deus do Sol, Mitra, acabou se tornando herói cultuado entre as legiões romanas.

cadora da morte quando aparece como Astarte, Kali ou Durga, ou no culto a Ártemis, Hécate e até Diana. Deusas do sexo feminino evoluíram umas das outras tanto como ocorreu com os deuses masculinos, e em nenhum outro lugar isso é mais aparente do que nas várias deusas da mitologia hindu, cuja fonte primária foi Devi. Da mesma maneira, a mãe terrível aparece na mitologia asteca como a assustadora deusa da Terra Coatlicue, a deusa maia Ixchel, a Medusa grega e projeções posteriores do "mal" em *"femmes fatales"* míticas, como Lilith.

Céu

Criadores e deuses do céu acabaram virando deuses da tempestade ou fertilidade e são divindades onipresentes na mitologia mundial. Com as mudanças históricas ao longo de milhares de anos, esses primeiros deuses do céu foram finalmente assimilados em uma união macho/fêmea para criar pares divinos, como Frey e sua irmã Freya, no mito nórdico, e Osíris e sua irmã Ísis, no mito egípcio. Como os deuses do céu tornaram-se menos estimados, eles foram transformados em deuses do Sol na Pérsia, no Peru, no México e no Egito. Mitra, por exemplo, começou a vida como um deus do céu, foi transformado em deus do Sol e, mais tarde, tornou-se herói. Assim, transformar o deus do Sol em herói atende a nossos anseios inconscientes de fugir da crueldade da natureza e conquistar a "Grande Mãe".

Sol

Na costa leste da Índia existe um templo em Konarak (Templo do Sol) dedicado ao deus védico do Sol, Surya. O templo foi projetado na forma de uma imensa carruagem; como Hélio e muitos outros deuses do Sol, Surya precisava de uma carruagem para levá-lo pelo céu em suas viagens diárias. As paredes dos templos são decoradas com 12 rodas de pedra, cada uma com cerca de três metros (dez pés) de altura e oito raios. Como o círculo zodiacal, originalmente chamado de Casa da Lua pelos babilônios, o círculo eventualmente foi associado com o culto solar. Para os hindus e os celtas, o círculo foi mais do que apenas um símbolo solar – era o centro cósmico de seu mundo.

Alguns deuses do Sol são retratados com raios irradiando de suas cabeças, ou rodeados por halos. Shiva tem uma auréola de chamas, enquanto Apolo e Mitra são descritos frequentemente com halos místicos. O dourado, cor do Sol, simboliza a eternidade e a incorruptibilidade. Para os astecas, o ouro era a luz de seu deus, e para os egípcios a carne dos deuses.

Imensas rodas de carruagem decoram o templo em Konarak, na Índia, dedicado ao deus do Sol, Surya.

Divindades da Lua como a deusa romana Diana abundam nas mitologias do mundo.

Lua

A Lua tinha profundas implicações sobre os ciclos de nascimento, vida e morte, afetando as marés, ligada aos ciclos menstruais das mulheres, a fertilidade da terra e a época das colheitas, e cerimônias de iniciação. De fato, os antigos acreditavam que a Lua controlava esses eventos, e ela foi associada a deusas, como as gregas Ártemis e Hécate; a deusa romana Diana; Nantu, a bela deusa da Lua, dos jivaros do Equador; e Heng-O, do mito chinês, que foi viver uma existência solitária na Lua.

Outras divindades arquetípicas são as deusas misto de amante e prostituta, como Afrodite, Ishtar e Inanna. A eterna juventude aparece como Narciso, Jacinto e Eros, e o trapaceiro aparece globalmente como Enki, Coniraya, Gaio Azul e Tjinimin.

Interpretações

Como os mitos são símbolos da experiência humana, eles têm sido analisados de diferentes maneiras, dependendo das perspectivas da cultura, da época ou do indivíduo. Há mais de cem anos, acreditava-se que os mitos eram criados como forma de observar e explicar as forças da natureza. Heróis eram considerados símbolos literais do Sol, monstros representavam nuvens, tempestades ou a noite e eram os inimigos do Sol. Assim, as histórias de heróis foram associadas com o bem e o mal, a noite e o dia, e assim por diante.

A figura mítica grega de Édipo foi amplamente utilizada nas teorias e estudos psicanalíticos de Freud.

No entanto, no início do século XX, com o desenvolvimento da psicologia e o profundo interesse no inconsciente expresso e examinado por dois de seus teóricos mais radicais na época, Sigmund Freud e Carl Jung, tudo isso mudou.

Freud

O pai da psicanálise moderna, o austríaco Sigmund Freud (1856-1939) e seus seguidores viam o mito como a expressão dos anseios, desejos, impulsos e medos do inconsciente do indivíduo. Otto Rank, discípulo de Freud, por exemplo, sugeriu que o mito do herói tradicional estava relacionado à rebeldia e hostilidade infantis contra o pai. Freud, é claro, criou complexos inteiros dos mitos gregos de Édipo e Electra; ambos os complexos descrevem a

Carl Jung fundou a escola de psicologia analítica e tornou-se famoso por sua teoria do inconsciente coletivo.

rivalidade entre a criança e o pai ou a mãe, devido a nossos impulsos sexuais e instintivos inatos.

Jung

No entanto, foi o psicólogo suíço Carl Jung (1875-1961) o responsável pelo maior avanço, ou, ao menos, pela mudança de percepção, no que diz respeito à mitologia. Jung considerava o mito uma expressão do inconsciente coletivo, universal. Ele acreditava que as qualidades psicológicas inatas são comuns a todos os seres humanos e determinam como as pessoas vivem suas vidas. Esse manancial coletivo do inconsciente era composto de arquétipos, como o herói, o trapaceiro, o tolo e a mulher sábia. Essas seriam imagens embutidas no inconsciente, mas, dependendo da jornada de vida pessoal do indivíduo, a forma e o contorno dessas imagens arquetípicas seriam expressas de maneira diferente. Às vezes, apenas um arquétipo dominaria, depois outro, em diferentes períodos da vida do indivíduo. Em determinados momentos, eles agiriam simultaneamente.

O fato de os mitos por todo o mundo conterem muitos temas e arquétipos semelhantes reflete a existência de um inconsciente coletivo ou universal.

Eliade

Um historiador da religião romeno, Mircea Eliade (1907-1986), interpretou os mitos de forma diferente. Ele via o mito como a essência da religião e acreditava que era a sacralidade do mito que lhe dava estrutura e utilidade. Podemos experienciar o momento religioso – uma reconexão com a "fonte" ou o lugar de onde viemos – por meio de imagens e histórias míticas. O mundo antigo continha várias ideias e estruturas religiosas diferentes, tanto politeístas como monoteístas,

Diversas religiões estão conectadas através de temas similares que são encontrados nas mitologias do mundo.

bem como a adoração da natureza ou de espíritos ancestrais. Eliade acreditava que a mitologia conecta todos esses diferentes tipos de religião por meio dos temas similares que são encontrados em todo o globo.

Lévi-Strauss

O eminente antropólogo francês Claude Lévi-Strauss (1908-2009) vê os mitos como construções abstratas muito mais do que como simbolismos de experiência. A estrutura da mente humana é a mesma, independentemente do lugar, da época ou cultura em que você esteve ou está. Então, a mente resolve problemas e explica as coisas da mesma forma. Do mesmo modo, os mitos são criações idênticas de mentes idênticas em todo o mundo, e seu propósito é revelar os conflitos entre forças opostas na natureza humana. É a estrutura básica do mito, e não o simbolismo ou narração, que fornece a resposta. Os mitos comprovam que os primeiros povos primitivos tinham a capacidade intelectual de entender ou dar sentido ao mundo.

Radin

O antropólogo americano Paul Radin (1883-1959) via o mito como produto de problemas econômicos e de manipulação política e religiosa do povo. Confrontadas com a luta pela sobrevivência, a incerteza ou clima de uma determinada cultura, as pessoas se tornavam receosas. Assim, sistemas mitológicos lhes forneceram algo em que acreditar e pelo que viver; do mesmo modo, um sistema de crenças mitológico proporcionou tanto a líderes políticos como religiosos poder sobre a comunidade.

Alguns dizem que o mito surge da manipulação religiosa do povo por instituições como a Igreja.

Campbell

O professor norte-americano de mitologia Joseph Campbell (1904-1987) é altamente considerado por seu trabalho como escritor e estudioso de mitologia. Embora tenha se baseado em técnicas de interpretação de Jung, ele seguiu a teoria de Heinrich Zimmer de que a mitologia em si era um roteiro para a autodescoberta. Campbell apostou mais no simbolismo, significado e imagens do mito. Ele via os símbolos religiosos como metáforas para ideias filosóficas maiores. Concordava com Jung sobre o impacto dos arquétipos míticos, mas acreditava que a espiritualidade (independentemente de sua forma) era uma busca pela fonte da qual tudo provinha, era parte e para qual retornará. É "incompreensível", pois existia antes das palavras. Essa força universal é expressa através de metáforas – em outras palavras, através dos mitos, histórias, arte e imagens que criamos no mundo.

Campbell estava particularmente interessado no herói e cunhou o termo "monomito" depois de ter sido influenciado pela obra de James Joyce. Heróis eram importantes porque transmitiam verdades universais sobre si mesmos ou seu papel na sociedade. Uma frase traduzida do *Rig-Veda* resume seu sistema de crença: "A verdade é uma só, os sábios se referem a ela por muitos nomes".

Uma frase do Rig-Veda, utilizada ainda hoje em procissões de brâmanes, resume o sistema de crença de Campbell.

Hillman acredita que a mitologia grega, como o conto de Teseu, é uma forma de psicologia.

Hillman

No final do século XX, o psicólogo norte-americano James Hillman (1926-) causou uma ruptura radical no pensamento junguiano defendendo a crença de que a mitologia era psicologia, e vice-versa. Sua psicologia "arquetípica" centra-se na alma, e não no ego, e nos mais profundos padrões do funcionamento psíquico. Essa "alma" procura reconhecer os mitos que moldam nossa psicologia individual e o ego é apenas mais uma fantasia entre uma miríade de fantasias ou mitos. Hillman tem tentado restaurar a "alma" ou "psique" ao seu devido lugar na psicologia e valorizar nossos sonhos não apenas para avaliar o estado de um indivíduo e seu simbolismo subjacente, mas como experiência pura daquele arquétipo.

Hillman observou que os gregos não contavam com a psicologia do profundo, mas tinham mitos; sua teoria é a de que a mitologia politeísta (mitologia com muitos deuses e deusas) é o mesmo que psicologia. Ele também acredita que devemos conhecer essas forças e energias sagradas representadas pelos deuses. O poder do mito é que ele nos convida a um maior autoconhecimento.

Parte 1

MITOLOGIAS DO MUNDO

ÁSIA

A mitologia asiática, com sua enorme variedade de deuses e deusas, é tão vasta quanto o próprio continente. Esta seção aborda os principais países, como Índia, China e Japão, e inclui divindades como o Imperador de Jade chinês, os Sete Deuses da Sorte japoneses, e as maiores divindades indianas, com múltiplas funções, tais como Ganesha, Agni e Tara.

Cenário histórico e cultural

Num vasto continente com diversas culturas como o asiático, o único denominador comum na mitologia é o número infinito de deuses e deusas, espíritos e essências divinas que parecem permear cada cultura e civilização.

Os mitos da Índia, da China e do Japão se destacam de todos os outros à medida que têm raízes antigas e tradições escritas cobrindo muitos séculos, que fornecem evidências valiosas dos primeiros mitos. No entanto, sua mitologia cultural é altamente complexa, e divindades similares com múltiplas funções e vários nomes indicam uma falta de estrutura e consistência.

Do Himalaia a Tóquio, a geografia da Ásia não apenas é vasta, mas engloba extremos de temperatura, clima e paisagem. Com os picos nevados do Himalaia, as monções pesadas na Índia, a severa seca em terras desoladas da China e o clima

A mitologia do continente asiático é tão variada e exagerada como seu clima e paisagem.

tropical na Indonésia, a mitologia do continente foi originalmente formulada a partir de sistemas de crenças centrados em torno da paisagem, bem como na forma como o universo começou e poderá acabar.

Mitologia indiana

Talvez o sistema de crenças hindu seja tão diferente de todos os outros simplesmente porque, de acordo com suas crenças, "nada ou ninguém parte". O mito hindu desenvolveu-se das primeiras crenças védicas dos arianos invasores, um povo guerreiro que se espalhou do oeste para as estepes da Ásia central e facilmente conquistou os pacíficos e

Uma das mais antigas cidades do sul da Índia é Madurai, cuja herança cultural remonta a 2.500 anos.

pastorais dravidianos, voltados para a agricultura. Os arianos trouxeram com eles sua própria mitologia e crenças que se fundiram com os primeiros mitos remanescentes por volta de 4000 AEC. Mas os arianos nunca foram colonizadores e seus deuses não estavam conectados com a Terra, mas com as forças abstratas do próprio universo. O *Rig-Veda* era uma coleção de hinos ou poemas que foram concluídos por volta de 1000 AEC, e são a principal fonte da maioria da mitologia védica que foi proeminente até o surgimento do hinduísmo.

Pelo final do período védico – por volta de 900-550 AEC – o incipiente hinduísmo estava evoluindo e a busca por uma divindade suprema começou. Esse período brâmane progrediu de uma confusa hierarquia de deuses védicos e refletiu o desejo por um panteão simples e mais estruturado – havia um sentimento de que a nova divindade Brahma seria um candidato adequado. Quando a ele se juntaram Vishnu e Shiva (energia criativa e energia destrutiva, respectivamente), uma doutrina mais estruturada evoluiu como um ciclo interminável de criação e destruição. Textos sagrados posteriores, como os Puranas, o Mahabharata e o Ramayana, muitas vezes são versões diferentes para substituir as anteriores.

O mítico dragão chinês é um poderoso símbolo de energia e poder auspiciosos.

Mitologia chinesa

A mitologia chinesa é tão variada e colorida quanto a da Índia, e é composta por contos e conceitos de três sistemas de crenças muito diferentes. Sua vasta coleção de divindades é derivada do taoismo, confucionismo e da introdução do budismo vindo da Índia, onde os elementos de todos esses ensinamentos foram incorporados pelo mito chinês, e vice-versa. O confucionismo absorveu os governantes da antiga mitologia e também abraçou a crença taoista de um paraíso espiritual. Originalmente, o mito chinês era transmitido oralmente e, mais tarde, escrito em textos e muitas vezes apareceu em forma de teatro, dança e música.

Mito e realidade fundiram-se ao longo da história da China, onde deuses tornaram-se mortais e personagens históricos uniram-se ao panteão mítico. Realidade e fantasia se confundem, e o conceito mais importante – a imortalidade – significa que muitos heróis da "vida real" ou governantes dinásticos foram imediatamente promovidos ao *status* de imortais, depois de mortos.

Mitologia japonesa

O *Kojiki* ou *Registro das Coisas Antigas* é o livro remanescente mais antigo da história do Japão. Um amálgama de lendas folclóricas, tradições xintoístas e budistas, o mito japonês consiste em inúmeras divindades e espíritos conhecidos como *kami* e seus nomes igualmente numerosos. Muitos deuses e suas histórias foram originalmente importados das mitologias chinesa e indiana por volta do século IV EC, quando os japoneses conquistaram a Coreia. Mas isso desencadeou uma necessidade de estabelecer e reexaminar a mitologia "folclórica" do próprio Japão, resultando no *Kojiki* e, posteriormente, no século VII EC, na *Crônica do Japão*, conhecida como *Nihoshoki*. Ambas as coleções de histórias permitiram aos imperadores reinantes remontar à origem dos próprios deuses e estabelecer uma ligação entre o sobrenatural e o mortal. A crença xintoísta de que o sobrenatural estava em tudo, seja homem ou animal, significava que os imperadores também poderiam reivindicar *status* divino. Esse direito continuou ao longo da história japonesa até o final da Segunda Guerra Mundial, quando o imperador Hirohito (1901-1989) renunciou ao seu direito de *status* divino e foi declarado oficialmente um mero mortal. Ainda existem santuários xintoístas por todo o Japão.

A deusa Amaterasu é adorada no Ise Jingu, um santuário xintoísta na cidade japonesa de Ise.

Divindades rigvédicas da Índia

Tanto Indra como Agni desempenham papéis importantes no primeiro panteão de deuses indianos – Indra era o deus ariano do trovão, enquanto Agni era o deus do fogo.

Indra

No *Rig-Veda*, Indra é, de longe, o deus mais comentado. Em mil hinos, ele aparece cerca de 250 vezes. Originalmente o principal deus dos arianos, Indra formava uma dualidade com Varuna (o onipresente), deus do céu, incorporando a moralidade e a imoralidade. Ele baniu Vritra, deus da seca e da morte, e trouxe chuva para a Índia. Suas qualidades de conceder a vida o tornaram uma estrela, e ele era popular como o deus da água, da chuva e do trovão.

Indra era conhecido por carregar um raio, que usava para derrotar os inimigos, mas também para fender montanhas e liberar revigorantes inundações. Sua primeira aparição no mundo foi precedida pelos estrondos de uma tempestade que se formava enquanto sua carruagem cruzava os céus puxada por um par de cavalos dourados. Algumas fontes dizem que ele chegou ao mundo em seu elefante de guerra Airavata, e seus companheiros foram os ahvins ou curadores. Indra possuía mil olhos e mil testículos que ninguém jamais viu, e sua natureza é composta de forças e fraquezas humanas. Ele era glutão, sedutor e um beberrão de Soma, uma bebida ritualística, que muitas vezes o deixava bêbado e extravagante.

Indra, com seus mil olhos e mil testículos, desceu à terra em seu elefante de guerra, Airavata.

Na arte, ele é frequentemente representado cavalgando seu elefante de guerra, ou em sua carruagem como o deus supremo. Seu enorme apetite por sexo e comida o transformou em uma divindade um tanto dissoluta e, mais tarde, ele foi popularizado em muitas histórias e anedotas.

Agni

Surgindo pela primeira vez no século XVII AEC, os poderes de Agni eram tão importantes quanto os de Indra e Varuna. Ele possuía milhares de nomes e era o deus supremo do fogo – o que englobava tudo, das chamas do desejo ao relâmpago no céu. Agni era representado como um príncipe resplandecente montado em um carneiro sagrado ou em uma extraordinária carruagem; tinha a pele avermelhada e mantos de fumaça, seus cabelos eram labaredas e tinha muitas faces, dentes de ouro e 14 línguas que cuspiam chamas.

Nasceu três vezes; primeiro na Água, depois no Ar, e então na Terra. E já adulto, assim como Indra, estava tão faminto que comeu seus pais Privithi (Mãe Terra) e Dyaus (Pai Céu) e, em seguida, começou a lamber manteiga sagrada dos altares dos deuses. Finalmente, devorou uma floresta inteira, o que ainda faz em todo o mundo quando há um incêndio florestal. Era conhecido como o deus da imortalidade e também como mediador entre deuses e mortais. Ele pendurou as estrelas no céu e criou o Sol, e lutou com demônios e monstros.

Agni era o deus do fogo. Responsável pela criação das estrelas no céu, ele também devorava florestas inteiras com suas chamas.

Progressão para as divindades hindus

À medida que os mitos védicos foram absorvidos pelos sistemas de crenças hindus, os papéis das divindades no geral se modificaram, embora muitos nomes tenham permanecido os mesmos.

Brahma, Vishnu e Shiva

Essas três divindades originalmente eram deuses da criação na mitologia védica, quando os arianos invadiram a Índia no século XVII AEC. No entanto, no mito hindu, os deuses formavam uma tríade de preservação (Vishnu), destruição (Shiva) e de mediação entre os dois (Brahma). A tríade mantinha tanto a ordem universal quanto a justiça.

Brahma

Senhor de todo o tempo, um dia de Brahma dura 4.320 milhões de anos dos mortais. Sua vida é um ciclo de 157.680 milhões de anos e é uma roda do tempo eternamente em movimento. Vê e ouve tudo o que acontece, pois ele é tudo o que acontece, em todo lugar e ao mesmo tempo. Esse conceito bastante abstrato de Brahma desenvolveu-se depois que ele iniciou a criação com um pequeno pensamento sobre o que queria estabelecer. Em alguns relatos, ele primeiro criou um rio que vertia de seu quadril, e tornou-se sua consorte Sarasvati, uma linda deusa. Juntos, eles criaram tudo no universo. Em outros relatos, ele criou místicos que eram capazes de usar seus

A tríade hindu Brahma, Vishnu e Shiva: eles eram originalmente os deuses da criação na mitologia védica.

conhecimentos para criar o universo, mas eles estavam mais interessados em sabedoria do que em ação. Brahma ficou furioso e de sua testa explodiu Rudra (tempestade e relâmpagos), que concluiu a criação em nome de Brahma.

Brahma vive no monte Meru, na ponta do Céu, milhares de quilômetros acima do mundo mortal. Como ele é tudo o que há, não precisa deixar o Céu, e passa a maior parte de seu tempo meditando, o que mantém o universo vivo. Como um conceito intelectual, é difícil para os artistas retratarem Brahma, mas ele geralmente aparece segurando os Vedas, montando um cisne ou pavão, ou reclinado sobre uma flor de lótus.

Vishnu

Vishnu foi a primeira força no universo, também conhecido como Ananta (infinito) e Keseva (peludo). Sua luz onipenetrante foi a origem do próprio universo. De seu umbigo nasceu Brahma, e quando demônios e deuses discutiram sobre quem deveria governar o universo, Vishnu transformou-se em um anão e ofereceu dar aos demônios o que restasse do universo após ele dar três passos. Eles concordaram e com três enormes passos Vishnu abrangeu toda a Terra, a Atmosfera e o Céu e não sobrou nada para os demônios.

Na mitologia hindu, Vishnu é o deus da preservação e personifica o sacrifício. Lakshmi era sua esposa e eles viviam no Céu, entre as flores de lótus. Vishnu teve centenas de avatares (as formas terrenas que ele assumia ao visitar o mundo dos mortais para salvá-lo de alguma maneira), mas suas formas mais importantes foram Matsya, o peixe; Kurma, a tartaruga; Varaha, o javali; e Rama, Krishna e Buda.

Shiva

Shiva era originalmente o deus da tempestade Rudra nas orações védicas, até que se tornou um deus à parte no século II AEC. Como Vishnu era o preservador, Shiva era o destruidor; ainda que fosse também um juiz misericordioso, tanto um unificador como um despedaçador. O deus dos opostos, Shiva conduzia uma dança frenética e selvagem ao lado de demônios e renegados. Sua meditação e dança contínuas forneciam-lhe grande poder e força. Ele possuía armas invencíveis, como seu terrível terceiro olho, um tridente, uma espada e raios. A cada ciclo do universo, Shiva abre seu terceiro olho e dança, destruindo tudo à sua vista, incluindo o próprio universo, até que a criação tem início novamente.

Lakshmi

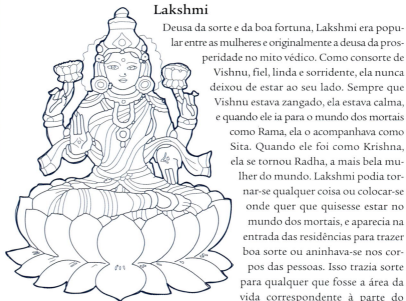

Lakshmi se aninhava no coração de alguém para trazer sorte e felicidade à sua vida amorosa.

Deusa da sorte e da boa fortuna, Lakshmi era popular entre as mulheres e originalmente a deusa da prosperidade no mito védico. Como consorte de Vishnu, fiel, linda e sorridente, ela nunca deixou de estar ao seu lado. Sempre que Vishnu estava zangado, ela estava calma, e quando ele ia para o mundo dos mortais como Rama, ela o acompanhava como Sita. Quando ele foi como Krishna, ela se tornou Radha, a mais bela mulher do mundo. Lakshmi podia tornar-se qualquer coisa ou colocar-se onde quer que quisesse estar no mundo dos mortais, e aparecia na entrada das residências para trazer boa sorte ou aninhava-se nos corpos das pessoas. Isso trazia sorte para qualquer que fosse a área da vida correspondente à parte do corpo: no coração, a concessão do desejo de seu coração; nos órgãos reprodutivos, boa sorte em encontrar um companheiro; nos seios, boa sorte para crianças. Ela era um dos temas preferidos na arte, e é frequentemente representada sobre uma flor de lótus, com Vishnu, montados em Garuda, ou rodeada de belos objetos.

Devi

Às vezes conhecida como Grande Deusa, incorporando todas as outras deusas, Devi também era consorte de Shiva. Pode muito bem ter antecedido a celestial tríade de Brahma, Shiva e Vishnu. De fato, em alguns relatos a tríade hindu era uma personificação da energia divina de Devi. Devi significa "deusa" e ela possuía muitos papéis, como a pacífica criadora Jaganmatri (mãe de tudo); como Mahadeva (grande deusa) e Uma (pacífica). Como consorte de Shiva, ela era Sati (virtude) e, posteriormente, a reencarnação de Sati como Parvati (doçura). Assumia também outros papéis, sombrios, como a deusa da guerra Durga (inatingível) e Kali, outro aspecto de Durga como a personificação do horror e da morte.

Durga

Como Durga, Devi tinha o poder do cosmos ao seu lado, e personificava a energia guerreira sendo, portanto, mais assustadora do que qualquer outro deus. Ela surgiu como uma reunião de todos os deuses em um poderoso exército para livrar o universo dos demônios. Ela não apenas destruiu o demônio-rei Durga (nome que depois pegou para si) em seu papel como Devi, como seguiu em frente e destruiu o gigantesco demônio Mahisha com o relâmpago de Agni, o raio de Indra, o tridente de Shiva e o disco de Vishnu. O metamorfo Mahisha finalmente transformou-se em um gigante e Durga o esfaqueou até a morte.

Há muitos contos de Durga matando demônios, e ela geralmente é representada na arte como uma guerreira sorridente com centenas de braços, montada em um tigre para simbolizar seu poder. Ela é frequentemente retratada como a conquistadora na luta universal contra o mal, como uma guerreira rainha em um trono de lótus, repousando com sua serpente sagrada. No entanto, em sua manifestação como Kali, ela é considerada a personificação do próprio mal e é representada com pele negra, presas e um colar de crânios.

Durga era um aspecto de Devi. Em seu papel como Durga, ela era a apavorante deusa da guerra matadora de demônios montada em um tigre.

Ganesha

Filho de Shiva e Parvati, Ganesha é o deus da solução de problemas e da boa sorte. Com cabeça de elefante, barriga saliente, pernas atarracadas e apenas uma presa, Ganesha é uma divindade doméstica popular e suas estátuas ainda podem ser encontradas em santuários, em encruzilhadas e nas residências.

Ganesha montou em um rei demônio que havia reencarnado como um rato, e há várias histórias que explicam a estranha aparência desse personagem gentil e jovial. Em um dos contos, Ganesha era tão bonito ao nascer que, para salvá-lo do ciúme de Shiva, Parvati o amaldiçoou com a feiura. Outra história conta como ele foi decapitado para punir Shiva por matar o Sol, mas Shiva o trouxe de volta à vida e deu-lhe a cabeça do primeiro animal que apareceu.

O conto mais popular diz como Parvati criou Ganesha de todos os fragmentos e lascas de sua própria pele. Como Shiva tinha a intenção de ter relações sexuais com Parvati enquanto ela se banhava, Parvati disse a Ganesha que ficasse de guarda para avisá-la sobre a aproximação de Shiva. Mas Ganesha tolamente desafiou Shiva, não se dando conta de quem era ele, e Shiva cortou-lhe a cabeça em um acesso de fúria. Parvati ficou tão desesperada que Shiva restaurou a vida de Ganesha e deu-lhe a cabeça de um elefante, o primeiro animal que viu.

Ganesha também era conhecido como o deus da literatura. Quando o sábio Vyasa estava escrevendo o poema épico *Mahabharata*, ele empregou Ganesha para ajudá-lo e até usou uma de suas presas como caneta para escrever cada palavra.

Uma divindade doméstica popular, Ganesha tinha o azar de possuir cabeça de elefante e barriga saliente.

Krishna

A oitava encarnação ou avatar de Vishnu, Krishna veio ao mundo exclusivamente para destruir o demônio-rei Kansa. No entanto, a popularidade de Krishna como divindade significava que ele se tornou objeto de adoração "bhakti" (devoção a um deus supremo), apesar de seu poder, como avatar, ser limitado. Sua natureza sensual, ainda que lasciva, inspirou da mesma forma artistas e escritores, e embora ele fosse conhecido por sua paixão por jovens leiteiras, ele foi o único deus que realmente amou uma mortal, a ordenhadeira Radha. Krishna tornou-se conhecido como "Hari Krishna", o ladrão de corações, e seu amor por Radha foi louvado em um poema muito bonito chamado *Gitagovinda*. Seu relacionamento idílico continuou até Krishna iniciar sua épica luta contra o demônio-rei, quando casamento e herdeiros tornaram-se mais importantes do que os sentimentos do amor verdadeiro.

"Hari Krishna", o ladrão de corações, acabou se apaixonando pela ordenhadeira Radha.

Krishna, na verdade, era mais promíscuo em seus casamentos do que durante seus primeiros casos de amor. Durante as primeiras batalhas contra os demônios teve oito esposas e subjugou o mal por meio de todas elas. Depois que os exércitos de demônios foram vencidos, Krishna casou-se com mais de 16 mil esposas, todas virgens prisioneiras do inimigo. Quando ele retornou da guerra, concordou em se casar com todas elas, já que haviam se apaixonado perdidamente por ele. Krishna vivia com todas ao mesmo tempo e procurava satisfazê-las simultaneamente, de modo que cada mulher acabou lhe dando dez filhos e uma filha. Mesmo com tantas esposas, Krishna era capaz de atender a cada um de seus desejos, necessidades e caprichos – aparentemente um marido perfeito.

Garuda

Garuda tem corpo e membros de um homem e cabeça, asas, garras e bico de uma águia. Seu rosto é branco, as asas vermelhas e o corpo é tão dourado e deslumbrante que ele foi confundido com Agni (o deus do fogo) ao nascer de um ovo. O pássaro-rei podia voar mais rápido que o vento e voava pelo mundo devorando todo o mal.

Ele odiava particularmente serpentes, devido à tragédia que se abatera sobre sua mãe, Vinata, uma das filhas de Daksha. Vinata fez uma aposta com Kadru, mãe das serpentes, sobre a cor de um cavalo. Quem quer que perdesse seria aprisionada no Mundo Inferior; infelizmente, Vinata escolheu a cor errada. Garuda foi imediatamente libertar sua mãe, mas as serpentes exigiram um resgate por sua libertação. Em uma narrativa, as serpentes exigiram uma taça de *amrita*, a bebida divina da imortalidade. Garuda acabou conseguindo o *amrita* e correu de volta para o Mundo Inferior. Indra estava furioso e arremessou seu raio em Garuda, que se despedaçou, e deu o *amrita* para as serpentes. Quando elas estavam prestes a beber a poção, Indra a apanhou de volta, e enquanto as serpentes tentavam lamber as últimas gotas, o poder do *amrita* dividiu suas línguas e até hoje as serpentes têm línguas bifurcadas e devem renovar sua pele anualmente em honra de sua imortalidade. Como os deuses perceberam que Garuda era mais poderoso do que eles pensavam, para mantê-lo ao seu lado, eles o recompensaram com um lugar de honra como cocheiro de Vishnu.

Tara

Tara aparece nas mitologias hindu, budista e tibetana. Ela, provavelmente, no começo era Devi, a Grande Deusa, ou Parvati (outro aspecto de Devi). Seu papel na mitologia hindu era o de bela consorte de Brihaspati, o professor ou guru dos deuses. Tara era cobiçada por Soma, o deus da Lua, e foi raptada por ele. Isso criou uma guerra entre demônios e deuses. Finalmente, Brahma convenceu Soma a devolver Tara a Brihaspati, mas, ao encontrá-la grávida, ele se recusou a tê-la de volta. Quando a criança nasceu, era tão bonita que ele a reivindicou para si próprio. Soma acreditava que era seu filho, também. Para resolver a disputa, Brahma deu Tara a Brihaspati e a criança tornou-se o pai de todas as dinastias lunares futuras, criando, assim, harmonia entre os deuses e os corpos celestiais.

Tara era uma divindade com múltiplas funções nos mitos hindu e budista. A Tara Branca era especificamente compassiva.

No mito budista, Tara era originalmente uma deusa do mar, mas ela foi adotada no século VI EC como a expressão da "Mãe da Sabedoria Divina", e a primeira divindade feminina a ser assimilada pela crença budista. Tara tem muitos aspectos diferentes: a Tara Branca é associada com compaixão e com a força curativa do universo; a Tara Verde, com salvação e pura iluminação; a Tara Vermelha, com bondade e consciência perspicaz; a Tara Amarela, com prosperidade e riqueza; a Tara Azul era a transmutação da raiva. Tara também era conhecida como a Mãe dos Budas e, posteriormente, a mãe de todos os seres humanos na Terra. Tornou-se popular como objeto de culto, especialmente no Tibete, por volta do século VII EC.

Maya e Mara

No mito budista, Maya era a mãe de Buda. Ela morreu logo após seu nascimento de pura alegria por sua existência e renasceu no Céu. *Maya* também é a palavra em sânscrito para "ilusão", e a crença hindu é que o próprio mundo é *maya*. Em outras palavras, nossa percepção da realidade é uma ilusão.

Enquanto Buda estava meditando sob a árvore *bho,* a fim de atingir a iluminação para tentar ver a diferença entre si mesmo e o universo como uma falsa dualidade, Mara, como rei dos demônios, ficou preocupado que seu poder estivesse ameaçado pela crescente iluminação de Buda. Ele enviou primeiro *maya* para criar na mente de Buda uma ilusão de que um príncipe rival chamado Devadatta havia roubado seu trono, mas Buda não foi enganado. Mara atirou pedras nele, açoitou-o com carvão em brasa e violentas tempestades, mas Buda nada sentiu. Mara enviou todos os tipos de tentações terrenas, belas sedutoras, delícias e iguarias, mas ele as ignorou. Mara chegou a enviar a própria mãe de Buda, Maya, para tentar distraí-lo de sua meditação, mas até mesmo o exército de demônios e a visita de sua mãe do Céu não conseguiram impedi-lo de meditar. Mara, então, lançou seus próprios raios em Buda, mas eles se transformaram em grinaldas de flores ao redor da cabeça de Buda. Mara, em seguida, começou a sussurrar no ouvido de Buda, dizendo-lhe para abandonar o mundo e alcançar o nirvana enquanto podia, mas Buda novamente o ignorou. Na cosmologia budista, Mara é considerado a personificação de tais coisas na vida, como o materialismo, o poder e a luxúria, que afastam o indivíduo de seu verdadeiro caminho espiritual.

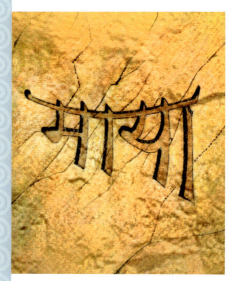

Maya *é a palavra em sânscrito para "ilusão". Os hindus acreditam que o próprio mundo é uma ilusão.*

Nanda

No mito budista, Nanda é o meio-irmão de Buda. Buda era muito mais velho que Nanda e já havia começado a pregar e converter as pessoas. Na jornada de Buda, um dia ele passou pela casa de Nanda, mas Nanda não o reconheceu e tentou despachá-lo oferecendo-lhe uma esmola. Embora Nanda tivesse acabado de se casar com uma bela jovem, ele ficou hipnotizado pelas palavras iluminadas de Buda e seguiu-o a um mosteiro onde se tornou monge. Mas os prazeres da vida mundana permaneceram em sua mente. Um dia, ele decidiu que era hora de retornar à sua bela esposa. Buda o impediu, mostrando-lhe um macaco velho e cego e perguntando-lhe: "Sua mulher é bela assim?". Nanda, indignado, respondeu: "Muito mais". Buda o levou para o Céu e mostrou-lhe que, comparada aos deuses, sua esposa não era mais bela do que o macaco. Nanda decidiu dedicar-se a uma vida austera para que pudesse ir para o Céu e ser tão radiante quanto os deuses. Então, Buda o levou para o inferno e mostrou-lhe um caldeirão de água fervente. Isso era o que o aguardava se ele não abandonasse seus desejos mundanos. Desde então, Nanda devotou-se ao Caminho Budista, e sua história tornou-se uma lição para todos os budistas – a abnegação é o caminho para a iluminação.

Nanda ficou encantado com os ensinamentos de Buda e devotou-se ao Caminho Budista.

Mitologia japonesa

As divindades da mitologia japonesa são derivadas de uma série de influências culturais, incluindo fontes xintoístas, hindus e budistas. O Sol como símbolo tem um significado especial na cultura japonesa.

Amaterasu

Há muito poucas deusas do Sol nas mitologias do mundo, particularmente após a dissipação dos cultos a deusas do sexo feminino pela maioria das civilizações patriarcais da Ásia Central, da Europa e orientais. No entanto, Amaterasu é uma divindade mítica altamente respeitada e poderosa por direito próprio e ela ainda é importante na religião xintoísta no Japão. Na vida secular japonesa, as mulheres alcançavam o *status* de guerreiras ou profetisas graças ao culto a Amaterasu.

A poderosa interação entre o Sol e a Lua era essencial para a fertilidade do mundo nos primórdios da mitologia japonesa. Amaterasu era filha de Izanami e Izanagi, as duas últimas divindades a crescer sobre a palheta cósmica no início do universo. Seu importante mito relativo a Susano (ver página ao lado) encontra-se no coração do culto xintoísta e do código dinástico social e político do Japão. A família imperial japonesa acreditava ser descendente direta da própria deusa do Sol.

Os símbolos de poder de Amaterasu como deusa do Sol eram um colar feito de luz, a Via Láctea e as primeiras roupas confeccionadas, costuradas com fabulosas joias, pedras preciosas e a luz dourada do próprio Sol. Ela tem sido adorada desde os tempos antigos como a Grande Divindade que Ilumina o Céu, e a cada vinte anos seu simples santuário de palha em Ise, em Honshu, é renovado em sua honra.

Susano

Susano era irmão de Amaterasu e a ele foi dado o domínio sobre o mar ou a Terra, mas recusou-se a aceitá-lo. Deus da tempestade no mito japonês, ele nasceu das gotas d'água que caíram do nariz de Izanagi quando ele lavava toda a poluição do Mundo Inferior que havia contaminado seu corpo. (Em alguns relatos, quando Izanagi assoou o nariz, Susano nasceu.) Em sua recusa a ser o deus do mar, ele saiu furioso pelo universo, causando destruição por onde quer que passasse, não apenas causando a morte de sua irmã Wakahirume, a aurora, mas forçando Amaterasu a se refugiar e esconder-se em uma caverna, levando a luz do sol com ela.

Transformações

Mais tarde, o castigo dos deuses suavizou seu temperamento e ele salvou uma linda garota chamada Kushinada das garras de um terrível monstro aquático. Ele transformou a garota em um pente ornamental e o prendeu em seu cabelo; então, disse a seus pais para encherem oito barris com saquê (aguardente de arroz) e oferecê-los a cada uma das oito cabeças do monstro. A besta caiu bêbada e Susano cortou-lhe todas as cabeças. Ele transformou Kushinada de volta em mulher e depois se casou com ela. Posteriormente, os sacerdotes xintoístas embelezaram esse mito, acrescentando que Susano também descobriu uma espada mágica no ventre do monstro e a entregou a sua irmã Amaterasu, que mais tarde a deu ao neto Ninigi, quando ela o enviou para governar a Terra. Essa espada passou de geração em geração e tornou-se um dos objetos mais sagrados da família imperial, uma prova de que eles eram descendentes dos deuses.

O deus da tempestade, Susano, derrotou muitos demônios e monstros com seus trovões e raios.

Os Sete Deuses da Sorte

Com origens no hinduísmo, xintoísmo e budismo, os Sete Deuses da Sorte sempre foram extremamente populares no Japão. Cada deus era responsável por certa faceta da sorte e podia ser evocado para ajudar, se necessário.

- **Benzaiten**, a deusa de tudo que flui, cuida de rios, música, conhecimento e palavras. Ela é muitas vezes referida como a deusa da felicidade, do amor e do mar em sua representação como Benten, e carrega um instrumento de cordas chamado *biwa*. Originalmente, Benzaiten era uma divindade protetora, mas eventualmente tornou-se conhecida como a deusa da boa fortuna. Ela é derivada de Sarasvati, anteriormente uma deusa hindu dos rios. Os outros deuses são:
- **Daikoku**, o deus xintoísta da riqueza, boa colheita e cuidados com a família. Muitas vezes era representado sentado sobre um saco de arroz, usando um chapéu preto achatado e carregando um martelo.
- **Bishamon**, o deus dos guerreiros afortunados e punidor dos criminosos; seus símbolos eram uma lança e um pagode.
- **Ebisu**, que diziam ser um dos filhos de Izanagi e Izanami; nascido sem ossos, ele era o deus do trabalho e muitas vezes conhecido como o deus do riso.
- **Hotei**, mais conhecido como o Buda sorridente e muito popular nos templos e restaurantes japoneses. Ele é frequentemente usado como amuleto e retratado como um grande e gordo monge budista acompanhado por crianças; Hotei era benéfico para as famílias.
- **Jurojin** favorecia a vida longa; seus símbolos incluíam o cágado e a tartaruga, sinais de longevidade.
- **Fukurokuju**, deus da sabedoria e vida longa, geralmente é representado com uma bengala, acompanhado por uma cegonha.

Jurojin traz vida longa para quem usar seu talismã de cágado ou tartaruga.

Hachiman

O deus xintoísta da guerra, Hachiman era também o protetor divino do Japão. Originalmente, ele era um deus da fertilidade, bem como da agricultura e da pesca. No século IV EC, acreditava-se que Hachiman era uma figura real conhecida como Imperador Ojinm, um renomado líder militar com o poder de mudar as marés e evitar que invasores desembarcassem. Com a chegada do budismo no século VIII EC, Hachiman foi associado ao bodhisattva Daibosatsu e, mais tarde, foi adorado pelos samurais no período medieval. Muitos santuários xintoístas são dedicados a Hachiman, cujo principal centro de veneração é o templo de Kamakura. Os rapazes ainda realizam seu rito de passagem à idade adulta nos templos de Hachiman.

Santuários de Hachiman ainda são usados por jovens seguidores xintoístas para celebrar seu rito de passagem à idade adulta.

Uzume

Não está exatamente claro se Uzume era a própria deusa da aurora original ou a irmã de Wakahirume (ver p. 65), cuja morte fez Amaterasu refugiar-se em uma caverna e deixar o mundo nas trevas. Algumas narrativas também sugerem que ela era a consorte ou irmã de Ninigi, o fundador da dinastia imperial, mas, originalmente, ela era conhecida tanto como deusa da magia quanto da dança. Sua participação foi fundamental em atrair a receosa Amaterasu para fora de sua caverna e trazer a luz de volta ao mundo, seduzindo outros deuses para a comemoração. Como recompensa, Uzume recebeu a Via Láctea. Suas sacerdotisas fabricavam poções de imitação em seus santuários e seu conhecimento sobre ervas medicinais levou Uzume a ser adorada como a deusa do bem-estar.

Mitologia chinesa

Em uma cultura extremamente antiga, a mitologia chinesa baseia-se em muitos sistemas de crenças culturais e religiosas, incluindo o taoismo, o confucionismo e o budismo.

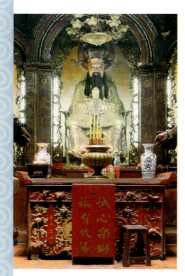

Segundo o mito taoista, o Imperador de Jade foi responsável pela criação dos 12 signos animais do zodíaco chinês.

O Imperador de Jade

O Imperador de Jade da crença taoista era originalmente o ser supremo Shang Di, o poder que iniciou a criação e o universo, e a força que gerou a continuação de toda a vida.

Shang Di era considerado uma espécie de equivalente divino de um imperador na Terra e reinava sobre uma ampla gama de divindades e servos. Nos tempos do confucionismo ele se tornou um conceito mais abstrato, e só por volta do século XI EC fundiu-se com Yu Huang, o Imperador de Jade, e principal figura do panteão taoista. A partir de então, o Imperador de Jade foi o único ser supremo, conhecido como Yu Huang Shang Di. Com seu rosto sorridente, uma barba longa e face benevolente, o Imperador de Jade havia alcançado a iluminação seguindo "o Tao" (o Caminho), a principal crença filosófica dos taoistas. Ele também foi popularizado como o governante de todo o Céu, um pouco alheio, mas com uma vasta corte de divindades e cortesãos.

Signos animais do zodíaco

Uma história taoista conta como os 12 signos animais do zodíaco foram escolhidos. O Imperador de Jade queria tornar a Terra mais harmoniosa. Então, pediu a todos os animais para visitá-lo no Céu, para que ele pudesse dividir o ano entre eles, com cada animal regendo um determinado ano lunar. A gata precisava de seu sono de beleza, mas ficou preocupada em perder a viagem, por isso pediu ao rato para que a despertasse a tempo. Mas o rato, certo de que o Imperador preferiria a beleza da gata à feiura do rato, não a despertou e deixou o porco tomar o lugar dela. É por isso que gatos e ratos se odeiam, e o porco tem um ano com seu nome, ao contrário do gato, e não se importa com ratos perambulando no chiqueiro.

Fu Xi

Depois de uma terrível inundação enviada por demônios para afogar o mundo, Fu Xi e sua irmã ou consorte, Nu Gua, escaparam flutuando em uma embarcação. Quando as águas recuaram eles voltaram à Terra e recriaram a civilização. Nu Gua criou mortais a partir do barro e Fu Xi mostrou-lhes como cultivar e pescar, mapear as estações, caçar e forjar metais. Nos primórdios do mito, logo que a Terra foi repovoada ele se retirou para o Céu com Nu Gua. Mais tarde, porém, foi dito que ele reinou sobre a Terra entre 2852 AEC e 2737 AEC. Ele inventou a escrita e como calcular o tempo.

Oito Trigramas

É também creditado a Fu Xi a invenção dos símbolos divinatórios do "Pá-Guá" ou Oito Trigramas. Cada um deles era formado por três linhas, ou partidas (yin) ou intactas (yang), representando os oito elementos da Terra. O sucessor de Fu Xi combinou os trigramas para criar 64 hexagramas. Ele também descobriu o quadrado mágico ou "Lo Shu", aparentemente encontrado no casco de uma tartaruga, cujo quadrado de nove números representa a harmonia universal e cuja soma dá sempre 15, um número taoista auspicioso. O Pá-Guá e o Lo Shu juntos formam o simbólico "Bá-Guá", usado até hoje no feng shui.

A bússola de Bá-Guá ou Pá-Guá é usada no feng shui para se obter mais harmonia.

Deusa da fertilidade no mito taoista, Guan Yin era cultuada por mulheres para garantir partos bem-sucedidos.

Guan Yin

Misericordiosa e compassiva, Guan Yin é uma divindade popular e importante no budismo chinês, com seus trajes vaporosos e o belo rosto gentil. No mito taoista, era uma deusa da fertilidade; foi ela quem tornou possível aos humanos comer arroz. Todos os anos ela espirrava leite de seus seios sobre os grãos de arroz para que se tornassem comestíveis.

No mito budista, ela ajudou a levar o texto sagrado do budismo da Índia para a China, curava crianças doentes e consolava os aflitos ou presos. Ela ajudava os pobres e os oprimidos, e era a protetora dos viajantes e dos navegantes. Reverenciada por mulheres, Guan Yin era a deusa capaz de trazer fertilidade a casais sem filhos.

Shen Nong

Sucessor de Fu Xi, Shen Nong era o segundo dos Três Soberanos. Foi um herói cultural e imperador mítico, filho de uma princesa mortal e um dragão do céu. Como metamorfo, ele geralmente assumia a forma de um humano com cabeça de boi, mas podia virar um vento abrasador e criar enormes incêndios florestais para ensinar aos mortais como devastar a terra para fins agrícolas. Ele ensinou muitos segredos para uma agricultura bem-sucedida, além de lhe ser creditada a invenção da medicina chinesa. Algumas narrativas dizem que ele governou de 2737 AEC a 2697 AEC e muitos estudiosos atualmente pensam que ele e o imperador Yen Ti, o suposto sucessor dos Três Soberanos, são a mesma pessoa. Segundo um conto, ele governou por 17 gerações humanas, e usava seu ventre transparente como centro de testes de plantas medicinais. Mas ele morreu envenenado por uma erva e foi imortalizado como um dos deuses no reino do céu.

Yao

Um dos Cinco Imperadores, o governo de Yao marcou o momento em que o mundo estava evoluindo da barbárie para a civilização, mas ele continuou a habitar a cabana de palha da família imperial, comer mingau e viver uma vida muito austera. Travou muitas batalhas

As ervas são importantes na medicina chinesa. Seu valor medicinal foi creditado a Shen Nong, há mais de 3 mil anos.

com deuses da tempestade e monstros aquáticos, e ficou famoso por contratar Yi, o arqueiro, para destruir o demônio Fei Lian e Ho Po, o deus da água. O governo de setenta anos de Yao foi conspurcado por corrupção, devido à crescente força dos povos bárbaros, e ele não confiava em ninguém, nem mesmo em seus próprios filhos. Em sua busca por um sucessor, escolheu um homem humilde chamado Shun, que sempre fora muito bondoso, generoso e paciente. Após uma série de testes, Shun casou-se com uma das filhas de Yao e foi nomeado seu herdeiro. Quando Shun assumiu como o Quinto Imperador na abdicação de Yao, o universo sucumbiu ao caos, e Yi foi enviado para derrubar os dez sóis rebeldes até que sobrou apenas um (ver p. 256). Ele, então, mandou Yu, o Dragão-rei, para controlar as inundações, e uma vez restaurada a ordem, ele governou em paz e harmonia.

EGITO ANTIGO E MESOPOTÂMIA

O Egito Antigo e a Mesopotâmia foram não só grandes civilizações, como culturas sofisticadas e altamente místicas. Das pirâmides do Egito aos zigurates da Mesopotâmia, muitas evidências escritas documentam a extraordinária e detalhada gama de crenças e mitologia. Em hieróglifos gravados em tabuinhas de argila bem como nos escritos egípcios em papiros, esses dois mundos muito antigos sem dúvida resplandecem com suas divindades e histórias épicas.

Cenário histórico e cultural

As mitologias do Egito Antigo e da Mesopotâmia foram muito influenciadas pela aspereza das paisagens geográficas nas quais essas civilizações emergiram.

Entretanto, o seu desenvolvimento cultural profundamente diverso significa que a mitologia do Egito era muito complexa, insular e identificável, enquanto os primórdios da mitologia da Mesopotâmia foram assimilados pelas religiões monoteístas que surgiram naquela parte do mundo – islamismo ao sul, judaísmo e cristianismo ao oeste e zoroastrismo ao leste. Em todos os casos, tais sistemas religiosos pegaram o que quiseram da mitologia original e reinventaram o mito de acordo com seus próprios dogmas. A mitologia mesopotâmica era um amálgama das tradições sumérias, babilônicas e assírias, as duas últimas sorvendo em grande parte dos mitos sumérios e de sua religião politeísta.

Egito

A mitologia do Egito Antigo foi influenciada não só pela geografia da região, mas também pela extraordinária duração de seu conservador sistema de crenças. Cerca de 5 mil anos antes da era cristã até a conquista romana no primeiro século AEC, a cultura e a atitude religiosa foram dominadas por dinastias reais, que se estenderam da Primeira Dinastia, marcada pela Grande Pirâmide, por volta de 2600 AEC até a XVIII Dinastia, 2.500 anos depois. Mito, religião e cultura caminhavam lado a lado e, embora o país não fosse isolado, ainda assim era voltado para si mesmo.

Mesopotâmia

A Mesopotâmia continha algumas das lavouras e povoados mais antigos no mundo, remontando a 3000 AEC. Com a vastidão da área e aridez de sua terra, a mitologia mesopotâmica era dependente de grandes centros culturais de civilização, como Babilônia e Ur, ao sul. A história do Grande Dilúvio é normalmente encontrada entre povos cujas vidas e trabalho dependiam das enchentes anuais. A mesma história era contada em toda a Mesopotâmia, porém,

Um aspecto de Rá, Aton, o disco solar, era adorado pelo faraó e sua família.

com variações locais. O protagonista cultural da história do Dilúvio era conhecido como Noé em Ur, Utnapishtum na Babilônia e Atrahis em Shurupak. Se a civilização egípcia era insular, a cultura mesopotâmica era expansiva, e sua influência acabou se espalhando para a área montanhosa hoje conhecida como Curdistão, região costeira ao leste do Mar Egeu e também para a Pérsia e até o longínquo Egito.

Crenças egípcias

Com o Nilo em seu centro, o Egito é cercado pelo deserto, as montanhas e o mar. Os primeiros deuses eram associados com inundações (Khnum) e o Sol implacável (Rá). A criação não foi considerada uma fusão cósmica do Caos e da Matéria, e sim, tecida no tear por Neith e Ptah, o metalúrgico, que forjou os seres vivos.

As primeiras crenças populares criaram um panteão de deuses e qualquer coisa desde um anão (Bes) até um escaravelho (Khepri) podia ser deificada. Havia milhares de divindades, sendo que todas tinham personificações úteis na vida diária. Muitos deuses locais acabaram sendo incluídos na mitologia religiosa mais formal. Havia muito pouca exclusividade na religião egípcia, e tamanhas variedade, diversidade e riqueza de crenças resultaram em centenas de histórias e ciclos míticos numerosos demais para serem abordados aqui.

A Enéade

A mitologia religiosa de maior influência que chegou até nós foi o ciclo conhecido como a Enéade, relativo a nove deuses. Girava em torno de Rá, em seu aspecto como o Sol, e seu tema principal era a luz (Osíris) *versus* a escuridão (Set). Ele também diz respeito à história de Rá, enquanto navegava pelo céu de dia e desaparecia no Mundo Inferior à noite. Essa foi a fonte primária para o primeiro culto da reencarnação.

A Ogdóade

Outro importante ciclo mítico, envolvendo oito deuses e conhecido como Ogdóade, surgiu no Alto Egito, mas não era constituído propriamente de seres e sim, de personificações de ideias abstratas. Cada um deles possuía uma forma masculina e feminina. Assim, os deuses das trevas eram Kek e Keket, os da invisibilidade, Amon e Amaunet. Amon mais tarde se tornou o deus supremo de todos os deuses, se fundiu com o Sol e foi adorado como Amon-Rá.

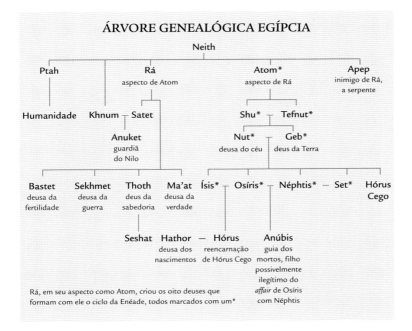

Cultos de mistério

Havia muitos Cultos de mistério, como os mistérios de Ísis que, mais tarde, foi prestigiado pelas mulheres gregas e romanas da classe alta. Até mesmo o imperador romano Calígula tomou parte do culto de Ísis, e ela se tornou uma das principais divindades em todo o Mediterrâneo no período helenístico. Ainda mais tarde, templos dedicados a Ísis eram encontrados na Europa, África e Ásia, e ela era considerada a "Rainha do Céu" pelos seguidores do culto. Havia também o culto que misturou Osíris com o Touro Ápis para criar a divindade única Serápis. Um dos deuses mais antigos, Thoth, inspirou ainda outro culto de mistério baseado em escritos secretos que supostamente conteriam todos os segredos do universo. Tal culto teve início em tempos pré-históricos, tornou-se importante por volta de 2000 AEC e ainda é um culto proeminente hoje em dia, expresso como os livros de Hermes Trimegisto.

Divindades egípcias

Todos esses três deuses eram parte dos primórdios da mitologia no Egito – Neith e Atom como deuses da criação e Rá como símbolo do Sol, a fonte de toda a vida na Terra.

Neith

Neith, ou Neit, já era considerada uma divindade antiga no Egito na época da Primeira Dinastia (c. 3100-2890 AEC). A tumba de Tutankamon (c. 1325 AEC) continha uma estátua de ouro de Neith em sua representação de cobra dourada, com uma lançadeira sobre o peito, símbolo de que esta deusa regia o destino. Como a antiga deusa da tecelagem e do tear, ela era também a deusa da criação e nenhum mortal poderia olhar em seu rosto. Neith também foi considerada a deusa da guerra e da caça.

Originalmente, Neith era um dos aspectos da Grande Deusa da região do Delta do Nilo. Das águas primevas do nada, ela se ergueu espontaneamente e criou o nascimento, ao gerar o grande deus Rá. Mas, como Neith não estava satisfeita apenas com o oceano primordial e um deus de sua criação, ela pegou sua lançadeira e, esticando o céu em seu tear, teceu o universo. Ela mergulhou a trama nas águas primordiais, reuniu todas as coisas vivas e colocou-as sobre o mundo que ela havia criado.

Quando os deuses Set e Hórus estavam lutando pelo poder, os deuses perguntaram a Neith a qual dos dois seria permitido vencer. Ela respondeu que ambos tinham o direito de reinar soberanamente e, se não seguissem o seu conselho, ela iria desfazer a tapeçaria do universo e destruir tudo o que havia criado.

Neith também foi relacionada com as deusas fenícias Astarte e Ishtar.

Atom e Rá

Atom era adorado em Heliópolis muito antes de Rá, que o desbancou como o poder supremo do universo. Atom era o criador, o próprio oceano primordial do qual Rá criou a si mesmo. Com o tempo, Atom tornou-se um aspecto de Rá, como Atom-Rá, o deus do Sol do entardecer. Há muitas versões desses mitos entrelaçados, mas todos eles são precedidos pelos de Neith, seu tear e sua frágil trama da criação.

Atom, como o oceano primordial, criou a si mesmo. Alguns dizem que ele cuspiu no vazio; outros, que ele se masturbou e criou Shu e Tefnut, o ar e a umidade. Alguns sacerdotes egípcios mudaram a história de modo a que Atom usasse sua parte masculina (pênis) e sua parte feminina (mão) para se unirem. A "Mão de Atom" era, de fato, adorada como uma divindade à parte.

Atom-Rá era um deus de aspecto dual: Atom criara Rá e Rá criara Atom. Como divindade única, ele era o deus do sol do entardecer.

À medida que o culto de Atom declinava, Rá começou a ser visto como criador de Shu e Tefnut, que, por sua vez, tornaram-se os pais de Geb, a Terra e Nut, o Céu. Geb e Nut, então, uniram-se para criar o universo e os outros deuses Osíris, Set, Ísis e Néphtis.

Rá navegava pelo céu todos os dias em seu barco dourado, viajando pelo caminho da Via Láctea, que alguns diziam ser o corpo arqueado de Nut (ver p. 80). À noite, ele viajava pelo Mundo Inferior, evitando as fauces da grande serpente Apófis. Apófis era a grande inimiga de Rá e a personificação de tudo que era escuro e maligno, em oposição à luz e à bondade de Rá. Apófis era responsável pelos eclipses solares, mas a adoração a Rá assegurava seu retorno ao céu.

Sekhmet

A filha de Rá, Sekhmet, carregava uma cobra cuspidora de fogo e tinha cabeça de leão. Quando se enfurecia, transformava-se no Olho de Rá e tornava-se uma deusa da guerra feroz, de quem até mesmo a serpente Apófis se escondia. Ela soprava chamas, labaredas chispavam de seus olhos e os ventos escaldantes de sua fúria abriam buracos no chão e matavam pessoas aonde quer que ela fosse.

Rá, apesar de ser um deus, assumiu a forma humana como faraó, para que as pessoas pudessem adorá-lo. Embora fosse imortal, sua forma humana deteriorou-se, e as pessoas começaram a se afastar do Sol e adorar Apófis em seu lugar. Furioso, Rá enviou Sekhmet para punir os mortais e destruir o mundo. Sekhmet encheu o Nilo com sangue humano e o mundo parecia condenado. No último instante, Rá mudou de ideia e enganou Sekhmet. Ele inventou uma mistura de suco de romã (algumas fontes dizem ocre vermelho) e cerveja, que derramou por toda a terra. Quando ela retornou para tomar o que achava que era sangue, caiu dormindo como um gato e Rá salvou o mundo da destruição.

Nut e Geb

Nut e Geb eram o céu e a Terra, respectivamente. Tendo nascido os dois enlaçados no ato sexual, seu avô Rá ordenou a Shu (o ar) que os separasse e, ao fazê-lo, Nut foi empurrada para cima, para formar o céu, e Geb para baixo, para formar a Terra. O corpo de Nut era a enorme abóboda do céu e suas mãos e pés eram os quatro pontos cardeais da astrologia egípcia. O horizonte leste marca onde o sol nasce, o oeste, onde ele se põe, o zênite é o ponto mais alto do horóscopo, quando o sol está em seu ápice no céu, e o nadir marca o ponto mais baixo do horóscopo, e o momento mais escuro da noite. Se Nut algum dia caísse de volta à Terra (Geb), o caos e o desastre reinariam.

Nut também era a mãe de Osíris, do Hórus Cego, de Set, de Ísis e de Néphtis. Na arte egípcia ela era geralmente representada de quatro sobre a Terra, ou segurando-a do alto. Ocasionalmente, era associada à deusa vaca Hathor, segurando uma vaca acima da cabeça, com leite escorrendo das tetas para fertilizar o mundo.

*Nut e Geb sendo separados por Shu (o ar)
para criar o céu e a Terra.*

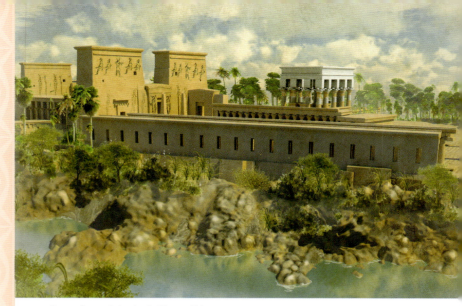

O sagrado templo insular de Filas, no Egito, era o centro de adoração da deusa Ísis.

Ísis

Originalmente conhecida como Aset, Ísis era filha de Nut e Geb (ver p. 80) e irmã de Osíris, Set e Néphtis. Com Osíris, seu marido/irmão, ela governava o Egito. Depois que Osíris foi morto por Set (ver p. 369), Ísis engravidou a si mesma com o pênis dele e teve Hórus. Entretanto, como Osíris não poderia voltar para o mundo dos vivos e foi enviado para governar o Mundo Inferior, Ísis partiu para a vingança contra Set.

Hórus e Set estavam eternamente em conflito, o que era vantajoso para Ísis. Segundo um conto Hórus procurou Ísis para se queixar de que havia sido estuprado por Set. Ísis pediu a Hórus que se masturbasse sobre um canteiro de alfaces; pegou uma folha e levou a Set, que a comeu vorazmente. Ísis o levou ao tribunal dos deuses, alegando que Set havia roubado algo de Hórus. Set disse que não roubara nada, mas, enquanto falava, o sêmen de Hórus fluiu de sua boca direto para o dono, provando, assim, que Set estava mentindo.

Ardilosa Ísis

No ciclo mítico do Delta, Ísis enganou Rá para que este lhe desse alguns dos seus poderes. O poder de Rá dependia de que ele resguardasse seu nome secreto para que nenhum outro ser no universo pudesse sabê-lo. Ísis recolheu um pouco de saliva de Rá e moldou-a em uma cobra que o mordeu. Sofrendo dores terríveis, ele suplicou a Ísis que o curasse, e ela concordou, com a condição de que Rá lhe dissesse seu nome completo. Toda vez que ele dizia a ela um nome falso a dor piorava, então, finalmente, Rá falou o nome secreto verdadeiro e foi curado.

Os Mistérios de Ísis foram um culto popular na Grécia, Egito e Roma, do século I AEC até o século IV EC. Os seguidores de Ísis acreditavam que o conhecimento daquele nome secreto tornara Ísis mais poderosa do que qualquer outro deus ou deusa. Nas cerimônias de iniciação, o nome secreto era dito aos devotos, que adquiriam alguns dos poderes mágicos de cura de Ísis.

Ma'at

Deusa da verdade, da justiça e da moralidade, Ma'at era filha de Rá. A palavra *ma'at* significa "aquilo que é verdade". Ma'at geralmente é representada como uma pequenina estatueta sentada ou de pé na mão do faraó, enquanto ele a mostra aos deuses para manter justiça. No céu, as leis de Ma'at garantiam a estabilidade do universo inteiro, e os deuses juravam pelo nome dela, se tivessem de fazer promessas ou juramentos. Ma'at usava uma única pluma de avestruz em sua coroa, uma medida de peso pela qual as pessoas eram jul-

No Mundo Inferior egípcio, as almas dos mortos eram pesadas por Anúbis contra uma pluma da coroa de Ma'at.

gadas. Se alguém mentia, a pluma ficava mais pesada até condená-la. As almas também eram julgadas no Mundo Inferior – a pluma de Ma'at era colocada em um dos pratos da balança e a alma no outro.

Thoth

Geralmente representado com a cabeça de um íbis, Thoth era o deus da sabedoria, da escrita, da magia e das fases da lua. Em algumas narrativas, ele nasceu da testa de Set e, em outras, era filho ou a língua de Rá. Às vezes, ele também é representado como um babuíno segurando uma Lua Crescente. Thoth era o escriba dos deuses e inventou a escrita e os hieróglifos. Ele preparava os cálculos para a posição do céu, das estrelas e da Terra, dirigia o movimento dos corpos celestes e possuía o poder mediador de restaurar o equilíbrio entre o certo e o errado. Sabia tudo que há para saber e deu o poder das palavras aos deuses. Eles o tratavam com respeito, pois, sem as palavras, os deuses não existiriam.

Origem de Hermes

Os antigos gregos consideravam Thoth como o inventor da astronomia, da astrologia, da matemática, da medicina e o verdadeiro autor de todo trabalho de qualquer ramo do conhecimento, humano ou divino. Assim, ele se tornou conhecido como Hermes Trimegisto ("Hermes o três vezes grande"), por causa de sua similari-

Deus da sabedoria, da escrita e da magia, Thoth era uma divindade respeitada pelos outros deuses.

dade com o deus grego Hermes. Os membros de seu culto acreditavam que os livros mágicos de Thoth eram guardados por seus sacerdotes e que se alguém aprendesse a decifrar os segredos saberia tudo que há para saber no universo.

Na cosmogonia da Ogdóade (teoria da criação), Thoth fez nascer Rá, Atom e Khepri ao colocar um ovo enquanto estava na forma de íbis. Ele era a deificação da lua e diziam que era o conselheiro de Rá, viajando ao lado dele pelo céu durante a noite, acompanhado no outro lado do barco celeste por Ma'at. Mais tarde na história egípcia, milhões de íbis seriam ritualisticamente mortas e mumificadas em sua honra, e os gregos rebatizaram o centro de seu culto como Hermópolis, "cidade de Hermes".

Hórus

Dois deuses, de fato, são chamados de Hórus: Hórus Cego foi morto por Set, o deus do caos, e mais tarde reencarnou como Hórus, filho de Ísis e Osíris. A certa altura na disputa com Set pelo trono, Set arrancou o olho de Hórus, que foi curado por Hathor. O olho *udjat* subsequentemente se tornou o amuleto egípcio mais conhecido, simbolizando proteção, força e perfeição.

Hórus também era um guerreiro com cabeça de falcão e representante de Osíris no mundo superior, depois que Osíris se tornou governante do Mundo Inferior. Hórus era um tanto como Hermes (ver p. 84), capaz de intermediar os dois mundos, guiando as almas dos mortos para serem julgadas por Osíris. Também era conhecido como protetor dos faraós e de suas famílias, e os faraós frequentemente se referiam a si próprios como "amável Hórus".

O udjat, olho de Hórus, é um dos hieróglifos egípcios mais conhecidos, e era amplamente usado como um símbolo de proteção.

Bastet

Originalmente uma deusa solar, Bastet era filha de Rá e foi associada com a leoa que ruge Sekhmet. Por volta de 2800 AEC, ela era representada como uma leoa ou gata selvagem do deserto, e em 1000 AEC começou a ser mostrada como a deusa dos gatos domésticos. Nessa época, ela também tinha assumido um papel mais delicado como a deusa amável e compassiva do parto, da fertilidade e do riso. Os gatos eram consagrados a ela, que foi frequentemente representada como uma mulher com cabeça de gato, às vezes apenas como um gato, ou como uma mulher com gatinhos brincando aos seus pés. Seu principal templo e culto localizavam-se em Bast (atualmente conhecida como Tell-Basta). Adoradores navegavam até Bast para o festival anual, onde gatos mortos eram embalsamados, mumificados e, então, enterrados em cemitérios sagrados.

Ave Benu

A Ave Benu era originalmente representada como uma garça gigante, e em algumas narrativas aparecia o primeiro ser vivo, que voou das águas escuras do Nun e pousou sobre uma rocha chamada Pedra Benben. Seu voo levou até lá energia criativa e luz solar, e seu grito anunciou o começo do mundo. Mais tarde, os gregos retrabalharam o mito, chamando a Ave Benu de fênix, como uma forma ou aspecto do deus Sol, Rá. Amuletos e esculturas de Benu eram muitas vezes enterrados com os corpos, para ajudá-los em seu caminho para uma segunda vida.

Anúbis

Anúbis era conhecido como o deus canino dos mortos, e era, em geral, retratado como um cão ou um homem com cabeça de chacal. Originalmente, ele era o deus da putrefação e foi só no mito mais tardio que ele se tornou o protetor dos mortos contra os ladrões e o deus patrono dos embalsamadores. Ele supervisionava a pesagem das almas dos recém-falecidos diante do trono de julgamento de Osíris. Anúbis foi o primeiro deus a criar uma múmia ao embrulhar o cadáver desmembrado de Osíris. Na necrópole, sacerdotes usavam uma máscara de chacal quando os corpos estavam sendo embalsamados para mostrar que Anúbis estava presente.

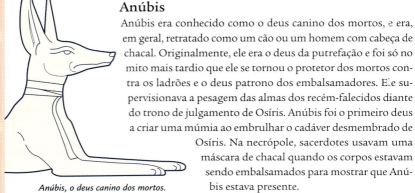

Anúbis, o deus canino dos mortos.

A Ave Benu era associada com o Sol e as cheias do Nilo e, mais tarde, foi considerada a alma de Rá, Atom ou Osíris.

EGITO ANTIGO E MESOPOTÂMIA

Crenças mesopotâmicas

A civilização da antiga Mesopotâmia, no que é hoje conhecido como Iraque, foi uma mescla de poderosos reis, templos enormes em formato de zigurates (pirâmides com degraus) e assentamentos de cidades.

Os mitos centrais desenvolveram-se à sua própria maneira, dependendo da cidade local ou culto. Por exemplo, a oitava porta interna para a cidade da Babilônia foi dedicada a Ishtar, que também era conhecida como Inanna em outras áreas. Devido à interpretação dogmática tardia dos antigos textos sagrados pelas religiões monoteístas, alguns dos primeiros contos desapareceram completamente. Alguns permanecem apenas como histórias individuais, como a epopeia de Gilgamesh, mas a maioria foi separada e dividiram-se entre as culturas em que floresceram.

A mitologia mesopotâmica tinha um panteão de deuses hierárquico em seu núcleo. Havia forças abstratas da pré-criação, como An ou El, tríades de forças em conflito, como Espaço, Água e Tempestade. Havia pares de deuses como, por

A oitava porta interna para a Babilônia foi construída, principalmente em azulejos azuis, por volta de 575 AEC pelo rei Nabucodonosor II.

Cerca de 30 mil tabuinhas de argila foram recuperadas nas ruínas de Hattusa, antiga capital da civilização hitita.

exemplo, Caos (Tiamat) e Ordem (Marduk), e Luz (Inanna) e Escuridão (Ereshkigal). O último par acabou por ser assimilado ao pensamento religioso e recebeu um significado moral, como em Jeová e Satanás.

Evidência escrita

O épico da criação da Babilônia ficou conhecido como *Enuma Elish*. Recitado a cada equinócio da primavera, celebrava a vitória de Marduk sobre Tiamat e seu papel na manutenção da ordem do universo. Deuses como Enki, Enlil e Lilith na mitologia hebraica ou receberam um nome ruim ou tornaram-se menos importantes e foram deixados de lado. Grande parte das mitologias ugarítica, hitita e hurrita é fragmentada. No entanto, cerca de 30 mil tabuinhas de argila foram encontradas nas ruínas de Hattusa no início do século XX, com inscrições de histórias hititas e hurritas que incluem mitos da fertilidade e narrativas da batalha entre deuses.

O zoroastrismo (fundado pelo profeta Zoroastro) floresceu no século VI AEC na Pérsia pré-islâmica. Sua mitologia é documentada nos textos de Avesta e Gatha.

Divindades mesopotâmicas

Enquanto Marduk era o principal deus entre as divindades babilônicas, Ishtar tinha influência difundida por toda a região em seus muitos disfarces. Como deusa da fertilidade e sexualidade, ela é, talvez, uma precursora de Afrodite.

Marduk

Durante a primeira dinastia babilônica (c. 2057-1758 AEC), Marduk era o deus supremo e a mais importante divindade babilônica. Ele era filho do senhor da água, Ea, e foi ele quem criou o universo e tudo que nele há. A história da criação e de sua luta com Tiamat (ver p. 92) foi encontrada entre as ruínas da biblioteca do rei Assurbanipal em Nínive, que datam de cerca de 650 AEC. No entanto, fragmentos de textos anteriores sugerem que o fim da história é baseado na crença de que os deuses criaram os humanos para serem seus escravos. A história posterior foi provavelmente uma peça de propaganda para preservar o poder de Marduk e seu alto *status* na Babilônia. Os babilônios afirmavam que a cidade foi criada pelos deuses especialmente para ele. Como deus supremo, Marduk poderia assumir o papel de qualquer deus, e ele passou a ser identificado com o Sol, o planeta Júpiter e com poderes equivalentes aos de Sin, deus da Lua.

Algumas pessoas acreditavam que Marduk sustentava o universo quando estava sentado em seu trono; se por acaso se levantasse, as estrelas começariam a se mover de trás para a frente e Tiamat retornaria à Terra e destruiria todos os seres vivos.

Um fragmento das sete tabuinhas de argila, que narra o Enuma Elish e a história de Marduk.

Ishtar

Ishtar tinha muitos nomes na Mesopotâmia, incluindo Ashtart, Astarte, Astaroth, Inanna e Ísis. Ela era adorada de Nínive a Tebas e da Babilônia ao Chipre. Ela não apenas era a cortesã dos deuses, mas seu culto envolvia prostituição sagrada – sua cidade Erech era conhecida como a cidade das cortesãs sagradas. É altamente provável que o culto a Afrodite tenha se originado de Ishtar, pois Ishtar também era identificada com o planeta Vênus. Ela era deusa tanto da fertilidade como do sexo e era a própria Estrela Vespertina (como Vênus). Todas as noites, banhava-se em um lago sagrado para restaurar sua virgindade após acasalar-se com o máximo de deuses ou mortais, animais ou conceitos abstratos que conseguisse. Uma de suas histórias mais conhecidas é a de seu amor pelo mortal Tamuz e como, quando ele morreu, ela desceu ao Mundo Inferior para recuperá-lo. Ela também era uma deusa da guerra na Assíria, onde seu grito de guerra congelava o sangue do inimigo, e seus sacerdotes faziam oferendas a ela das mãos arrancadas de seus prisioneiros. Cruel, imprevisível e assustadora, mas ainda assim amável, possuía atributos similares não apenas aos de Afrodite, mas também aos da deusa hindu Kali.

Em sua descida para resgatar Tamuz, ela gritou: "Arrebentarei os umbrais, forçarei as portas. Despertarei os mortos para comerem os vivos. E o número de mortos superará o de vivos".

Ishtar era associada com Vênus como a Estrela Vespertina e com a sexualidade sagrada.

O aterrorizante monstro Tiamat deu à luz milhares de descendentes na forma de serpentes e dragões.

Tiamat

Antes da criação havia apenas o caos e metade dele era Tiamat (água salgada) e a outra metade era Apsu (água doce). Eles também estavam acompanhados pela neblina, Mummu. Quando as águas se misturaram, gerações de deuses foram criadas. No princípio, eles viviam em harmonia, mas Ea (ver a seguir) desafiou Apsu, matou-o, e também a Mummu. Tiamat, por vingança, transformou-se em um dragão e liderou um exército de monstros contra Ea e seu filho Marduk (ver p. 90).

An

An ou Anu era o deus supremo do Céu e em algumas narrativas era o descendente de Ansar e Kisar (luz e horizonte), e, em outros, o filho de Apsu (água doce) e Tiamat (água salgada). Com seus filhos Ea e Enlil, ele lançou dados para ver quais reinos cada um iria ganhar. Ea ficou com o mar; Enlil, a terra seca; e An, o céu. (Há uma divisão similar dos reinos na mitologia grega.) An era razoavelmente benevolente, mas um deus reservado e, depois de ter sido atacado por Marduk, retirou-se do universo, tornando-se sem forma e invisível. Os santuários de An eram centros oraculares e, em alguns contos, os sete juízes do Mundo Inferior foram chamados Annunaki (filhos de An).

Lilith

Nos primeiros textos sumérios, Lilith era criada de Inanna. Ela guiava as pessoas ao templo de Inanna para desfrutar de seus rituais sexuais sagrados. No entanto, há muita controvérsia acerca dos papéis de Lilith – ela tem sido rotulada como sedutora, criada, prostituta e demônio na mitologia hebraica, súcubo e assassina de crianças. Sua associação com o Jardim do Éden é também muito discutida. Possivelmente foi a primeira mulher de Adão, mas quando Deus decretou que ela deveria assumir uma posição sexual de submissão, ela retirou-se como o "vento da tempestade" ou "grito de coruja", uma forma que acreditavam que ela era capaz de assumir.

O mito de Lilith foi aviltado ao longo dos séculos e distorcido por criadores de mitos patriarcais como um perigo e mal para os homens. Ela tornou-se uma figura *"femme fatale"* popular no século XIX. Lilith parece representar a parte da sexualidade feminina que tem sido mal interpretada por religiões patriarcais – a capacidade de se entregar livremente ao ato sexual como fonte de cura e regeneração.

Lilith, originalmente, era uma das criadas de Inanna ou prostitutas sagradas do templo, posteriormente aviltada pelas religiões patriarcais.

EGITO ANTIGO E MESOPOTÂMIA

Ahriman era a personificação de tudo que era ruim no mundo, e seu irmão gêmeo a força de toda a bondade.

Ahriman

No mito da Pérsia pré-islâmica, Zurvan Akarana era um ser primordial que existia antes da existência e fecundou a si mesmo para criar gêmeos em seu ventre. Ahriman era a personificação do mal, da morte e da escuridão e seu irmão gêmeo era Ahura Mazda, senhor da luz. A partir do momento em que foram concebidos, Ahriman fez tudo que pôde para destruir seu oponente. Na verdade, foi Ahriman quem rasgou o ventre de Zurvan Akarana e saltou para o mundo antes de Ahura Mazda. Ele governava e criava todas as forças destrutivas do universo e usava demônios, tempestades e doenças para forçar os adoradores de Ahura Mazda a adorá-lo em seu lugar. Ahriman representava uma justaposição essencial para o equilíbrio contínuo do universo.

Enki

Associado a muitos papéis diferentes em toda a Mesopotâmia, Enki é mais conhecido como um deus trapaceiro que criou a vida na Terra. Era originalmente senhor da água, e vivia com sua esposa, a deusa da Terra Ninhursaga, em Dimun. O centro de culto de Enki era Eridu, onde atualmente está o Grande Deserto Salgado ao sul do Irã. O povo de Eridu acreditava que Enki lhe havia dado dádivas como a felicidade, o respeito, a negociação e famílias, e que as outras cidades e seus deuses tentariam roubar esse precioso tesouro. Ele era também o deus da sabedoria e da magia, e dono dos poderes sagrados que controlavam a ordem no mundo, conhecidos como *me*.

Enlil

O senhor do vento Enlil era o governante da Terra, e sua cidade Nippur já existia muito antes da criação da humanidade. Era considerado deus da agricultura e da civilização, e seu centro de culto era o templo de E-Kur, em Nippur, na cordilheira de Zagros. Enlil gerou as estrelas, a Lua e toda uma família de deuses. Ele enviava suas ordens através de Anzu, seu gigante mensageiro, mas Anzu o traiu – certo dia, ele esperou até que Enlil fosse banhar-se e roubou seus raios, a fonte do poder de Enlil e sua capacidade de preservar a ordem universal. No entanto, o gigante era tolo e não sabia o que fazer com os raios. Felizmente, Ninurta, o deus da guerra, tomou-os de volta e os devolveu a Enlil antes que o universo revertesse ao caos.

A luz de Ahura Mazda estava sempre em luta com a escuridão, mas, no final, ele sempre encontrava um modo de vencer.

Ahura Mazda

Irmão gêmeo do maligno Ahriman, deus das trevas, Ahura Mazda era todo bondade e luz. Enquanto Ahriman buscava destruir a humanidade, Ahura Mazda estava preocupado com a criação de um universo perfeito. A luta entre o Pensamento Santo de Ahura Mazda e o Pensamento Perverso de Ahriman criou toda a história do mundo na mitologia persa. Acreditava-se que Ahura Mazda finalmente venceria Ahriman com a ajuda de Saoshyant, uma criança nascida de uma virgem misteriosamente engravidada com o esperma do profeta Zoroastro. Ahura Mazda criou Áttar (fogo) e derrotou o dragão de três cabeças Azhi Dahaka quando Ahriman o enviou para destruir todos os seres humanos.

Telepinu

Como muitas outras divindades da agricultura nas mitologias do mundo, Telepinu era uma figura divertida, mas um tanto sem juízo, no mito antigo sírio. Um pouco como seu pai, o deus do tempo Taru, Telepinu tinha um temperamento terrível e se ofendia com a menor das coisas. Um dia ele desapareceu em um acesso de raiva e todas as plantas do mundo morreram. A deusa Hannahanna enviou uma abelha para encontrá-lo, sabendo que ele provavelmente havia adormecido nos prados. Mas a abelha o picou, o que deixou Telepinu ainda mais furioso e ele começou a brigar com os próprios deuses. Por fim, a deusa da cura, Kamrusepas, ofereceu-lhe algumas ervas mágicas e Telepinu finalmente concordou em continuar a manter o mundo em ordem, que era o que ele melhor sabia fazer.

Nanna

Quando Enlil estuprou Nihil, a deusa da colheita, ele foi punido com o banimento para o Mundo Inferior. Nihil o seguiu para que ele pudesse ver o nascimento de seu filho. Nanna nasceu na escuridão e, como sua luz era pálida e fria, ele se tornou o deus da Lua. À medida que viajava pelo céu, ele era mordido por demônios e monstros, e era apenas mediante os sacrifícios que os seres humanos faziam para Nanna que ele retornava à sua forma completa todo mês. Seu nome era escrito como o número 30, a duração aproximada do ciclo lunar. Sua esposa era a deusa Ningal e seus descendentes incluíam Inanna (ver p. 91) e o deus do Sol Utu.

O zigurate em Ur foi construído no século XXI AEC e dizia-se ser a morada do deus Nanna.

O MUNDO CLÁSSICO

O mundo da mitologia clássica é repleto de épicos arrebatadores, amantes apaixonados, divindades exageradas e dramática ironia. Historicamente, tem sido uma rica fonte de simbolismo arquetípico e psicológico para o mundo ocidental. Mesmo hoje em dia, não apenas é expressa vividamente na literatura, na arte, nos filmes e na música, mas astrônomos e astrofísicos ainda batizam corpos cósmicos com nomes de divindades gregas e romanas.

Cenário histórico e cultural

O mundo clássico diz respeito, principalmente, à Grécia Antiga de cerca de 1500 AEC até o fim do período romano por volta de 500 EC. Os mitos gregos foram registrados pela primeira vez por Hesíodo e Homero por volta do oitavo século AEC, e mais tarde tornou-se parte da cultura romana.

Grécia

A Grécia Antiga era uma região diversa dividida em várias centenas de estados, separados não só pelas diferenças culturais, mas também pelo mar, ilhas e montanhas. Não havia apenas diversidade geográfica, mas também de mentes e contadores de histórias. A região tinha uma mitologia extremamente viva e rica, tanto secular como sagrada. Sua popularidade pode ser vista em tudo o que os gregos faziam, das oferendas nos templos e teatros dedicados a determinados deuses, a vasos, joias e utensílios domésticos decorados com cenas famosas e símbolos dos contos favoritos.

Deuses e deusas abundavam, possuíam temperamento irascível e eram geralmente bastante irresponsáveis. Na época em que Hesíodo escreveu sua *Teogonia* (*A Origem dos Deuses*), o comportamento "novelesco" e extraordinário dos deuses parecia refletir as bizarrices da humanidade. Isto se desenvolveu numa nova onda de mitologia, onde heróis mortais e suas aventuras se tornaram contrapontos essenciais para a vaidade das divindades. Possivelmente porque os gregos intercambiavam não só mercadorias, mas também ideias, muitas histórias eram comparadas, exageradas, alteradas e importadas de qualquer lugar até onde viajassem. Fascinados pelo poder da mente, os gregos contavam, recontavam, escreviam, ampliavam, anotavam e embelezavam sua mitologia. A palavra escrita governava suprema.

Roma

A mitologia romana misturava antigos deuses pastorais italianos e seus contos bucólicos com a mitologia local de lugares conquistados pelo império romano.

Desde que obedecesse à lei romana o povo era livre para seguir a religião que quisesse. Os romanos também assimilaram todo o panteão olímpico em seu próprio sistema religioso e político após conquistarem a Grécia. Virgílio construiu toda uma dinastia histórica a partir da saga de Enéas e seu estabelecimento na Itália, conectando essa história com Rômulo e Remo, como fundadores de Roma.

Mitologia grega

Teogonia de Hesíodo, registrada no final do século VIII AEC, descreve a criação dos primeiros deuses e o próprio ato da criação. Com base nesse mito, James Lovelock, um cientista e ambientalista dos dias atuais, desenvolveu uma filosofia conhecida como "a hipótese de Gaia", baseada neste mito, que afirma que todas as coisas devem estar em equilíbrio para garantir a sobrevivência do todo.

A criação de acordo com Hesíodo

Espontaneamente, surgiram do Caos Gaia (Terra), Tártaro (Mundo Inferior) e Eros (Amor). Então, Nix (Noite) e Érebo (Escuridão primeva) também surgiram do Caos. Gaia deu à luz seu semelhante Urano (o Céu), a quem permitiu cobri-la como um manto. Gaia também deu à luz sozinha as montanhas e o mar; então, recebeu Urano, que a envolveu novamente com um enorme toldo de escuras nuvens de chuva. Sua chuva revigorante preencheu os córregos e leitos de rio de Gaia, até que todas as coisas vivas passaram a existir.

Gaia e seu filho Cronos castraram Urano para que os Titãs pudessem governar com segurança a Terra.

Filhos de Gaia e Urano

Os filhos de Gaia e Urano eram numerosos. Havia os Ciclopes, os Gigantes de Cem Mãos e 12 dos muitos Titãs que governaram até sua derrota pelos deuses do Olimpo. Urano não suportava olhar para os feios Ciclopes e, à medida que nasciam, ele os escondia no Mundo Inferior para que nunca pudessem ver a luz do dia. Como Gaia temia pelos Titãs, ela arquitetou um complô astuto junto com seu filho Cronos. Certa noite, os dois ficaram à espera de Urano, que a procuraria para fazer amor. Cronos saltou de seu esconderijo e, com a foice serrilhada que lhe fora dada por Gaia, castrou Urano. As gotas de seu sangue tornaram-se as Erínias (raivosas), que se tornaram as Fúrias na mitologia romana; Cronos atirou do

As Erínias eram a personificação da vingança terrível, geralmente levando suas vítimas à insanidade.

Céu a genitália e ela caiu no oceano, causando espuma no mar. Dessa espuma, surgiu a deusa do amor, Afrodite.

Nix

Em textos gregos tardios, atribuídos a Orfeu, a menos notória Nix (Noite) era considerada a principal figura da criação, em vez do Caos. Ela teve muitos filhos com Érebo, incluindo Hemera (Dia), Nêmesis (Vingança), Hipnos (sono), Éris (Discórdia), Apate (Engano), Moros (Destino) e Momos (Culpa). Com Urano teve Lyssa (Loucura). Hemera (Dia) deixava o Tártaro (Mundo Inferior) quando Nix surgia. Quando Hemera retornava, Nix ia embora. Isso repercute a história de Ratri (Noite) e Ushas (Alvorada) no sânscrito *Rig-Veda* (ver p. 250).

Divindades gregas

Líder dos deuses e governante do Olimpo, Zeus tinha também um enorme apetite sexual. Promíscuo, criterioso e onipotente, ele encarnava os arquétipos de paixão, poder e julgamento. Igualmente promíscuo (algumas fontes o têm como senhor original do universo), Posêidon, deus do mar, era tão perigoso com seu tridente quanto Zeus com seus raios.

O deus grego dos céus, Zeus, é bastante conhecido por suas escapadelas promíscuas e comportamento irresponsável.

Zeus

Disseram a Cronos, líder dos Titãs, que um dia seus filhos iriam destroná-lo, justamente como ele havia feito com seu pai, Urano. Assim, ele devorava todos os seus filhos assim que nasciam. Entretanto, quando Zeus nasceu, Reia, a esposa de Cronos, temendo pela vida de seu novo filho, enviou Zeus para Creta para que Cronos não pudesse comê-lo também. Reia o substituiu por uma pedra envolvida por roupas de bebê e Cronos enfiou-a goela abaixo, acreditando ser Zeus, e que, desta maneira, a profecia jamais poderia se concretizar. Zeus, então, cresceu em Creta com ninfas da montanha e, quando ele já tinha idade suficiente, Métis, a deusa da sabedoria, explicou a Zeus como resgatar seus outros irmãos da barriga de Cronos. Disfarçado como um serviçal, Zeus deu a seu pai o néctar fatal e Cronos vomitou todos os outros deuses totalmente crescidos. Isso resultou na batalha entre os deuses e os Titãs. Cronos acabou exilado no Tártaro quando os deuses venceram.

Uma vez que os Titãs haviam sido banidos, Zeus reuniu-se com os outros deuses para decidir como repartir o domínio do universo. Como suas irmãs Héstia e Deméter se contentaram em permanecer na Terra, os três irmãos tiraram a sorte para dividir os reinos. Zeus ganhou o céu e Posêidon, o mar, enquanto Hades ficou com o Mundo Inferior. A terceira irmã, Hera, no entanto, ficou ressentida desde então porque ela não havia sido consultada e nem lhe deram reino algum.

O irascível Posêidon governava os oceanos e somente a ninfa do mar, Anfitrite, acalmava-o.

Posêidon

Irmão de Zeus e governante do mar, Posêidon recebeu seu tridente dos Ciclopes para sua batalha contra os Titãs. Com ele, podia erguer cadeias de montanhas, recifes submarinos, ilhas e até continentes. Depois da guerra, o tridente tornou-se seu mais poderoso instrumento. Ele o arremessava nas falésias quando a humanidade o irritava. Batia com ele em seu reino aquático causando terremotos e maremotos, e agitava o mar com redemoinhos ou espuma em abundância para afundar embarcações e destruir ilhas. Podia também acalmar o mar com um simples olhar. Posêidon nunca ficou verdadeiramente satisfeito com seu reino aquático e teve muitas discussões com Zeus, Atená, Dionísio e Hera. Excessivo sexualmente, ele se apaixonou por ninfas, sereias e mortais, mas finalmente sossegou e casou-se com Anfitrite, uma deusa do mar que parecia acalmá-lo, contanto que ele não fosse desafiado ou irritado, como quando Odisseu cegou seu filho Polifemo, um dos Ciclopes (ver p. 345).

Sedutora, ainda que ciumenta, Afrodite tinha muitos amantes e foi responsável pela deflagração da Guerra de Troia.

Afrodite

De alguma forma pura, o papel de Afrodite como deusa do amor sexual era coerente com seu igual apetite por homens e deuses. Afrodite personificava tanto a beleza como o amor, e podia restaurar a juventude e a beleza naqueles que a reverenciavam. Mais tarde, quando foi assimilada pela religião romana, foi identificada com prostituição cultual e rituais sexuais sagrados. À origem de seu nome é normalmente atribuído o significado "nascida da espuma do mar", devido ao método de sua concepção.

Afrodite surgiu do vagalhão de espuma que foi criado quando Cronos castrou seu pai Urano e atirou sua genitália decepada ao mar. Foi soprada através do oceano pelos ventos do oeste para Pafos, onde foi levada até uma praia; outras tradições sugerem que ela era filha de Zeus e da relativamente desconhecida Dione. Afrodite era casada com Hefésto, o deus ferreiro aleijado, e foi eternamente infiel a ele. Sedutora e vaidosa, ela não hesitava em roubar amantes e tinha ciúmes de qualquer um que desafiasse sua beleza, como no conto de Eros e Psiquê.

Ela teve casos com Ares, Dionísio e Anquises, e um dos seus maiores amores foi Adônis, com quem teve três filhos – dois belos e mortais e o terceiro, um feio imortal chamado Príapo (embora algumas fontes afirmem que ele foi gerado por Dionísio). Príapo era tão promíscuo que os deuses se recusaram a tê-lo no Olimpo. Com Hermes, ela deu à luz Hermafrodito.

Mais conhecida por subornar Páris de Troia em um concurso de beleza, acabou provocando a Guerra de Troia. O cinturão do desejo de Afrodite (ao qual nenhum homem ou deus conseguia resistir) provocava o caos onde quer que fosse.

Apolo

Muitos santuários foram dedicados a Apolo, sendo que o mais famoso deles está em Delfos. Lá, Apolo matou a Píton, um monstro em forma de serpente que tinha sido enviado por Hera para perseguir Leto, sua mãe, por seu romance com Zeus. Em Delfos, a sacerdotisa era conhecida como a Pítia, que se sentava sobre o poço de serpentes. Vapores alucinógenos emitidos das profundezas nefastas a colocavam em transe, e por meio deles ela transmitia os enigmas de Apolo para que os sacerdotes os interpretassem.

Apolo tinha numerosos amantes, tanto do sexo masculino como do feminino. Ele até se apaixonou pela lira de Hermes, que a trocou pelo caduceu, e perseguiu a pobre Daphne, que acabou sendo transformada em um loureiro. Apolo prometeu o dom da profecia a Cassandra se ela lhe permitisse seduzi-la. Mas após o primeiro encontro ela o rejeitou. Como vingança, ele concedeu-lhe o dom mesmo assim, pois acabou se revelando uma maldição: ela poderia apenas prever tragédias e tudo o que dissesse jamais seria acreditado.

Atená

Também conhecida como Palas Atena, ela às vezes guerreava e, definitivamente, do lado dos heróis. Algumas fontes sugerem que Atená era originalmente a deusa líbica da sabedoria e foi assimilada pelo panteão grego olímpico como a filha de Zeus, nascida de sua própria cabeça. No entanto, Zeus só poderia reivindicar os conhecimentos intelectual e judicial devorando a mãe de Atená, Métis (outro aspecto da sabedoria), quando ela estava grávida. Assim, quando Atená nasceu, ela saltou da cabeça do deus e, posteriormente, provou ser o mais forte e leal apoio de Zeus no Olimpo. Sendo uma deusa virgem, ela sublimou sua sexualidade em habilidades intelectuais e criativas. Inicialmente, ficou conhecida por seu espírito guerreiro patriótico e, mais tarde, foi reverenciada por sua proteção do Estado. Era admirada por possuir intelecto artístico, mas nunca valorizada por sua sabedoria feminina. Ela não apenas era formidável, como justa, e a inspiração por trás do cavalo de Troia.

Deméter

Deméter era conhecida em geral por sua benevolência como propiciadora da fertilidade e deusa da agricultura e da colheita. Fazia parte de uma longa e antiga tradição de deusas da Terra da região do Mediterrâneo, e era mais lembrada por seu papel na história do rapto de sua filha Perséfone por Hades, que a levou para o Mundo Inferior. A relação entre Deméter e Perséfone é a chave para toda a filosofia helênica de morte e renascimento e as mudanças do ciclo da vida e das estações do ano. Deméter, em sua dor pela perda da filha, garantiu que toda fertilidade seria negada na Terra e que todos deviam sofrer com ela. Deméter abrandou-se somente quando os deuses intervieram e decidiram que Perséfone poderia ficar seis meses com Hades e retornar para a Terra por seis meses. Nesse sentido, ela incorpora o poder da agressão passiva.

Hera

Hera era irmã de Zeus, que de sua maneira lasciva habitual quis violá-la, mas ela se recusou. Um dia, ele se transformou em um cuco maltratado e ela, sentindo pena dele, segurou-o junto aos seios. Assim que fez isso, o cuco transformou-se de volta em Zeus – que a estuprou. Ela casou-se com ele por vergonha e seus filhos incluíam Ares, Hefésto e Hebe.

O papel de Hera tornou-se o da esposa ideal, e seu casamento com Zeus virou um modelo para a monogamia. Ela se tornou a protetora das esposas e tinha o poder da profecia. Mais tarde, virou símbolo do ciúme patológico – não apenas alimentado por seu ressentimento por ter sido deixada de fora da divisão inicial do universo, mas também devido à sua interminável vingança contra as muitas amantes de Zeus. Seu constante conflito emocional com Zeus era altamente sugestivo da difícil assimilação entre a invasão dos seguidores de Zeus e seu próprio culto nativo à deusa. Ainda que fosse uma ardilosa manipuladora, ficou conhecida como a perspicaz e perfeita esposa, totalmente fiel. Majestosa, mas mal-humorada, seus símbolos sagrados eram o cuco, a vaca e, mais tarde, o pavão.

Hera era o epítome da boa esposa, mas procurou vingar-se de muitas das amantes de Zeus.

O Mundo Inferior era conhecido por muitos nomes, incluindo
Tártaro e Hades, em razão de seu governante invisível.

Hades

Hades significa "invisível" – e, durante a guerra com os Titãs, os Ciclopes deram a Hades um elmo de escuridão. Invisível, ele se esgueirava pelo acampamento dos Titãs e destruía todas as suas armas. Hades tornou-se o governante do Mundo Inferior após os Titãs terem sido derrotados, e era conhecido como "Pluto", relativo a "riqueza" em seu outro papel como governante das pedras preciosas, metais e das riquezas ocultas na Terra. Hades apenas visitava o Mundo Superior quando buscava por uma consorte ou quando dominado pela luxúria. Ele raptou Perséfone, e depois se apaixonou por uma ninfa do rio Cócito chamada Minta. Várias fontes sugerem que Deméter ou Perséfone, com ciúmes, em sua raiva pisoteou Minta até reduzi-la a pó, e que Hades a converteu na planta hortelã, ou que Hades a transformou em planta para protegê-la da deusa enciumada, Perséfone.

Prometeu

O mito de Prometeu, originalmente contado na *Teogonia*, de Hesíodo, foi mais tarde embelezado por vários escritores, como Safo, Platão, Ovídio e Ésquilo. O Titã Prometeu foi favorecido pelos deuses e, para alegrá-los, fez pequenas réplicas deles modeladas em barro. Atená ficou tão encantada que lhes deu o sopro da vida. Prometeu queria que aqueles bonequinhos mortais dominassem todo o conhecimento, mas Zeus, irredutível, preveniu-o de que eles poderiam viver somente na Terra, não teriam acesso ao seu reino celestial e lhes seriam negados o conhecimento e a imortalidade.

Desobedecendo-o, Prometeu roubou o fogo dos deuses, escondeu-o em um talo de erva-doce e o entregou à humanidade. Zeus ficou furioso e, como castigo, Prometeu foi acorrentado a um rochedo, onde todos os dias seu fígado era comido por uma ave de rapina, apenas para se regenerar novamente todas as noites. Eventualmente, Prometeu trocou de lugar com o infortunado centauro Quíron (ver p. 252). Prometeu normalmente significa "previdência", mas o védico indo-europeu *pramathyu-s* significa "ladrão".

Diariamente, uma águia ou abutre devorava o fígado de Prometeu; todas as noites ele se regenerava.

Eros

Um dos primeiros deuses gregos do caos, pré-datando Zeus e surgindo num tempo anterior à criação, Eros (desejo) passou a ser identificado com o deus romano Cupido. Deus denegrido e deturpado, era um antigo símbolo de poderosa força vital e uma divindade primordial e fálica na Grécia pré-helênica. Mais tarde, ele foi admitido no panteão olímpico como filho de Afrodite e Zeus, Ares ou Hermes. Era representado como um querubim alado que fazia deuses e mortais se apaixonarem com uma flecha de seu arco do desejo.

Dionísio

Filho de Zeus e da mortal Sêmele, Dionísio foi criado em segurança pelas ninfas da montanha, longe da ira da ciumenta Hera (ver p. 105). Ele passava a maior parte do tempo vagando pelo mundo com sátiros, ninfas da montanha e dançarinas selvagens conhecidas como as Mênades. Em uma de suas viagens pelo mundo, foi capturado por piratas que esperavam vendê-lo em um mercado de escravos. Mas, em alto-mar, o navio subitamente transformou-se em videiras, o mar em vinho, e Dionísio em um leão. Os piratas atiraram-se no oceano e viraram botos. Dionísio inventou o orgasmo, o êxtase, a pândega e o vinho para os mortais. Ele também era conhecido como o deus do "momento de escolha" e do momento imediatamente anterior da rendição ao irracional ou da resistência a ele.

Dionísio era mais célebre por introduzir o vinho e a pândega aos seres humanos. Ele também era conhecido como Baco na mitologia romana.

Adônis

Adônis nasceu em circunstâncias muito estranhas. O rei da Assíria, imprudentemente vangloriou-se de que sua filha Smirna era mais bela do que Afrodite; então, como vingança, Afrodite encheu-o de luxúria e ele estuprou a própria filha. Percebendo que Smirna estava grávida, o rei tentou matá-la, mas Afrodite transformou-a em uma árvore de mirra. Na primavera, o tronco dividiu-se ao meio e surgiu Adônis. Afrodite apaixonou-se loucamente por Adônis e o escondeu em uma caixa. Ela o entregou a Perséfone para guardá-lo, mas ela também se apaixonou por ele. Perséfone, querendo Adônis só para si no Mundo Inferior, foi ver o consorte de Afrodite, Ares, e contou-lhe sobre seu rival mortal. Ares disfarçou-se de javali e, enquanto Adônis estava caçando, o animal o matou. Perséfone ficou exultante em ver Adônis no Mundo Inferior, mas Zeus interveio e decidiu que metade do ano ele viveria com Afrodite e a outra metade com Perséfone.

Hermes

Mensageiro alado dos deuses do Olimpo, Hermes levava mensagens entre o Céu, a Terra e o Mundo Inferior. Hermes era filho de Zeus e Maia, filha de Atlas. Desde que nasceu, era um brincalhão, e, em poucas horas,

Figura de culto central em muitas religiões de mistérios, Adônis é o deus eternamente jovem dos ciclos da natureza.

ele já havia roubado o rebanho de Apolo e trocado sua lira pela amizade e sabedoria de Apolo. Sendo o deus da astúcia, dos ladrões, das fronteiras, da escrita, dos viajantes e do comércio, Hermes aparece em muitos mitos e tem importantes participações na *Ilíada*, na *Odisseia* e nos mitos de Perseu e Prometeu.

Tinha muitos amantes, incluindo Dríope, Afrodite (com quem gerou Hermafrodito e Tique), Penélope e Açafrão. Com suas sandálias e elmo alados, Hermes também escoltava as almas em segurança para o Mundo Inferior e transmitia mensagens dos deuses para os mortais.

Musas

Espíritos da montanha, ninfas da água ou uma irmandade de deusas chamada de Musas ou *Mousai*, eram filhas de Zeus e da Titã Mnemósina (Memória). Elas viviam espalhadas pelo mundo e cantavam, dançavam, brincavam e riam para a alegria de qualquer mortal que estivesse de passagem. As mais conhecidas eram as nove musas que dançavam nas encostas do Parnaso, em Delfos, com Apolo. Entre elas estavam Urânia, Calíope, Erato e Terpsícore, mas todas as musas serviram de inspiração para poetas, escritores, artistas e músicos na história, mais tarde.

Sibilas

As Sibilas eram profetisas que guardavam os portões entre a Terra, o Céu e o Mundo Inferior em seus santuários. A Sibila de Cumas era a mais respeitada e, mais tarde, os romanos acreditaram tratar-se de uma pessoa real.

Na mitologia grega, ela era conhecida como Deífobe, e Apolo apaixonou-se por sua beleza. O deus deu a ela o dom da profecia, mas também lhe prometeu a imortalidade, se ela fizesse sexo com ele. Mas, cada vez que Apolo concedia seus desejos, ela o rejeitava, até que finalmente ele a puniu: como ela não havia lhe pedido para conservar sua beleza, com o passar dos anos foi se tornando cada vez mais enrugada.

Quando foi assimilada pela cultura romana tinha cerca de 700 anos. Ela visitou o rei Tarquínio com nove livros de profecias, dizendo que continham os segredos de todo o futuro de Roma. Tentou vendê-los para o rei, mas, como ele os recusou, a profetisa queimou-os um por um até sobrarem apenas três livros. Tarquínio finalmente comprou os três livros restantes, e os versos sibilinos eram consultados por sacerdotes em tempos difíceis.

Destino (Moiras)

As três Moiras ou *Moerae* ("distribuidoras") eram, em algumas tradições, as filhas de Zeus e Têmis, e, em outras, de Zeus e Nix. Para Homero, eram o destino individual do qual não se pode escapar e que segue todo ser mortal. Seus nomes eram Átropos (inflexível), Cloto (fiandeira) e Láquesis (sorteadora). Cloto estirava o fio da vida, Láquesis o desenrolava e o media e Átropos o cortava. Nenhuma das outras divindades tinha tanto poder como as Moiras, já que elas eram as deusas que controlavam tanto o destino mortal como o divino.

Três noites após o nascimento de uma criança, as Moiras ou Moerae *determinavam o destino de sua vida futura.*

O MUNDO CLÁSSICO

115

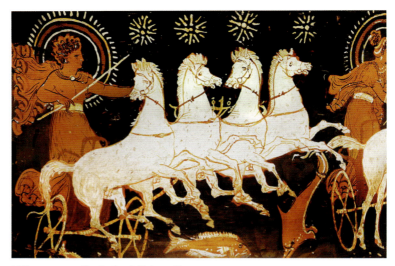

Hélio era a personificação do sol. Todos os dias, sua carruagem cruzava o céu puxada por cavalos de fogo.

Hélio

O deus grego do sol, Hélio, nunca recebeu a importância ou veneração atribuída a Apolo, que era o deus da luz da vida. Hélio era filho de Hipérion, um Titã, e irmão de Éos (Aurora) e Selene (a Lua). Ele personificava o Sol como um corpo independente, que se levantava pela manhã e se punha ao cair da noite. Em sua carruagem dourada, ele galopava com seus cavalos através do céu todos os dias, e, à noite, navegava ao redor da Terra nas águas do oceano num vaso dourado. Quando retornava ao leste, pouco antes do amanhecer, Éos o lembrava de que era hora de pular em sua carruagem e começar tudo de novo. Seu filho Faetonte foi imprudente e uma noite saltou na carruagem flamejante e saiu em disparada pelo céu como um louco, mas, então, perdeu o controle dos garanhões selvagens. Felizmente, Zeus agarrou as rédeas e parou a carruagem antes que caísse na Terra e ateasse fogo no mundo. O próprio Faetonte não teve a mesma sorte – caiu da carruagem e afogou-se no oceano.

Selene

Reservada e esquiva, Selene era a Lua e preferia a noite ao dia. Ela montava sem sela ou guiava uma carruagem de prata puxada por bois fantasmagóricos pela noite escura. Às vezes, pode-se vê-la sutilmente a distância, pálida e descorada, enquanto em outros momentos ela é brilhante e maior do que o próprio Sol. Selene amava Endimião, um pastor que viu dormindo no no monte Latmos. Ela se lançou à Terra em sua carruagem e fez amor com ele. Mas, querendo-o todo para si, beijou-lhe os olhos e, assim, ele ficou em permanente sono profundo, exceto quando fazia amor com Selene. Eles tiveram muitos filhos, que são todas as estrelas no céu.

Éos

Descrita como uma bela deusa que abria as portas do leste todas as manhãs com "dedos rosados", Éos era a aurora. Irmã de Hélio e Selene, algumas fontes dizem que ela era casada com Astreu e seus filhos eram algumas das estrelas. Ela tinha vários romances, incluindo um com Ares.

Selene, a deusa da Lua, teve um caso de amor com Zeus. Sua filha era a própria luz da Lua Cheia.

Isso enfureceu Afrodite, que amaldiçoou Éos, de modo que, a partir de então, ela só poderia ser capaz de cobiçar mortais, como Títono de Troia. Ela implorou a Zeus a imortalidade para seu amante, porém, esqueceu-se de pedir por sua eterna juventude, então, foi fadada a vê-lo envelhecer, tomando aversão cada vez maior por ele.

A antiga cidadela de Micenas foi governada pela notória Dinastia Átrida, incluindo Clitemnestra.

Clitemnestra

O relato de Homero da trágica história de Clitemnestra na *Odisseia* retrata-a em tons um tanto patéticos, enquanto a versão mais conhecida, de Ésquilo (525-456 AEC), na *Oresteia*, tem sido usada igualmente por pintores, escritores e dramaturgos, pois é um conto sangrento de vingança e assassinato executados por uma das primeiras "*femmes fatales*". Segundo algumas fontes, Clitemnestra era filha de Zeus e Leda, irmã gêmea de Helena de Troia, mas ela provavelmente foi gerada pelo marido mortal de Leda, o rei Tíndaro de Esparta.

Clitemnestra teve quatro filhos com seu marido, o rei Agamenon: Ifigênia, Electra, Crisótemis e Orestes. Enquanto Agamenon estava a caminho para recuperar Helena, que havia sido levada para Troia por Páris, tolamente sacrificou sua própria filha Ifigênia aos deuses, em troca de bons ventos. Essa é a versão mais comum do motivo pelo qual Clitemnestra teria planejado matar o marido. Durante a ausência de dez anos de Agamenon, ela arranjou um amante, Egisto, e governou em nome de Agamenon. Fingindo dar-lhe boas-vindas em seu retorno, Egisto assassinou Agamenon, rachando-lhe o crânio, e, então, o casal massacrou todos os que o apoiavam. Eles continuaram a governar Micenas por dez anos ou mais.

Orestes conseguiu fugir após o assassinato e cresceu no exílio. Quando já tinha idade suficiente, sua irmã Electra, cheia de ódio e desejosa de vingança pela morte do pai, providenciou para que Orestes retornasse e matasse Clitemnestra e Egisto.

Pandora

O mito em torno de Pandora está bem documentado, mas envolto em confusão. Pandora significa "a que tudo dá" e muitos estudiosos acreditam que sua aparição na *Teogonia* de Hesíodo, como portadora de todos os males para a humanidade, talvez tenha sido uma retaliação misógena contra uma deusa da fertilidade mais antiga. O castigo de Zeus por Prometeu ter dado o fogo à humanidade foi ordenar que Hefesto criasse do barro a primeira mulher, mas com um porém. Os deuses lhe concederam atributos tanto benéficos quanto enganosos e, então, ela foi enviada a Epimeteu, irmão de Prometeu, como esposa. Ela chegou à Terra com uma caixa de presentes e Epimeteu não pôde recusá-la.

Se foi Pandora ou Epimeteu quem abriu a caixa não ficou claro. Mas, assim que foi aberta, todos os males, desgraças e desastres do mundo voaram para fora, com exceção da "esperança" ou "expectativa" (segundo a tradução da palavra grega *elpis*). Mas isso representa algo bom ou algo ruim para a humanidade? Se a "esperança" ou "expectativa" está presa na caixa, então a raça humana está condenada; no entanto, se a esperança ou expectativa é mantida em segurança dentro da caixa, então os seres humanos não podem corrompê-la. A interpretação aqui é totalmente dependente da percepção individual sobre o mito. A história de Pandora é inconclusiva. Ninguém parece ser capaz de contar o que aconteceu a ela depois, embora o mito tenha sido embelezado e analisado ao longo da História.

Pandora, "a que tudo dá", provavelmente era uma deusa da terra pré-olimpiana, e não apenas a primeira mulher e aniquiladora da humanidade como conta Hesíodo.

Mitologia romana

A profusão de divindades gregas foi lentamente assimilada pela cultura romana por volta do século II AEC, mas os romanos também basearam-se no sistema de crenças dos etruscos, um povo altamente desenvolvido nativo da região central da Itália, que foi finalmente derrotado com a tomada de Veii em 396 AEC.

Júpiter era benevolente, mas autoritário. Seu templo no Monte Capitolino, em Roma, era o centro de seu culto.

Os etruscos acreditavam em uma tríade governante. Esta era composta por Tinia, regente dos Céus; Uni, a deusa do cosmos; e Menrva, deusa da sabedoria. Semelhante à deusa grega Atená (ver p. 108), Menrva também nasceu da cabeça de seu pai. Em Roma, a tríade desenvolveu-se em Júpiter, Juno e Minerva. Deuses locais logo foram amalgamados ao panteão romano, com os melhores atributos e qualidades sendo apoderados de deuses gregos, e cultos peculiares a divindades, como Apolo, sendo aceitos diretamente pelo cânone romano.

Marte

Divindade que personificava o poder, a majestade e o comércio leal dos romanos, Marte era venerado em todo o mundo romano quase tanto quanto Júpiter (veja ao lado). Desenvolveu-se a partir de um dos mais antigos deuses italianos,

Maris, que originalmente era um espírito da lavoura e agricultura e uma antiga divindade etrusca, e que depois se fundiu com os atributos guerreiros do deus da guerra grego, Ares. Mas os romanos civilizaram a natureza bruta, desmiolada e impetuosa de Ares para criar seu Marte imperial. Reflexivo, protetor e autocontrolado, ele acabou se tornando uma divindade militar muito respeitada e gerou os gêmeos Rômulo e Remo, os fundadores de Roma.

Júpiter

Jovial e quase bom demais para ser verdade, Júpiter reinava supremo. Havia estátuas dele por toda parte e seus nobres, ainda que politicamente corretos, atributos e qualidades não poderiam ser mais diferentes dos do irresponsável e infiel Zeus, de quem ele foi adaptado. Também conhecido como Optimus Maximus ("o melhor e o maior"), seu templo no Monte Capitolino ostentava uma enorme estátua desse benevolente ditador. Os romanos acreditavam que Júpiter governava um pouco como um presidente de diretoria, com suas conselheiras Juno e Minerva. Como líder dos deuses, era adorado em templos dedicados a ele em todo o Império Romano e famoso por empunhar três categorias de raios: um para advertir; outro, mais sério, empregado na condição de os outros deuses concordarem; e o terceiro, poderoso e aterrador, deflagrado apenas com permissão dos deuses ocultos, que foram os criadores antes da dinastia olímpica.

As Saturnálias

Identificado com Cronos e a história de sua derrubada por Urano (ver pp. 102-03), Saturno era um dos deuses romanos mais velhos. No entanto, em vez de ser exilado para o Tártaro, como aconteceu com Cronos, Júpiter deixou Saturno fugir para a Itália, onde reinou com Jano. Essa foi uma era de paz e de prosperidade conhecida como Idade de Ouro, e as saturnálias eram celebradas em sua honra todo ano por volta do solstício de inverno.

As saturnálias proporcionavam festividades orgiásticas breves durante a vida mais disciplinada, porém próspera, do reinado de Saturno.

Cibele

Embora Cibele tenha sido uma deusa com associações particularmente sombrias na mitologia grega, ela foi venerada e adotada com paixão pelos romanos. Originalmente uma deusa da Frígia e protetora dos animais selvagens e das cavernas, abismos e falésias, os gregos descobriram seu santuário no Monte Ida e a "adotaram" durante a Guerra de Troia.

Segundo os gregos, Cibele cobiçou Átis e ele ficou tão horrorizado que castrou a si mesmo. A partir de então, Cibele ficou conhecida como a deusa do desejo não correspondido. Seus sacerdotes, os coribantes, entravam num frenesi orgásmico enquanto dançavam, e depois realizavam atos de automutilação com foices e, em casos extremos, castravam a si mesmos. Isso nunca foi popular entre os gregos, mas tornou-se um fascínio para jovens aristocratas romanos – a partir do século IV AEC, eles formaram seitas secretas em Roma e visitavam o santuário original no Monte Ida para fazer experimentos com automutilação e dança erótica. Mais tarde, em Roma, uma cerimônia anual em honra a Cibele reencenava toda sua história.

Identificada com luxúria e automutilação, Cibele e seus cultos secretos eram reverenciados pela aristocracia romana.

Bona Dea

Uma deusa reservada e virginal, cujo culto era muito diferente do de Cibele, Bona Dea era reverenciada como a deusa da cura, da fertilidade e da virgindade, e somente mulheres eram admitidas em seu santuário. Rituais e cultos secretos eram conduzidos na casa de um proeminente magistrado romano, e apenas as mulheres tinham permissão para estarem presentes, assistidas pelas virgens vestais. Seus devotos incluíam muitos escravos libertos e cidadãos de classe baixa. Ela era filha do deus Fauno e, às vezes, chamada de Fauna, mas as palavras "murta" e "vinho" não podiam ser ditas em sua presença, porque Fauno certa vez batera nela com uma vara de murta, quando ela ficou bêbada.

Diana

As origens da deusa romana Diana estão interligadas com a deusa grega Ártemis. Isso significa que seus cultos antigos foram diversos e altamente complexos. Ela era compassiva e carinhosa, porém, sanguinária e impiedosa. Suas facetas posteriores incluíam a de deusa da luminosidade da lua e do parto. As associações pagãs de Diana eram vistas como uma ameaça pelo cristianismo, o que resultou em sua denúncia como deusa demoníaca pela Inquisição. No período medieval, Diana foi reverenciada como deusa dos bosques e florestas da Europa. Seus antigos cultos envolviam sacrifícios humanos, mas em Roma ela também era a protetora dos escravos e das crianças. Preferindo a solidão, ela era infeliz na companhia de homens, e estes não eram admitidos em seu templo.

O Templo de Éfeso é dedicado à deusa grega Ártemis, que tinha estreita associação com a Diana romana.

Outros mitos romanos

A mitologia romana desenvolveu-se rapidamente entre II AEC e VIII EC com o poeta romano Ovídio e o historiador Tito Lívio. Ambos foram influentes no período medieval e no início do Renascimento.

Ovídio e Tito Lívio

Ovídio escreveu uma compilação de mitos chamada *Metamorfoses* (Mudanças), na qual os deuses ou mortais envolvidos se transformavam de alguma forma. Báucis e Filêmon é um exemplo. Tito Lívio, por sua vez, escreveu uma versão da lenda de Lucrécia, que se tornou uma fonte de inspiração para muitos artistas ao longo da História.

Báucis e Filêmon

Por sessenta anos Báucis ("modesta") e seu marido Filêmon ("hospitaleiro") viveram em uma cabana velha em uma colina ao lado de um pântano. Quando Júpiter

A história de Báucis e Filêmon era bem conhecida na Europa medieval devido à influente obra Metamorfoses, *de Ovídio.*

decidiu exterminar a raça humana, ele e Mercúrio desceram à Terra disfarçados de mendigos para ver se havia alguém que valia a pena ser salvo. Onde quer que fossem, as pessoas batiam as portas, recusavam-lhes a entrada, não lhes davam coisa alguma e os tratavam como lixo. Quando os deuses foram à casa de Báucis e Filêmon, eles foram imediatamente acolhidos e receberam tudo o que quiseram. Báucis só percebeu que estava na presença de deuses quando viu que o jarro de vinho continuava a se encher sozinho. Júpiter recompensou a gentileza dos dois transformando sua cabana em um templo acima da enchente que Netuno enviou para punir a humanidade. Quando morreu, o casal foi transformado em árvores.

Lucrécia

Tito Lívio recontou o mito de Lucrécia como se fosse uma história real, talvez como desculpa para a revolta contra Tarquínio e a instituição da Roma republicana.

Durante o reinado tirânico de Tarquínio, o Soberbo, o adultério era comum entre os romanos. Mas Lucrécia era diferente, famosa por sua virtude e fidelidade ao marido Colatino. Enquanto Colatino participava de um cerco, a uma hora de viagem de Roma, os jovens nobres discutiam sobre qual esposa era a mais fiel. No regresso a Roma, Colatino encontrou Lucrécia sozinha com suas criadas, enquanto as outras esposas estavam bêbadas ou fazendo sexo. Mas o filho de Tarquínio, Sexto, estava tão ávido de desejo por Lucrécia, que foi até a casa dela, entrou à força e a estuprou. Na manhã seguinte, Lucrécia estava tão envergonhada que chamou seu pai e o marido, contou-lhes o que havia acontecido e cravou uma adaga em seu próprio peito.

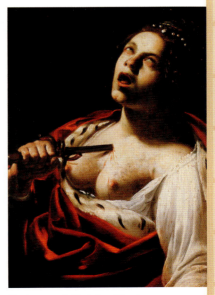

O estupro e suicídio de Lucrécia estavam entre os temas favoritos dos artistas ao longo da História, como Rutilio Manetti.

NÓRDICA, CELTA E OUTRAS MITOLOGIAS EUROPEIAS

Muitos contos épicos envolvendo deuses, deusas e heróis, das terras geladas da mitologia nórdica às terras místicas da Grã-Bretanha celta chegaram até nós. Contudo, pinturas rupestres da Era do Gelo, gravuras do Neolítico e figuras de barro da Grande Deusa são evidências que a antiga Europa possuía, por si só, uma mitologia vasta e rica mesmo antes da chegada dos celtas, gregos e romanos com suas poderosas divindades patriarcais.

Cenário histórico e cultural

As mitologias primordiais da Europa em sua maioria se perderam para nós, mas ainda existem vestígios de achados arqueológicos sugerindo que os nossos primeiros mitos foram baseados em animais e uma religião da deusa da Terra.

Mas com a ascensão de civilizações patriarcais belicosas, os deuses masculinos assumiram. Da Grécia à Escandinávia, das fronteiras orientais com a Índia até a remota Irlanda, a oeste, tribos e raças guerreiras criaram uma extraordinária variedade de divindades, juntamente com os contos de seus feitos heroicos.

Mitologia celta

Os celtas eram um grupo enorme de povos espalhados por toda a Europa. Eles surgiram na Europa Oriental durante o segundo milênio AEC e migraram para o oeste e para o sul, dominando as culturas do norte da Europa.

Os celtas resistiram ao domínio romano até o século IV EC e lhes restaram poucos núcleos na Irlanda, Escandinávia, nas Ilhas Baleares e partes remotas da Grã-Bretanha. Com a chegada da era cristã, a religião e mitos celtas foram tratados como adoração ao demônio e passaram à clandestinidade. A partir do século VIII EC, escritores religiosos tentaram reorganizar os mitos segundo o dogma cristão, e histórias como a do Santo Graal e as lendas arturianas continuam marcantes até hoje.

Mitologia nórdica

Durante o século IV AEC, partindo de uma região muito mais ao sul, entre os rios Reno, Danúbio e Vístula, os invasores moveram-se para o norte e conquistaram os países escandinavos, levando com eles o que é agora descrito como mitologia nórdica. Essa mitologia permaneceu secularizada e intacta apesar do cristianismo generalizado em toda a Europa.

Uma quantidade considerável de literatura nórdica apareceu na Islândia durante os séculos XI a XIV EC e as obras mais conhecidas são os *Eddas* e as *Sagas*,

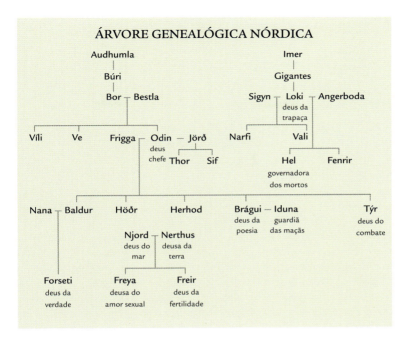

narrativas e poesia e prosa, algumas anônimas, outras escritas como enigmas ou alusivas a ideias e ensinamentos dos antigos mitos.

Mitologias eslava e basca

Na mitologia eslava, a maioria das histórias era passada oralmente. Os mitos eslavos têm muitos temas e símbolos em comum com outros sistemas de crenças indo-europeus, e vários estudiosos acreditam que suas tradições remontam a mais de 3 mil anos. Com a chegada do cristianismo entre os séculos IV e XII AEC, a mitologia basca se tornou obscura. A maior parte do que se conhece é baseada em lendas locais ou em estranhas referências históricas a rituais pagãos. O interessante é que a deusa principal, Mari, é a única Deusa Mãe/Terra remanescente na mitologia europeia desde que as culturas patriarcais indo-europeias ascenderam.

129

Crenças nórdicas

No centro da crença nórdica está Odin, o deus da batalha, da tempestade e do "ponto sem volta". Seu papel como deus de todo o conhecimento levou a um culto de mistério largamente difundido. Acreditava-se que se alguém fosse apunhalado e pendurado por nove dias em um freixo, como Odin, alcançaria infinita sabedoria e conquistaria a imortalidade.

Odin

Também conhecido como "Wotan" ou "Woden", Odin era filho de Bor, que fora gerado espontaneamente por Búri, o terceiro ser vivente na criação, depois que a vaca primordial Audumbla lambeu um pouco de gelo buscando sal e criou a forma de Búri. Como metamorfo, Odin podia entrar em qualquer lugar e se transformar de criatura em deus quando desejasse. Seu maior dom era a sabedoria, com a qual ele se nutria, embora, de vez em quando, bebericasse o "hidromel da inspiração".

Odin era o chefe de todos os deuses nórdicos e, junto com seus dois irmãos, Vili e Ve, fora responsável pela morte do gigante de gelo Imer. A carne de Imer foi transformada em terra, seus ossos em montanhas, e seu sangue tornou-se um insondável e infinito oceano que rodeia a "Terra Média" criada por eles, Midgard, onde construíram uma gigantesca cidadela chamada Asgard. Odin e seus descendentes travavam uma guerra sem fim com os gigantes de gelo. Casado com Frigga, ele teve dois filhos – Baldur (belo deus) e Thor (o deus do trovão). Na tentativa de obter conhecimentos secretos, Odin pendurou-se de cabeça para baixo no grande freixo Yggdrasil, a Árvore da Vida ou Árvore do Mundo. Após nove dias e noites de chuva torrencial e dor, ele aprendeu todos os mistérios e segredos das runas, que ele deu de presente aos Vikings.

Runas

Muitas pedras rúnicas ainda existem pela Europa do norte, sendo que a mais famosa delas é a runa Bjorketorp, que data do começo do século VI EC. Essa runa assustadora traz gravada uma inscrição que diz: "o segredo das runas encontra-se escondido aqui; aquele que tentar remover a pedra será amaldiçoado".

Odin era acompanhado por dois lobos, Geri e Freki, enquanto dois corvos davam-lhe seus conhecimentos secretos.

Thor

Deus do trovão e filho de Odin, Thor era uma das divindades nórdicas mais populares. Com seu comportamento feroz, ele podia sair rasgando e arrebentando os céus, criando o trovão com o barulho de tachos e panelas pendurados em sua carruagem. Com seu poderoso martelo Mjollnir, Thor também era conhecido como matador de gigantes e caçava-os impiedosamente. O martelo era como um bumerangue e toda vez que o atirava, ele golpeava seu oponente, matando-o, e, em seguida, retornava à sua mão. Frequentemente, tornava-se incandescente, e Thor usava luvas de ferro para segurá-lo.

O culto de Thor sobreviveu mesmo em tempos de cristianismo e, na verdade, ele se tornou mais popular do que Odin. Thor, provavelmente, só foi rivalizado em popularidade por Cristo, no século XI EC. Seu martelo, em forma de "T", tornou-se um símbolo comum, e amuletos, anéis e pingentes em forma de martelo eram usados ou enterrados nas sepulturas. Sua árvore sagrada era representada por um carvalho, na Alemanha, e por uma sorveira brava, na Escandinávia. Na arte, ele sempre foi retratado como um guerreiro rude de barba flamejante e olhos penetrantes; sua carruagem era puxada por dois bodes alados que ele comia quando estava com fome e depois trazia de volta à vida martelando em seus ossos.

Thor rasgava os céus em sua carruagem, golpeando com seu martelo os gigantes que encontrava.

Frigga

Uma das divindades nórdicas mais poderosas, Frigga não apenas era a consorte de Odin, mas também sua filha e irmã de Thor. Ela habitava sozinha um palácio chamado Fensalir ("salão do pântano") e atravessava o céu para visitar Odin e vice-versa. Embora fosse conhecida como a deusa do casamento, também era uma adúltera e tinha casos com os irmãos de Odin, Vili e Ve. Como deusa da chuva e das nuvens, vagava pelos céus em seus trajes esvoaçantes, feitos de nuvens claras ou escuras, dependendo de seu humor, e geralmente era representada como uma mulher montada em uma vassoura, cortando o céu, varrendo para longe as tempestades. Podia prever o futuro, mas não alterá-lo.

Týr

Em muitas narrativas, Týr era o deus do céu original e precedeu Odin; em outros contos, era filho de Odin e Frigga; em outros ainda, era um antigo deus da guerra germânico, Tiwaz. Mas todos concordam que ele era um destemido deus da guerra. Ele criou o lobo Fenrir de Loki, mas o animal não parava de crescer e logo toda Asgard ficou com medo dele. Foi então que Týr abnegadamente sacrificou a mão com que manejava a espada a fim de que Fenrir pudesse ser acorrentado neste ciclo do universo. Devido a essa nobre ação, ele está seguro até a batalha final de Ragnarök. Ragnarök significa "destruição dos poderes" e marca o fim deste ciclo da criação, quando a vingança de Loki cairá sobre todos os deuses que ele odeia e deseja destruir. Nessa gigantesca batalha o bem destruirá o mal e vice-versa. Contudo, depois de Ragnarök, a Árvore do Mundo, Yggdrasil, sobreviverá e uma nova era do universo nascerá.

O sacrifício de Týr significou que o lobo, Fenrir, temido por todos os deuses, pôde ser acorrentado por mais um ciclo.

Yggdrasil

O enorme freixo foi assim chamado depois da "cavalgada" sacrificial de Odin na árvore. Odin também era conhecido como Ygg, e o nome significa "cavalo de Ygg". A árvore brotou de três grandes raízes e sob seus enormes ramos ficavam Asgard, Midgard e Niflheim. Uma das raízes cresceu do Poço de Urd, ou Wyrd, em Asgard, onde as três Nornes a regavam diariamente (veja abaixo). O segundo cresceu da fonte gelada de Hvergelmir, em Niflheim, a casa dos mortos, onde era lentamente roída todos os dias pelo dragão Nidhogg, que tentava matar a árvore. O terceiro cresceu de Midgard, onde era alimentada pelo poço de Mimir, fonte de todo o conhecimento. Debaixo desse poço encontrava-se a cabeça imortal do sábio Mimir, que Odin conservara, depois de ter sido cortada pelos Vanir, os deuses que, anteriormente, haviam estado em guerra por centenas de anos com os deuses do céu Odin, Vili e Ve.

Os habitantes da árvore incluíam um galo nos galhos mais altos, que estava fadado a anunciar o início de Ragnarök (ver p. 133) e o fim deste ciclo do universo. Enquanto isso, uma águia tentava distrair o dragão de comer a árvore, e o esquilo Ratatosk corria para cima e para baixo levando mensagens ofensivas entre a serpente e a águia, para perpetuar a competição entre elas. Entre os ramos havia quatro veados que mordiscavam as folhas e representavam os quatro ventos que sopravam entre os mundos.

As Nornes e o Poço de Wyrd

Todos os atos praticados (bons ou maus) caíam dentro desse poço e desapareciam sob a água, que estava constantemente agitada, alimentada por uma fonte subaquática que trazia água fresca e por um riacho que levava embora a água contaminada. Todos os dias, as Nornes tiravam do poço um pouco de água, que continha uma coleção aleatória de atos. Então, elas regavam a Árvore do Mundo para alimentá-la, e, assim, os atos do passado nutriam a árvore para influenciar o futuro.

As três Nornes eram Skuld (ser), Urd (destino) e Verdandi (necessidade). Pensava-se que moldavam o destino humano, um pouco como as Moiras dos gregos (ver p. 114). Verdandi era bela e jovem, Skuld, uma bruxa velha e Urd era mais antiga do que o próprio tempo. Teciam tapeçarias que determinavam o destino humano e eram tão complexas e intrincadas que não podiam ser compreendi-

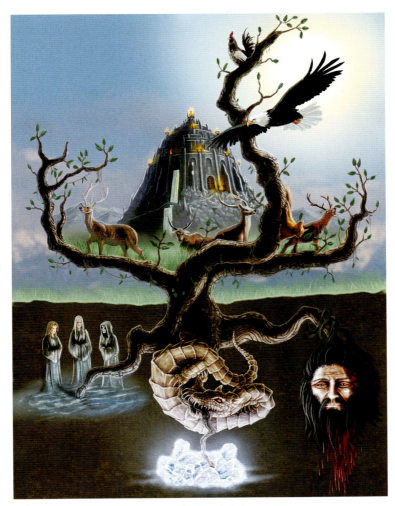

A Árvore do Mundo era conhecida como Yggdrasil na mitologia nórdica. Ela extrai sua alimentação das fontes de água.

das, razão pela qual a vida humana é tão complicada. Infelizmente, Skuld podia se enfurecer e rasgar e reduzir as tapeçarias a fiapos, lançando o destino humano em confusão. Se as Nornes chegassem a completar uma tapeçaria, a existência humana seria eternamente tranquila.

Freir e Freya

Irmão e irmã, eram filhos do deus do mar Njord e da deusa da Terra Nerthus. Viviam juntos em Vanaheim, lar dos Vanir, uma família de deuses gentis e criativos, diferentes de outra família de deuses, os Aesir, que incluía Odin, Vili e Ve, e toda sua incestuosa descendência, como Baldur, Loki, Thor e Týr. Depois da guerra com os Aesir, Freya casou-se com Od, o deus da luz do sol, e quando ele sumia, ela derramava lágrimas de milho dourado por toda Asgard. Freir vivia em Asgard e era casado com a giganta Gerd, filha do gigante rei do mar Aegir. Freir e Freya eram sexualmente desenfreados, e Gerd era a única mulher capaz de aguentar o excessivo apetite sexual de Freir.

Os poderes sexuais de Freya foram ampliados quando ela obteve o colar mágico conhecido como Brisingamen. Algumas fontes dizem que ela o comprou de quatro anões fazendo sexo com cada um deles, enquanto outras contam que Loki o roubou para ela. Seja como for, o colar possibilitava a Freya garantir a fertilidade universal.

Hel

Não longe de uma das raízes da árvore Yggdrasil vivia Hel, a deusa do Mundo Inferior, condenada por Odin a governar o reino dos mortos. Filha de Loki e da giganta Angerboda, não apenas era uma figura assusta-

Filha do deus trapaceiro Loki, Hel foi condenada por Odin a governar o Mundo Inferior.

dora, como também muito trágica. Suas companhias, possessões e qualidades revelam o tipo de existência condenada que Hel não só levava como oferecia àqueles que deviam passar por seu reino. Seu corpo era dividido em dois: na bela parte superior, a pele era rosada e viçosa, e na parte inferior, a pele era pútrida e tão negra que se tornava invisível na escuridão, somente exalando mau cheiro. Sua habitação chamava-se Eliudnir (úmido ou abafado) e sua cama, Kor (leito de doente ou doença). Todos que morriam de velhice ou doença tinham de adentrar seu reino miserável e esperar até que Loki retornasse para chamar sua filha para lutar na batalha de Ragnarök.

Baldur

Belo e radiante, Baldur enchia Asgard de luz e alegria. Gentil e sensato, esse filho de Odin e Frigga vivia em um palácio dourado com Nanna, sua esposa. Mas Baldur fora amaldiçoado com um sonho de que um dia seria morto por um deus amigo e que sua morte traria o fim do universo. Como Frigga podia ver o futuro, mas não alterá-lo, ela fez cada ser vivo jurar que jamais faria mal a Baldur. Entretanto, ela se esqueceu de pedir ao visco. Certo dia, quando os deuses se divertiam em um banquete, Loki deu ao deus cego Hod um ramo de visco; ele orientou a mão de Hod na direção de Baldur a fim de que o atingisse no coração e o matasse. Hel concordou que se todos os seres vivos derramassem uma lágrima, Baldur voltaria à vida. Infelizmente, uma velha giganta chamada Thokk (possivelmente Loki disfarçado) se recusou a chorar e, assim, Baldur foi condenado ao Mundo Inferior até o fim do universo.

O belo Baldur foi morto por engano pelo deus cego Hod, devido a uma trapaça de Loki.

Mitologia eslava e finlandesa

Deusas da fertilidade e criacionistas figuram na maioria das mitologias, assim como divindades do lado sombrio – Mokosha e Luonnatar recaem no primeiro grupo, enquanto Tuoni, Tuonetar e Vodyanoi refletem forças sinistras e malignas.

A antiga deusa eslava da fertilidade, Mokosha, como muitas outras deusas pagãs evoluíram na Virgem Maria.

Mokosha

Na mitologia eslava, Mokosh ou Mokosha (significa "úmido") era tanto a deusa da Terra quanto da fertilidade, adorada principalmente ao norte do Mar Negro. Sua função era proteger as mulheres, as crianças e os cordeiros durante o nascimento, e assegurar que o sêmen fosse rico. Ela aparecia na religião folclórica russa como Mati Syra Zemlya e mais tarde foi associada com tecelagem e fiação. Foi assimilada no cristianismo e evoluiu na Virgem Maria.

Luonnatar

Filha do ar no mito finlandês, Luonnatar era uma deusa primal que existia antes do universo e ocasionou sua criação. Vagando eternamente por céus sem nuvens, Luonnatar acabou caindo no oceano primordial. Ficou lá por 700 anos, enquanto o mar a banhava e circundava, tornando-a infinitamente fértil. Uma pata colocou ovos em seu joelho, e, enquanto se acomodava para chocá-los, Luonnatar se mexeu e os ovos caíram e se quebraram. As cascas fizeram o céu e a Terra, enquanto as gemas e as claras formaram o Sol e a Lua. Seu filho Väinämöinen (ver pp. 354-55) perambulou por seu útero até completar 30 anos; então, esgueirou-se para fora e mergulhou no mar. Ele se tornou o personagem principal no grande poema épico *Kalevala*, na mitologia finlandesa.

Tuoni e Tuonetar

No mito finlandês, Tuoni governava o Mundo Inferior com sua consorte Tuonetar. Tuoni era a personificação da invisibilidade e escuridão, era a não existência, e junto com Tuonetar ele criou uma enorme família de pragas, doenças, demônios e monstros. Apenas seus filhos tinham permissão para sair de Tuonela, o nome dado ao Mundo Inferior. Mortais que tentavam entrar tinham de atravessar a nado rios gelados em meio à escuridão, lutar para abrir caminho por entre moitas espinhosas e finalmente enfrentar o monstro devorador de carne humana Surma, que guardava os Umbrais da Decomposição. Quem sobrevivia, recebia, então, a cerveja do oblívio, para que esquecesse sua existência, enquanto todos os monstros lançavam enormes redes em torno do reino para impedir que alguém saísse.

Vodyanoi

No mito eslavo, o Vodyanoi é um espírito da água. Em algumas narrativas, ele vivia em um palácio de cristal sob os remoinhos formados pelas rodas d'água e decorava seu lar com os tesouros de navios afundados. Às vezes, ele parecia um enorme peixe com rosto humano, um sapo ou uma foca, mas geralmente apresentava pele verde e coberta de lodo, algas e ervas daninhas. Ele mudava de forma de acordo com as fases da lua.

O espírito da água, Vodyanoi, afogava seres humanos e puxava-os para o seu mundo subaquático, para serem seus escravos.

Mitologia basca

Com base em estatuetas e esculturas da Idade da Pedra e da Idade do Bronze por toda a Europa, há fortes indícios de que a religião da Grande Deusa existia antes que a civilização patriarcal, com seu próprio panteão de divindades, tomasse a Europa.

Apesar da influência implacável da cultura indo-europeia no Ocidente, a mitologia dos bascos (Euskaldunak) manteve-se isolada, e as Grandes Deusas recuaram para as montanhas, cavernas e abismos dos altos Pirineus. O fato de se tratar de uma região remota permitiu que a tradição oral sobrevivesse.

Na região de Aveyron, nos Pirineus franceses, vilarejos isolados ainda exalam uma antiga magia.

Mari e Maju

A Grande Deusa era conhecida como Mari pelos bascos e assumia diferentes aspectos, como Mari do Forno e Mari da Caverna. Seu consorte era chamado de Maju ou Sugaar, que significa "cobra" e podia aparecer como uma foice ou meia-lua de fogo. Os servos de Mari eram conhecidos como Laminak – que eram ou espíritos invisíveis ou ninfas com pés de pássaros, e viviam perto de rios e riachos. Maju visitava Mari todas as sextas-feiras para ajudá-la a pentear os cabelos, mas havia sempre uma grande batalha entre eles e toda vez que Maju aparecia, uma tempestade era iminente. Em seu aspecto Sugaar, ele era considerado a personificação dos trovões e relâmpagos.

A Grande Deusa era conhecida como Mari pelo povo basco, e personificava muitos aspectos da natureza das montanhas.

Mari também tinha diversas manifestações. Às vezes, ela aparecia como uma bela mulher, outras como um pássaro, um corvo ou um abutre. Ela se manifestava como uma árvore com rosto de mulher, uma rajada de vento, um arco-íris, uma bola de fogo e até mesmo uma cabra. Mari vivia em um reino subterrâneo de abismos, rios e cavernas adornadas com ouro e pedras preciosas, e tinha o poder de dar ou reter abundância. Às vezes, ela estirava fios de ouro e em outras ela conduzia uma carruagem com quatro cavalos brancos pelo céu.

Mari e Sugaar tinham um filho chamado Atarrabi, que se parecia com a mãe – cumpridor da lei, bondoso e compassivo. Ele era relacionado com a Estrela Polar no céu, e quando ela brilhava criava boa sorte para o povo basco. A outra criança deles, Mikelats (não se sabe se era menino ou menina), trazia desastres naturais, como deslizamentos de terra e desmoronamento de rochas. Quando a estrela de Mikelats brilhava era sinal de males e má sorte para o povo.

Mitologia celta

Uma rica vertente de mitos, fábulas e lendas faz parte do legado do passado celta, e muitas de suas divindades sobrevivem na moderna literatura, arte e cinema.

Ceridwen

Na mitologia celta, Ceridwen era uma feiticeira, conhecida como a mãe do grande herói galês Taliesin. Primeiro, ela deu à luz Morfran, que era terrivelmente feio e, de acordo com o *Mabinogion* (uma coleção de contos medievais galeses), ela decidiu dar a Morfran o dom de todo o conhecimento para compensar sua feiura. Ceridwen encheu um pote com uma poção mágica e colocou-a para ferver durante um ano e um dia. Após um ano e um dia restariam apenas três gotas, que conteriam todo o conhecimento. Um homem cego chamado Morda tomava conta do pote, enquanto o menino Gwion mexia a mistura. Mas, enquanto Gwion mexia, três gotas da poção espirraram em seu polegar, e, ao sentir dor, ele instintivamente lambeu a poção de sua mão. De imediato, ele recebeu todo o conhecimento do mundo e percebeu que Ceridwen provavelmente o mataria.

Mas Gwion aprendeu a mudar de forma e se transformou em uma lebre, depois em um peixe e, em seguida, em um grão de milho. Ceridwen também podia se metamorfosear, e ela o perseguiu como um cachorro, uma lontra, um falcão e, finalmente, uma galinha, que comeu o grão de milho.

Nove meses depois, Gwion nasceu de Ceridwen e, em vez de matá-lo de uma vez, ela o amarrou em uma bolsa de couro e jogou-o no rio, onde a corrente o levou até o Príncipe Elphin, que levou a criança para o seu palácio. O bebê Gwion cresceu como Taliesin, o profeta do príncipe e artista principal. Acreditava-se que certo bardo chamado Taliesin, que realmente viveu na corte de Gales do século VI, era Gwion.

Merlin e Nimue

Merlin era o famoso mago da lenda do rei Arthur, que algumas fontes dizem ter criado a sobrenatural estrutura de Stonehenge. Ele também foi responsável pela criação da Távola Redonda e do projeto de Camelot. Seu nascimento foi envolto em mistério, mas sua mãe era uma freira e seu pai um demônio. Dizem que herdou de sua mãe o amor pelo mundo mortal, e seu irrequieto talento para mudar de forma, de seu pai.

Em sua forma humana, era um profeta e feiticeiro que aconselhou Arthur em muitas ocasiões, mas ele também se transformava em um jovem sedutor, que se apaixonava e desapaixonava e, então, podia se transformar em uma nuvem de tempestade, ou mesmo uma onda num lago.

Nimue era filha de uma sereia e, segundo algumas narrativas, a Dama do Lago, enquanto outras fontes colocam-na como Fada Morgana (ver p. 146); era também bruxa e mudava de forma. Cuidou de Merlin quando ele era pequeno e cobiçou-o quando se tornou um belo jovem, mas Merlin deixou-a pelo mundo mortal e seu amor não correspondido tornou-se venenoso. Nimue tentava vencê-lo, mudando de forma e prendendo-o, mas ele sempre conseguia vencer. Então, lembrou-se de sua fraqueza – mulheres bonitas. Transformou-se em uma mortal e, cego pelo próprio desejo, Merlin instantaneamente se encantou por ela. Merlin fez amor com Nimue apaixonadamente e, durante o ato, ela se transformou em uma gota de âmbar e engoliu-o para sempre.

A Dama do Lago deu a Arthur a espada Excalibur, mas ela também era conhecida como a bruxa Nimue.

Deuses de Tuatha De Danann

A primeira raça sobrenatural do povo da Irlanda, os Tuatha De Danann, travou muitas batalhas contra os Formori ou demônios, mas, como não eram imortais, aos poucos desapareceram do mundo, e seu *status* mítico diminuindo e se nivelando ao das fadas, elfos ou espíritos da natureza.

Danu

Há bem poucos registros acerca de Danu, mas sua classificação como uma das mais importantes deusas celtas antigas adoradas por toda a Europa baseia-se na sua associação com nomes de lugares como o Danúbio, Driept e Don. Danu, às vezes conhecida como Dana e Dannan, era a deusa mãe do Tuatha De Danann. Na mitologia hindu, uma deusa chamada Danus é associada com a água e mãe de uma raça de Asuras ("divindades em busca de poder"), chamada Danavas. Parece provável que Danu tenha raízes muito antigas, de fato.

O Dagda

O líder original dos habitantes sobrenaturais da Irlanda era o Dagda (bom deus), casado com Danu. Ele era "bom" no sentido de ser todo-poderoso e o provedor da abundância. Ele era mal-educado e barrigudo, e era famoso por sua maça e

Os Deuses do Tuatha De Danann foram alguns dos primeiros habitantes da Irlanda.

seu caldeirão, que não tinha fundo – bem abaixo do ensopado borbulhante de carne, leite e legumes havia um pomar cujas árvores estavam sempre carregadas de frutas. Porcos mágicos se alimentavam delas, depois eram assados e, então, reencarnavam para a refeição do dia seguinte.

O Dagda usava sua enorme maça para matar os inimigos no campo de batalha, mas com a outra extremidade da arma ele podia trazer pessoas de volta à vida. Muito libidinoso, copulava com numerosas árvores, humanos e outros seres sobrenaturais, mas seu caso mais famoso foi com Morrí-

Famoso por seu caldeirão sem fundo, o Dagda era o rei de uma raça semelhante aos deuses, que invadiu a Irlanda.

gan, a deusa da guerra (ver p. 146). Depois de terem feito amor na margem do rio Unius, ela prometeu apoiar o exército de Dagda em sua próxima batalha e darlhes a sua proteção eterna.

Eriú

De acordo com o *Livro das Invasões* do século XI EC, os irlandeses eram oriundos de Mil Espaine, um descendente de Scota, filha de um faraó egípcio, e um cita chamado Goidel Glas. Do século II ao século I AEC, os filhos de Mil lideraram uma força armada para conquistar a Irlanda e derrotar os Tuatha De Danann, e dizem que os "Milesianos" foram os habitantes finais da Irlanda.

Eriú, uma das rainhas deusas padroeiras da Irlanda à época da invasão Milesiana, fez um trato com o poeta Amairgin para que seu nome fosse dado à Irlanda, em vez do de suas duas irmãs (Eire é uma derivação de seu nome). Eriú era a mãe do segundo governante dos Tuatha De Danann, Bres, um rei impopular, cruel e, no final das contas, derrotado. Com suas irmãs Banba e Fódla, Eriú formava um triunvirato de deusas muito parecido com o das deusas hindus Devi, Kali e Durga.

Morrígan

Deusa irlandesa da guerra, que influenciava o resultado de conflitos aterrorizando um dos lados no campo de batalha, dependendo de seu humor. Morrígan era parte de uma trindade de deusas, junto com Badb e Macha, que também aparecem como aspectos da própria Morrígan. As irmãs assumiam a forma de enormes corvos e pousavam em telhados, predizendo o futuro de guerras e batalhas; depois, desciam até o campo de batalha para destruir os corpos.

A Fada Morgana, rainha sedutora, porém sinistra, também tem sido identificada como Morrígan. Nas lendas arturianas, ela também é conhecida como Nimue (ver p. 143) ou Viviane, mas seja qual for o seu verdadeiro papel, ela certamente era uma metamorfa prolífica como Morrígan. A Fada Morgana também teve papéis conflitantes nos diversos contos cristãos sobre Arthur. Ela era a líder das nove guardiãs misteriosas de Avalon, a guardiã da espada mágica Excalibur, que ela confiou a Arthur enquanto ele vivesse, segundo alguns contos. Em outros, porém, ela é meia-irmã de Arthur e sua rival, tramando sem parar a queda de Camelot.

Morrígan era ambivalente quanto a tomar partido e suas qualidades fero-

Morrígan determinava o resultado no campo de batalha aterrorizando um dos lados com sua aparência assustadora.

zes estavam fortemente ligadas à sua sexualidade. Por exemplo: ela ficou do lado dos Tuatha De Danann depois de ser enfeitiçada por Dagda, e mais tarde ela apoiou os homens de Connaught. Pensava-se que vivesse na caverna de Cruachain no Condado de Roscommon, na Irlanda. Ela e suas irmãs passaram a ser identificadas posteriormente com as Parcas da mitologia grega, as Nornes da mitologia nórdica, e as três bruxas proféticas de *Macbeth*, de Shakespeare.

Brigit

Outra tríade de deusas, Brigit ou Brígida era o nome dado a cada uma das três filhas de Dagda e Danu (ver p. 144). Além de seu aspecto como deusa da fertilidade, Brigit mais tarde se tornou a padroeira da província irlandesa de Leinster. A Brigit mais velha era a deusa das artes, da poesia e do intelecto; a irmã do meio era a deusa da cura; e a mais nova era a deusa da metalurgia. Brigit é na verdade um título honorífico, como "alteza", e estudiosos sugeriram que seu nome era tão reverenciado e sagrado que ninguém conhecia sua verdadeira identidade. Os iniciados em seu culto de mistério eram os únicos que pronunciavam o seu nome. Mais tarde, na Irlanda cristã, Brigit tornou-se identificada com Santa Brígida, guardiã do fogo sagrado.

Angus

Angus era um deus do amor, que quando ficou mais velho passou a ajudar aqueles que enfrentavam problemas em suas vidas amorosas. Era filho de Dagda (ver p. 44) e Boann, o espírito ou ninfa da água do rio Boyne. Como Boann estava tendo um caso com Dagda escondido de seu marido, o grande senhor do céu fez o Sol parar por um dia e a criança foi concebida e nasceu no espaço de 24 horas.

Brigit era parte de uma tríade de deusas que eram capazes de prever o futuro.

A pedra sagrada da entrada do sítio neolítico de Newgrange, patrimônio da humanidade, na Irlanda.

Angus vislumbrou seu primeiro amor em um sonho, quando ela assumiu a forma de um cisne. Seu nome era Caer Ibormeith. A única maneira de ele a seduzir era se tornando também um cisne. Assumindo tal forma, Angus perseguiu-a pelo lago até que ela finalmente o aceitou e eles voaram juntos ao redor do lago três vezes cantando uma canção de ninar mágica. Com todo o mundo adormecido, os dois fugiram para o palácio de Angus, Brug na Boinne, o nome gaélico para o complexo neolítico de Newgrange.

Cuchulain

Cuchulain, originalmente conhecido como Setanta, era o filho guerreiro da mortal Dechtire e do deus do sol Lugh. Cuchulain tinha poderes mágicos, era feroz na batalha, e músculos saltavam de todas as partes do seu corpo. Sua voz potente e furiosa detinha seus oponentes pelo caminho e sua força era lendária. Ainda menino, ele provou ser o mais forte na corte do Ulster do rei Conchobar e tornou-se líder dos guerreiros do rei. Foi apelidado de Cuchulain depois de matar o cão pastor de Chulain (o ferreiro local). Como não havia outro cão para guardar os animais, ele concordou em vigiá-los por um ano, até que um novo cão pudesse ser encontrado e, a partir daí, foi chamado Cuchulain, "o cão de Chulain".

Cuchulain e o Gigante

Uma história conta como Cuchulain e seus dois amigos Conal e Laoghaire foram desafiados a um teste bizarro por um gigante. A cada um foi dada a chance de decepar a cabeça do gigante, desde que o gigante pudesse decapitar o guerreiro depois. Laoghaire cortou a cabeça do gigante, mas fugiu. O gigante substituiu sua cabeça e Conal fez a mesma coisa. Finalmente, Cuchulain cortou a cabeça do gigante, mas curvou a própria cabeça diante do gigante, conforme o prometido. O gigante ficou tão espantado com sua coragem que proclamou Cuchulain o homem mais corajoso da Irlanda.

Cuchulain era o líder dos guerreiros do rei do Ulster e era conhecido por seu temperamento terrível.

A trágica Deirdre acaba se matando quando forçada a viver com os dois homens que mais odiava.

Deirdre

O trágico conto de Deirdre faz parte do *Ciclo do Ulster*, um conjunto de histórias sobre o reino de Ulster, entre os séculos II e IV EC. Conchobar, rei do Ulster, ficou apavorado quando um druida predisse que Deirdre iria trazer desastre para o povo do Ulster. Filha do contador de histórias do rei, Deirdre era incrivelmente bonita, por isso, o rei decidiu mandá-la embora, para ser criada por pais adotivos, a fim de salvar sua vida. Também planejava se casar com Deirdre quando ela tivesse idade para isso. Certo dia, Deirdre disse à sua professora que desejava se apaixonar por um homem de pele branca como a neve e cabelos negros como um corvo. A professora lhe disse que havia um homem assim, chamado Naoise, um dos guerreiros do rei. Então, o casal se conheceu, se apaixonou e fugiu para a Escócia.

Conchobar ficou furioso, pois ele queria Deirdre para si; então, ele atraiu o casal de volta com a promessa de perdão. Quando retornaram, ele ordenou a Eoghan que matasse Naoise. Quando Conchobar perguntou a Deirdre quais os dois homens no mundo que mais odiava, ela respondeu: "Conchobar e Eoghan"; então, ele ordenou que ela passasse seis meses com cada um deles. Em desespero, ela se atirou de sua carruagem e tirou a própria vida.

Cernuno

O amplamente adorado deus chifrudo celta Cernuno era associado com animais machos, fertilidade e milho – registros arqueológicos de sua imagem foram citados do norte da Itália até parte da Inglaterra e da Jutlândia. Um pouco como Pan, o Minotauro e Pashupati, o senhor dos animais hindu, ele é um macho cornudo associado à natureza selvagem, e todos eles podem ter uma origem comum.

Cernuno é geralmente representado com chifres de carneiro e um "torc" ou gargantilha ornamentada, sinal de nobreza entre os celtas, sentado de pernas cruzadas e, às vezes, acompanhado por uma serpente. Nos tempos medievais, foi associado a Herne, o Caçador, e algumas fontes sugerem que tem a mesma origem. Herne era um "fantasma equestre" que vivia na floresta de Windsor e Great Park, na Inglaterra, no século XIII. Durante a Idade das Trevas, a floresta de Windsor foi colonizada por pagãos anglo-saxões, que adoravam seu próprio panteão de deuses, incluindo "Woden" (um aspecto de Odin, ver p. 130). A história diz que, depois de salvar a vida do rei Ricardo II, ameaçado por um veado ferido, o próprio Herne feriu-se fatalmente. Uma bruxa o trouxe de novo à vida, prendendo-lhe os chifres do veado em torno da cabeça. Herne, contudo, foi acusado de roubar os chifres e, portanto, perdeu o favor do rei. Foi encontrado no dia seguinte enforcado em um carvalho solitário.

Seu fantasma continua a assombrar a floresta de Windsor. Ele era considerado um fantasma de mau agouro, acompanhado por seus cães demoníacos, animais selvagens da noite e almas penadas que ele havia caçado.

Cernuno, deus da natureza e dos animais, é cultuado até hoje em muitas tradições pagãs.

Camelot

Um dos mitos europeus mais queridos e conhecidos é o do rei Arthur e os Cavaleiros da Távola Redonda. Segundo algumas fontes, Arthur foi originalmente Artos, um dos antigos deuses da mitologia celta, e irmão da deusa da guerra, Morrígan (ver p. 146). Artos acabou sendo condenado a viver no céu como a estrela conhecida como Arturo.

Os mitos de Camelot e os cavaleiros da Távola Redonda permaneceram contos populares na cultura ocidental.

As ruínas do castelo de Tintagel, na Cornualha, considerado a fortaleza de Uther, o Pendragon.

Depois, Arthur reencarnou como o filho bastardo de Uther, o Pendragon, e Igraine, rainha de Tintagel. Trazido em segredo, puxou a espada mágica Excalibur de uma pedra (algumas fontes dizem que a espada foi dada a ele pela Dama do Lago), podendo assim reivindicar seu direito de reinar. Nos primeiros anos, uniu a Inglaterra, derrotou os romanos e estabeleceu uma corte fantástica e mágica em Camelot. Casou-se com a bela princesa Guinevere e criou a Távola Redonda, onde os guerreiros, tanto magos como mortais viviam em harmonia, longe do mundo mortal.

Mordred (filho de Arthur) e outros cortesãos conspiraram para tomar o trono. Lancelot, o cavaleiro mais leal e amigo de Arthur, estava tendo um caso amoroso com Guinevere. Quando Arthur descobriu e baniu para sempre Lancelot, Mordred e seus seguidores aproveitaram a oportunidade. Eles lutaram amargamente e Arthur matou Mordred, mas foi ferido tão gravemente que viajou para a terra de Avalon, onde as maçãs douradas da imortalidade cresciam, e nunca mais foi visto. Camelot também desapareceu, e até hoje se acredita que Arthur e seus homens estão apenas dormindo sob uma colina (fontes geralmente sugerem que se trata de Glastonbury Tor, no sudoeste da Inglaterra). Quando a necessidade se fizer premente, eles acordarão para restaurar a idade de ouro.

ÁFRICA E OCEANIA TRIBAIS

As vastas paisagens da África e as ilhas isoladas e dispersas que compõem a Oceania, incluindo a Nova Zelândia e o extenso continente australiano, são lar de numerosos e pequenos grupos e comunidades tribais. A mitologia desses povos nativos envolvia uma variedade de deuses e deusas que eram responsáveis por tudo, desde boas colheitas até fertilidade e a criação. Muitas vezes, também compartilhavam a crença em um espírito animador, ou força vital, em todas as coisas na natureza.

Cenário histórico e cultural

À primeira vista, é difícil pensar que a mitologia do vasto continente africano tenha algo em comum com a mitologia da Oceania, com suas ilhas espalhadas pela vastidão do Oceano Pacífico e o continente da Australásia. Mas as raízes tribais de suas mitologias lhes dão mais afinidade do que poderia ser imaginado a princípio.

África

Com exceção do Egito, a África possui uma herança mitológica muito dispersa e fragmentada. Com milhares de diferentes línguas e tradições, e com o isolamento geográfico de suas comunidades tribais, é compreensível que a maioria dessas culturas utilizasse o mito para propósitos da comunidade, criando um uso da mitologia muito mais insular e ritualístico do que os sistemas de crenças codificados das grandes civilizações. Como as pessoas viviam em grupos ou assentamentos muito pequenos, as lendas e rituais eram utilizados para sustentar sua própria identidade e distingui-los de tribos rivais e, mais tarde, das nações

Os povos africanos nativos criavam sua própria mitologia, tradição e rituais dependendo das necessidades de sua comunidade.

que invadiram a África nos últimos 2 mil anos. Quando um povo ou tribo era erradicado, suas crenças míticas também se perdiam. Costumes locais e muitos contos folclóricos, como o de Ananse, sobrevivem até hoje, mas, de fato, somente através da tradição oral.

A questão principal para a África tribal parecia ser "Quem criou o mundo?". Deuses criadores, como Woyengi e Bumba, ou ancestrais, como Kintu e Nambi ou até Mwuetsi e Morongo, eram os mitos centrais que explicavam o cosmos e também definiam a ordem social.

A arte aborígine é usada para afirmar a crença nos espíritos da natureza e a importância sagrada do Tempo do Sonho.

Oceania

Composta pela Melanésia, Polinésia e Micronésia, e também o imenso território da Australásia, a região da Oceania tem uma geografia que é tão desolada em certos locais quanto escassa em população. No entanto, curiosamente, a mitologia dessa região é surpreendentemente consistente e rica. As pequenas comunidades espalhadas por toda a Oceania adaptaram os elementos-chave de um panteão de deuses aceitos, dependendo de seu clima local, condições e necessidades geográficas ou culturais, e os mitos predominantes sobre a criação e os criadores iniciais viajaram pela Oceania através da tradição oral.

Depois da chegada do explorador português Fernão de Magalhães, no século XVI, os contos da Oceania foram registrados pelos europeus, sem dúvida alguma com muita distorção ou embelezamento das histórias originais e da identidade cultural de seus povos. Ultimamente, entretanto, os povos da Oceania e os povos aborígines da Austrália têm reconhecido a necessidade de afirmar sua cultura, recriando e mantendo os aspectos tradicionais de sua mitologia através do ritual e da palavra escrita, bem como na forma de pintura e arte em pedras, cascas de árvores e pele, como afirmação do Tempo do Sonho, no caso da Austrália.

Crenças africanas

Os elementos têm destaque na cosmologia africana, personificados na Nigéria por Olorun e Olokun, que representam o céu e a água, e no caso de Amma e seus descendentes, na mitologia do Mali.

Olorun

Olorun (Céu) e Olokun (Água) são os dois deuses fundadores nos mitos dos povos edo e iorubá da Nigéria. Os cerca de mil deuses menores decidiram realizar uma competição para decidir quem seria o senhor supremo. O deus que se apresentasse mais radiante e esplêndido seria o vencedor. Segundo uma fonte, Olorun acabou ganhando, porque cada vez que Olokun igualava-se a ele em cor, estilo ou majestade, Olorun deixava claro que ele era o original e Olokun apenas um reflexo de sua grandeza. Olokun, quando questionado sobre aquilo, apenas repetiu as palavras de Olorun, confirmando aos mil deuses menores que ele era indigno de ser o líder supremo. Com Olorun no trono, o trabalho de criação começou.

Olorun enviou um de seus deuses menores para a Terra com um pombo, uma galinha e um caracol para compor a terra. Olorun também lhe deu sementes para criar árvores e plantas e mostrou-lhe como moldar o barro para fazer os animais. No início, eram todos gigantes imortais, mas Olorun decidiu que ter semelhantes era perigoso demais para os deuses, então, impôs um tempo de vida sobre eles. Conforme os gigantes envelheciam, encolhiam e eram reduzidos a cadáveres ambulantes, miseráveis e enrugados, do tamanho de seres humanos. Olorun sentiu pena deles e criou a morte, e, assim, a humanidade nunca foi capaz de se igualar aos deuses.

Máscara iorubá.

Amma

O povo Dogon do Mali possui uma cosmologia muito complexa. Amma existe como um princípio abstrato da criação, que deu origem ao universo a partir de uma

Dizem que a dança fúnebre Dogon conduz em segurança as almas dos mortos até seus antepassados.

partícula infinita que evoluiu para o ovo primordial. Em outras narrativas, Amma era o princípio masculino, e também a própria criação. Ele tentou criar uma fêmea do barro em duas tigelas de cerâmica. Tendo criado a Mãe Terra, ele se desfez dos fragmentos restantes de barro e eles se tornaram o céu, enquanto as tigelas tornaram-se a Lua e o Sol. Ele acasalou com a Mãe Terra e seus três filhos nasceram – Ogo e a linhagem divina de gêmeos chamada de Nummo. Ogo era mau, então, Amma criou um equilíbrio, sacrificando os Nummo e depois os trazendo de volta à vida como mortais, para criar a humanidade. Os gêmeos Nummo deram à luz grupos de quatro, que representavam os quatro elementos, os quatro pontos cardeais e as quatro grandes habilidades: medicina, agricultura, magia e comércio.

Exu é um dos importantes deuses menores ou espíritos conhecidos como orixás, que desempenham um importante papel na vida cotidiana do povo iorubá.

Exu

Como muitos deuses trapaceiros, Exu, do povo iorubá, é benevolente, mas também pode causar destruição. Ele é tanto um mensageiro como um mediador entre os deuses e os homens, e é responsável, também, pela boa ou má sorte dos homens. O povo iorubá da Nigéria considera Exu mais importante em seus negócios diários do que o criador Olorum.

Oferendas devem ser feitas sempre a Exu antes de se iniciar qualquer ritual, para garantir que a cerimônia em si será benéfica. Exu podia falar todas as línguas criadas, seja ela a língua dos elefantes ou das plantas. Ele era um metamorfo, e também conhecido por sua habilidade em ensinar lições à humanidade, seja para aumentar sua consciência ou, dependendo de seu estado de humor, para causar conflito e malícia, ou até mesmo para desorientar as pessoas, ou desviá-las de suas condutas.

As cores simbólicas de Exu são o vermelho e o preto. Em certa narrativa, ele estava particularmente aborrecido porque dois bons amigos estariam mais interessados em si mesmos do que na adoração a Exu. Para recuperar o que lhe era devido, decidiu pregar-lhes uma peça. Como os amigos trabalhavam em campos vizinhos, Exu colocou seu chapéu vermelho e preto e caminhou entre os dois campos de modo que um amigo visse somente o lado vermelho e o outro somente o lado preto. Depois disso, eles começaram a descrever como ele era fabuloso em seu chapéu "vermelho" ou "preto" e começaram a brigar. Exu virou-se, para lhes mostrar que o chapéu era de ambas as cores e lhes disse que havia causado a briga entre eles para que lhe mostrassem mais respeito no futuro. A partir daí, a dupla passou a respeitar também as opiniões um do outro.

O eclipse do Sol era um poderoso símbolo da criação para alguns povos, e de desastre para outros.

Mawu-Lissá

Para os povos Fon do Benim, Mawu, o princípio feminino, está associada com a Lua, a fertilidade e a compaixão, enquanto Lissá, o princípio masculino, está associado com o Sol, poder, guerra e luz. Durante o primeiro eclipse eles se fundiram para criar um ser andrógino, que simbolizava a totalidade do universo. Cada vez que havia um eclipse isso levava a um novo ato de criação, e assim tem sido desde então. Esse princípio supremo abstrato de masculino-feminino garantia a estabilidade e a continuidade do universo. Mawu-Lissá acabaram gerando filhos que tinham forma e exigiam ser adorados pelos mortais; eles incluíam a serpente universal Da, que sustentava o universo nas voltas de seu corpo e levava a toda parte Mawu em sua boca. Quando paravam para pernoitar, Da fazia montes de excremento em toda parte, e eles se transformavam em montanhas. O deus ferreiro, Gu, assemelhava-se a uma pá de pedreiro e foi o responsável por criar os seres humanos a partir dos respingos dos montes de excremento de Da.

Imana

O povo banyarwanda de Ruanda venerava Imana, que para eles era o único criador do universo. Em seu papel de senhor de todas as coisas, ele prometeu a imortalidade à humanidade, protegendo-os da Morte.

Imana passava o tempo inteiro perseguindo a Morte, advertindo todas as coisas na criação para que se escondessem, a fim de que a Morte não pudesse encontrar um lugar para descansar. Mas a Morte conseguiu enganar Imana quando uma anciã saiu de seu esconderijo para cuidar do jardim e a Morte se escondeu debaixo de sua saia. Imana pensou que conseguiria enganar a Morte quando a anciã foi sepultada, e disse aos familiares para deixar grandes buracos na terra, para que Imana pudesse trazê-la de volta à vida. Mas um de seus parentes odiava a anciã, e encheu todos os buracos com pedras e achatou o solo com tanta força que a Morte ficou presa e, assim, não havia mais imortalidade.

Então, Imana decidiu ajudar a humanidade novamente construindo três reinos diferentes, porém, um bocado instáveis. Eram como pratos sustentados por varas entre as camadas. O superior era a sua própria terra, o do meio era a Mãe

De acordo com os povos de Ruanda, o criador único, Imana,
é o responsável pela criação de suas dramáticas paisagens.

As comunidades dos vilarejos em Ruanda acreditavam que a Morte conquistaria o mundo se Imana não fosse venerado.

Terra, lar dos mortais, e o inferior era para os espíritos e a Morte. A morte subiu pelas varas e tentou entrar no reino da Terra. Agarrava os tornozelos das pessoas, levava-as para a sua terra, e alimentava os espíritos com elas. Os espíritos e demônios tornaram-se mais numerosos do que as pessoas, e eles também começaram a fazer buracos na terra e subir através das fissuras, na tentativa de tomar posse da terra média. Imana era o único com o poder de mantê-los afastados. Por toda a eternidade, Imana teve de forçar os demônios de volta para sua terra e, simultaneamente, reparar a estrutura vacilante do universo. Era tão instável, que se tornava cada vez mais frágil e periclitante. Os banyarwanda acreditavam que um dia, se Imana perdesse a concentração por um único segundo, toda a estrutura ruiria como um castelo de cartas e a Morte conquistaria o universo. Em Ruanda, atualmente, Imana refere-se ao Deus cristão.

Anansi

O deus Anansi era a aranha trapaceira do povo Ashanti, da África Ocidental. Primeiramente, ele foi venerado como um deus criador original, girando o universo para formá-lo, a pedido do espírito do Grande Céu. Era metamorfo e acabou se tornando conhecido como um deus mensageiro, que disse aos mortais como usar o fogo e contar histórias. Há centenas de contos sobre Anansi, e muitas fontes sugerem que essas histórias substituíram as de deuses mais antigos, visando meramente o entretenimento, e se desenvolveram em contos folclóricos. Anansi geralmente arma uma situação para enganar alguém apenas pelo prazer de fazê-lo, mas, de vez em quando, ele pode ajudar ou confundir, dependendo de seu humor. Por exemplo, ele se esconde na orelha de um antílope para escapar de um incêndio e o recompensa tecendo uma teia em volta dele para escondê-lo de um grupo de leões. No Caribe, Anansi é conhecido como Nancy ou Annency.

Juok

Nos mitos do povo Shilluk do sul do Sudão, Juok era um criador sem forma que estava presente em tudo. A palavra *Juok*, juntamente com os nomes Jok, Jwok e Joagh, também era usada para designar o próprio espírito divino em todas as línguas nilóticas (pertencente ao Nilo). Essa centelha divina era tanto o bem quanto o mal e, consequentemente, determinava o destino de seres humanos e animais. Para os antigos Shilluk, Juok criou as pessoas com areia e água do rio. As primeiras pessoas pareciam montes de lama espalhados no chão em uma pilha bagunçada. Com o tempo, Juok lhes deu braços, para plantar, olhos para enxergar o caminho, e pernas para se movimentar. Quando se cansou de fazer pessoas, deu-lhes órgãos reprodutivos, para que a humanidade pudesse criar-se a si mesma.

Mwuetsi

De acordo com o povo Makoni do Zimbábue, Mwuetsi foi o primeiro ser humano na Terra. Ele foi criado pelo deus Maori e cuidadosamente colocado no fundo de um lago com um chifre cheio de óleo de *ngona*, altamente fértil. O lago logo se encheu de vida nova, mas Mwuetsi não ligava muito para peixes e coisas escorregadias e decidiu escalar até a praia. Infelizmente, como não havia nada na Terra, exceto pedras, ele fez um estardalhaço e Maori enviou a mulher Massassi para mantê-lo entretido. Com o afrodisíaco óleo de *ngona* e a união de Mwuetsi

No Zimbábue, lagartos e outros répteis eram associados com o estupro de Morongo.

e Massassi, o mundo encheu-se de plantas e árvores. Em seguida, Maori enviou outra mulher, Morongo, e os filhos que tiveram eram animais e pessoas. Maori decidiu que o mundo estava completo, e advertiu Mwuetsi para que não se reproduzisse mais. Entretanto, por causa do poderoso agente no óleo, Mwuetsi estuprou Morongo, e desta vez ela deu à luz insetos venenosos, cobras e lagartos. Em algumas narrativas, o último bebê cobra mordeu Mwuetsi e matou-o, e seus outros filhos se recusaram a jogar seu corpo no lago primordial em caso de este ter-se tornado poluído, por isso, sepultaram-no. Outros contos dizem que Maori ficou tão furioso com a desobediência de Mwuetsi que amaldiçoou o mundo com a seca e a fome, para que seus filhos o estrangulassem e o enterrassem com o chifre do óleo de *ngona*, e a fecundidade retornasse à Terra.

Mwindo

Herói com poderes sobrenaturais, Mwindo era um conto épico muito querido para o povo Nyanga, da região do rio Congo, na África Central. Filho de Shenwindo, um poderoso chefe com sete esposas, Mwindo nasceu do dedo médio de

O rio Congo foi uma rica fonte de inspiração para a mitologia do povo Nyanga.

uma das esposas, já falando e andando. No entanto, Shenwindo havia decretado que apenas as filhas estavam autorizadas a viver. Ao descobrir Mwindo, o pai tentou matá-lo, mas Mwindo usou magia para se proteger. Então, Shenwindo selou Mwindo em um tambor e atirou-o no rio, esperando que ele se afogasse ou fosse comido por crocodilos, mas Mwindo novamente usou seus poderes mágicos para escapar. Shenwindo fugiu para o Mundo Inferior buscando segurança, mas Mwindo o seguiu e encontrou Mestre Muisa, o governante de lá, que concordou em revelar onde Shenwindo estava. Finalmente, Mwindo encontrou seu pai, que concordou em dividir seu reino, e Mwindo restaurou e recuperou a aldeia.

Pouco tempo depois, Mwindo estava usando sua magia de forma indiscriminada e matou um dragão, que era amigo do Mestre Relâmpago. Ele puniu Mwindo enviando-o para o céu por um ano, onde o calor escaldante e tempestades celestes o açoitavam todos os dias. Finalmente, os espíritos do céu disseram que ele poderia voltar para a Terra se prometesse nunca mais matar outro ser vivo. Mwindo concordou em ser menos leviano com seus poderes e governou seu reino em paz e harmonia para sempre.

Holawaka

Nos mitos do povo Galla da Etiópia, Holawaka levava mensagens divinas do céu para a Terra.

Um dia, o Divino Espírito Celeste mandou Holawaka descer à Terra e revelar à humanidade o segredo da imortalidade: bastava remover a pele velha quando estivesse desgastada e colocar uma nova pele, mais ou menos como trocar de roupa. Holawaka disfarçou-se de pássaro e viajou dessa maneira, mas achou cansativo. Exausto e faminto, estava desesperado por comida. Lá do alto do céu, avistou uma cobra comendo um rato. Desceu, pousou ao lado da cobra e se ofereceu para dar à cobra o segredo da imortalidade se ela lhe desse um pedaço do rato. A cobra concordou, e é por isso que as cobras trocam de pele sempre que ela começa a envelhecer e pássaros Holawaka estão condenados a viver na Terra entre os mortais como castigo pela estupidez dos seus antepassados.

Cobras: símbolos poderosos.

O povo Bambini do Congo também era conhecido como pigmeus.

Mitologia Bambini

Khonvoum é o principal deus do povo Bambini (pigmeus do Congo) e é responsável pela caça. Ele carrega um arco feito de duas serpentes entrelaçadas, que parecem um arco-íris para os seres humanos.

Depois do pôr do sol, Khonvoum reúne poeira estelar e lança-a ao Sol, a fim de regenerá-lo para o dia seguinte. Às vezes, envia seu mensageiro Or (ao mesmo tempo um deus do trovão e também um elefante) ou um camaleão para ajudar a humanidade. Ele fabricou as pessoas com barro – barro negro fez pessoas bem negras, barro branco fez a gente branca e o barro vermelho fez os pigmeus.

Tore é um senhor da floresta que fornece animais para os caçadores. Esconde-se no arco-íris e também é um deus do trovão, e quando vem à Terra, aparece como um leopardo em ritos de iniciação. Os primeiros pigmeus roubaram o fogo de Tore, que não ficou muito satisfeito e perseguiu-os, mas não conseguiu alcançá-los; quando ele voltou para o céu, sua mãe havia morrido. Como vingança, ele decidiu que os seres humanos morreriam também e ele se tornou o deus da morte.

Mitologia Zulu

O supremo deus criador da mitologia Zulu era Unkulunkulu, que acreditavam ter crescido em um caniço em um pântano sem forma, antes de criar a Terra.

Outras divindades importantes incluíam Mamma, a deusa dos rios (que se tornou associada com o afogamento de pessoas e estava mais para uma sereia do que uma deusa benéfica) e Unwabi, um deus mensageiro camaleão que foi enviado à Terra para dar a imortalidade aos seres humanos, mas era muito lento e as pessoas começaram a morrer. Agora, quando o camaleão muda sua cor de verde para marrom, está lembrando a desgraça ocasionada pela preguiça de Unwabi.

Quando a Terra começou, era coberta por um denso nevoeiro para que as pessoas não pudessem ver o Sol ou a Lua, e não havia tempestades ou ventos. Os seres humanos falavam uns com os outros mentalmente, porque não havia palavras. Se alguém desejasse comer carne, bastava pensar nisso e um animal velho ou muito ferido para acompanhar o rebanho lhe seria enviado; se alguém precisasse de uma fruta, só teria de pensar e uma árvore deixaria cair alguns de seus frutos diante dele. Mas, certo dia, uma terrível raça de deuses chamados Chattily veio do céu em grandes tigelas de fogo. Tinham três olhos amarelos e pele de lagarto. Criaram línguas e a capacidade de falar, e inventaram tantos idiomas diferentes, que dividiram o povo, que se separou em grupos diferentes, com ideias diferentes e, dali em diante, eles permaneceram perpetuamente em conflito uns com os outros, sem harmonia.

Na mitologia Zulu, os "Amadlozi" ainda são uma parte importante do culto tradicional animista. Eles são os espíritos dos antepassados.

Crenças polinésicas

A Polinésia é composta por centenas de pequenas ilhas espalhadas pelo Oceano Pacífico. Na cultura polinésica, acredita-se que todas as coisas na Terra, sejam rochas ou pessoas, são descendentes dos deuses.

Haumea

Na mitologia havaiana, Haumea era a deusa do parto e da fertilidade. Antes de a Terra ser criada, Haumea vivia em um pomar em cujas árvores cada animal e vegetal cresciam em seus ramos, como se fossem folhas – havia árvores de cabras e árvores de suínos, de peixes e árvores frutíferas. Em Haumea também cresciam folhas, como se ela própria fosse uma árvore e, certo dia, uma de suas folhas caiu no chão e se transformou em um belo rapaz. Haumea se apaixonou e queria fazer amor com ele, então, ela fez crescer uma vagina por entre suas folhas. Mas o rapaz acabou secando e morrendo como uma folha de outono, e foi repisado na terra pelos animais que passavam. Haumea ficou inconsolável e morreu logo depois, mas ela renasceu como uma árvore e logo lhe nasceram folhas novas; seu ciclo de nascimento e renascimento revela que tudo que nasce deve morrer, mas nascerá de novo em outra vida.

Nas cavernas rochosas de Orongo há muitas esculturas sagradas dos deuses, especialmente de Makemake e do homem-pássaro, Tangata manu.

Makemake e Haua

Makemake era o deus supremo dos povos da Ilha de Páscoa (também conhecida como Rapa Nui), e era responsável pelo fornecimento de alimentos a todas as suas criações. Os primeiros habitantes da Polinésia escolhiam um representante de Makemake na Terra todos os anos. Em cerimônias dedicadas ao "homem-pássaro", como era

A Polinésia é composta por pequenos atóis e ilhas maiores, e cobre vastas áreas do Oceano Pacífico.

conhecido, o chefe da ilha pendurava um ovo sagrado em sua cabana e dava início à adoração de Makemake. Segundo suas crenças, isso garantiria que as aves marinhas iriam à ilha para fazer seus ninhos e fornecer os valiosos ovos para o povo comer. Em Orongo há muitas esculturas nas cavernas rochosas mostrando a máscara de crânio de Makemake e a vulva (significando fertilidade) de sua esposa Haua, bem como o homem-pássaro e o deus fragata Vie-Kana.

Tane

Filho de Rangi e Papa (Pai Céu e Mãe Terra), Tane era o deus das florestas. Tane cravejou o Céu de pedras preciosas e cobriu a Terra com árvores e plantas. Ele ensinou às pessoas na Terra tudo o que precisavam saber, e por amar tanto a humanidade, decidiu viver entre os homens. Mas, como nenhum ser humano poderia viver ou acasalar com um deus, ele tinha relações sexuais com pedras e lagos e seus descendentes foram os dragões e as serpentes. Ele perguntou a Papa (Mãe Terra) como poderia conseguir uma esposa, e ela respondeu que esculpisse uma do arenito, mas avisou que a união seria desastrosa. Mas Tane estava tão desesperado por uma mulher que fez para si Hine Ahu One, a garota da Terra, e deu-lhe o sopro da vida. Primeiro, eles produziram um ovo, que se tornou o ancestral de todas as aves sobre a Terra. Quando se uniram novamente, Hine Ahu One se transformou em sua própria filha, Hine Titama. Quando ela já tinha idade suficiente, Tane se casou com ela, e os dois conceberam outra filha. Hine Titama queria saber quem era seu pai, e quando ela descobriu que era Tane, ficou tão envergonhada por seu incesto que desapareceu no Mundo Inferior, onde ela se tornou a deusa da morte, Hine Nui Te Po. Tane ficou tão abatido que voltou para o céu.

Uma escultura em madeira de Tangaroa, deus do mar e ancestral de todos os peixes.

Tangaroa

Na mitologia polinésica, Tangaroa era o deus do mar e o filho mais velho de Papa. Ele tinha muitos nomes na Oceânia, como Tagaro e Tagaroa, mas não deve ser confundido com Tangaloa, deus criador na mitologia samoana.

Em uma das histórias, Tangaroa tinha um irmão gêmeo chamado Rongo. Embora Tangaroa fosse o mais velho, permitiu que Rongo nascesse primeiro, e depois surgiu de um furúnculo no braço de sua mãe. Como Rongo era menos inteligente, Tangaroa lhe ensinou os segredos do universo. Vatea, seu pai, disse a Tangaroa que ele era tão salgado que iria destruir tudo que vive, por isso, o governo da terra foi dado a Rongo. Tangaroa aceitou com a condição de que ele próprio pudesse governar tudo que fosse vermelho – aves, animais, peixes, plantas e flores vermelhos. Rongo concordou, esquecendo-se de que, embora existam poucas coisas vermelhas no mundo, elas geralmente são especiais.

Tangaloa

Na mitologia samoana, Tangaloa foi o primeiro deus a existir – ele chegou em uma concha, rompeu-a e criou o universo simultaneamente. Foi ele quem fez as ilhas da Polinésia, largando pedras no oceano. Sua filha Tuli, que também era um pássaro, voou até as ilhas com uma enorme videira e, depois de tê-la plantado, a vinha se espalhou por todas as ilhas, proporcionando sombra e alimento para ela. Tangaloa também criou a "vinha povoadora", que se dividiu em plantas e vegetação, e, então, quando vermes e larvas começaram a comer suas raízes ele transformou-os em todos os animais, peixes e seres humanos para concluir a criação.

Os gêmeos celestes

Gêmeos, To Kabinana e To Karvuvu foram os primeiros seres no início dos tempos, de acordo com o povo Tolai de Vanuatu. To Karvuvu era a Lua e um idiota, To Kabinana era o Sol e sensato. O Sol fez a primeira mulher soprando em um coco; a Lua tentou fazer o mesmo, mas não deu certo porque To Karvuvu escolheu um coco ruim e, por isso, a mulher nasceu morta. Usando madeira, To Kabinana criou peixes para alimentar seus filhos, mas quando a Lua tentou fazer o mesmo, ele acabou criando os tubarões. Como a primeira mulher envelheceu e já não podia gerar filhos, To Kabinana achou que seria uma boa ideia se os irmãos se revezassem para cuidar dela. Mas quando foi a vez de To Karvuvu, a única maneira de protegê-la em que ele pôde pensar foi matá-la e depois comê-la, a origem do canibalismo.

As ilhas da Polinésia foram lançadas no oceano como pedras, segundo a mitologia samoana.

Contos do deus trapaceiro, Maui, chegaram ao Havaí, onde dizem que a ilha de Maui foi assim batizada em honra dele.

Maui

O mito do semideus herói e trapaceiro da mitologia polinésica, Maui, viajou através da Nova Zelândia, Samoa e Havaí. As histórias que narram suas façanhas são bem conhecidas, e muitas versões aparecem em toda a Polinésia. Como todos os malandros, ele é engenhoso e, geralmente, amigo da humanidade, mas, às vezes, pode ser cruel.

Ele desafiava deliberadamente a autoridade dos deuses, como quando ele tentou domar e capturar o Sol. Como Maui achou que o Sol estava se movendo muito rapidamente através do céu, ele o laçou com uma corda de fibra de coco, mas o Sol queimou a corda. Ele finalmente conseguiu apanhar o Sol enquanto ele se erguia ao amanhecer, e se recusou a deixá-lo ir até o Sol concordar em levar mais tempo para percorrer o céu durante o dia e menos tempo à noite.

Seu pai era um deus e sua mãe uma mortal, e Maui frequentemente se envolvia em aventuras para tornar o mundo um lugar melhor para a humanidade. Inicialmente, sua mãe Hina lhe deu um anzol mágico, e ele pescou as ilhas e formou a Polinésia. A tentativa de vencer a morte e proporcionar imortalidade para a humanidade foi o seu último grande ato heroico; ele falhou e foi esmagado até a morte entre as coxas de Hine-nui-te-po, que tinha acordado assustada com o som de pássaros alvoroçados pelas brincadeiras de Maui. Em um conto havaiano, o povo ficou tão farto de Maui que o matou e atirou no mar. Os camarões se alimentaram com seu sangue e por essa razão eles são cor de rosa.

Jari e Kamarong

Na mitologia da Melanésia, Jari era filha da deusa-cobra primordial Gogo. Casada com um homem-cobra, ela escapou de suas horríveis garras depois que ele matou e comeu sua mãe. Ela rodou o mundo à procura de um marido mortal, mas só o que encontrou foi Kamarong, um homem-lagarto cujo esperma escorria de sua pele e as fezes, de sua boca. Jari não ficou muito impressionada e decidiu tentar "modificá-lo". Para começar, ela criou-lhe um ânus tão longe de sua boca quanto possível, fazendo um buraco entre as pernas dele; depois, moldou um pênis de nozes de bétele trituradas. Ela ensinou Kamarong a pescar, cozinhar e cultivar plantas e tabaco. De acordo com o povo Wogeo da Melanésia, eles foram os ancestrais de todas as pessoas que vivem no mundo.

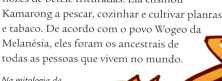

Na mitologia da Melanésia, Jari e Kamarong, um homem-lagarto, foram as primeiras pessoas que existiram.

ÁFRICA E OCEANIA TRIBAIS

Areop-enap

As conchas são importantes símbolos da criação para muitos povos da Oceania.

No início da criação, Areop-enap ("velha aranha") vagava na escuridão em busca de alimento. De acordo com os habitantes da ilha de Nauru, deparou-se com um molusco que a abocanhou, e ela se viu firmemente presa na armadilha. O molusco se recusou a abrir sua concha, mas felizmente Areop-enap encontrou uma lagarta chamada Rigi. A aranha colocou um feitiço em Rigi para torná-lo superforte, e por algum tempo ele empurrou a cabeça contra a parte superior da concha e as pernas contra a parte inferior, mas ainda assim o molusco resistiu. Rigi estava tão quente com o esforço que seu suor escorreu para a concha inferior e fez o mar, mas, como este era salgado, o molusco sentiu sede e não teve escolha senão abrir-se e morrer. Com a parte superior da concha Areop-enap fez o céu e com a inferior, a Terra. Um caracol que havia sido preso no interior da concha foi fixado no alto do céu para se tornar a Lua. Areop-enap fez as ilhas da carne do molusco e teceu teias sobre as ilhas para criar plantas e árvores. Rigi havia se afogado no mar, esgotado por sua batalha com o molusco, de modo que Areop-enap teceu um casulo de seda em torno dele e pendurou-o no céu como a Via Láctea.

Hina

Na mitologia polinésica, Hina era um aspecto da Grande Deusa e a personificação do próprio princípio feminino. Existem muitas histórias diferentes sobre ela por toda a região da Oceania, e outros tantos aspectos diferentes seus. Na mitologia taitiana, ela morava com o irmão Ru. Juntos, eles exploraram o universo, até que encontraram a Lua e Hina decidiu ficar lá para sempre. Outras histórias dizem que ela era a esposa de Tangaroa, o deus do mar, mas o deixou para ficar com a Lua, quando ele teve um acesso de fúria. Na mitologia maori, Hina era Hine-Ahu One, a mulher de areia que se casou com Tane. Algumas fontes identificam-na como a mulher de Te Tuna, a enguia-monstro, mas ela ficou tão entediada com ele que se acasalou com Maui. Hina também foi identificada como a princesa das trevas e a própria morte, Hine Nui Te Po.

Na Kaa

Missionários ocidentais chegaram muito tempo depois de este mito ser registrado pela primeira vez, mas ele possui semelhanças interessantes com a história do Jardim do Éden. Na Kaa e seu irmão Tabakea foram os dois primeiros seres da criação. Na Kaa vivia em um jardim tão bonito que, quando os deuses criaram os humanos, só lhes autorizaram viver debaixo de duas árvores – uma para os homens e outra para as mulheres –, mas os dois sexos não sabiam um do outro. Certo dia, Na Kaa teve de deixar o paraíso e convocou todos os homens e mulheres à sua presença para lhes dizer que esperassem por ele debaixo de suas árvores. Mas logo que viram o sexo oposto, cobiçaram-se uns aos outros e todos voltaram para debaixo de uma mesma árvore para fazer sexo. Quando Na Kaa voltou, disse que eles haviam escolhido a árvore da morte, não da vida e, a partir daí, todos os seres humanos são mortais. A Árvore da Vida foi mantida exclusivamente para os deuses.

Hina, um aspecto da Grande Deusa, era identificada com a Lua na mitologia taitiana.

Os deuses eram conhecidos por se disfarçarem em todo tipo de animais, como golfinhos, por exemplo.

Dudegera

Certo dia, um deus se disfarçou como um golfinho e brincou no mar com uma mulher mortal, e quando a perna dela roçou a nadadeira do golfinho ela deu à luz um filho chamado Dudegera (filho da perna). Ele foi intimidado e provocado quando criança, e o povo massim da Papua Nova Guiné acreditava que ele começou a desejar se vingar do mundo, querendo destruí-lo. Ele subiu até o céu e tornou-se o Sol, atirando flechas para baixo, sobre o mundo, para que os incêndios começassem em toda parte e o mundo ficou em perigo. Sua mãe se escondeu por algum tempo, mas logo percebeu que tinha de fazer alguma coisa; então, atirou lama nele para tentar embaçar-lhe a visão. Mas ela errou o alvo e a lama se transformou em nuvens, que cobriram o Sol e detiveram as setas. É assim que o mundo continua a sobreviver.

Sido

Os pais de Sido, o deus criador dos povos Kiwai e Toaripi da Melanésia, eram um par de gêmeas siamesas, ambas deusas, que lhe ensinaram o segredo da imortalidade depois que ele as separou ao nascer. Enquanto Sido percorria o céu, o poder criativo jorrava de seu pênis e caía sobre a terra, trazendo à vida as plantas, animais e seres humanos. Todas as noites, ele removia a própria pele, como uma cobra, e metamorfoseava-se em outra versão de si mesmo, para garantir que permaneceria imortal. Mas, certa noite, algumas crianças curiosas o surpreenderam em meio à sua transformação e o encanto foi quebrado. Seu corpo acabou morrendo, porém, seu espírito continuou a vagar pelo mundo na esperança de encontrar uma esposa.

Suas mães gêmeas usavam seu crânio como taça para a água da imortalidade, mas este era um dom apenas para outros deuses, e Sido permaneceu um espírito inquieto vagando pela Terra. Ele acabou se casando com uma mortal, mas quando ela morreu Sido foi transformado em um enorme porco, que as carpideiras comeram. Ele, então, transformou-se no próprio reino da morte, para guardar os mortos para sempre.

Wigan

O povo Ifugao das Filipinas tinha uma divindade muito importante conhecida como Wigan. Era um herói cultural, que fez um trato com os deuses do céu, deu-lhes fogo e foi recompensado com arroz. A cultura Ifugao é baseada na cultura do arroz e Wigan faz parte de um tipo de divindades chamadas de Matungulun (os retribuidores). Ele e sua irmã Bugan eram os descendentes dos deuses do céu Kabigat e Bugan, e foram arrastados para a terra numa forte chuva. Na verdade, todos os 1.500 deuses Ifugao têm uma esposa chamada Bugan. Para criar mais pessoas, o filho e a filha se casaram e, em seguida, suas quatro filhas se casaram com quatro de seus filhos, e assim por diante. Mas o quinto filho casou com um porco e deu origem a todo um exército de demônios com nomes como "Inquietação", "Desespero" e "Imprudência", que perturbariam a humanidade para sempre.

A produção de arroz é fundamental para a cultura do povo Ifugao das Filipinas, o que transparece em mitologia.

Mitologia aborígine e o Tempo do Sonho

Caçadores-coletores habitam a Austrália, segundo os arqueólogos, desde a Era do Gelo, 50 mil anos atrás. Esses povos viviam em pequenos grupos e quando os colonos ocidentais lá chegaram no final do século XVIII, pensava-se que havia mais de 300 grupos, todos com seus próprios idiomas.

Esses povos aborígines viviam tanto no nível de existência do dia a dia, como também no Tempo do Sonho. O Tempo do Sonho era considerado uma dimensão mística do cotidiano e o início da criação – uma época em que os espíritos deram forma à terra e abasteceram-na com animais e plantas, incluindo tudo o que estava para nascer no futuro. O Tempo do Sonho estava intimamente ligado à terra e tudo nela era infundido com seu próprio espírito. Até mesmo uma pedra ou buraco estavam investidos com o seu próprio espírito, assim como o deserto,

Caçadores aborígines seguem trilhas sagradas conhecidas apenas por sua própria comunidade.

aparentemente vazio, cujas características eram atribuídas a espíritos conhecidos como *djang*. O local *djang* mais conhecido e sagrado é Uluru/Ayers Rock.

Por toda a Austrália há uma teia de trilhas místicas, locais sagrados e caminhos, conhecidos como rastros musicais, que interligam o continente inteiro.

Essa rede significa que o Tempo do Sonho foi mantido vivo por meio da tradição oral, da dança, da arte e dos rituais. Se um grupo de pessoas seguisse os rituais exatos de acordo com o lugar ou sítio sagrado, eles seriam capazes de comungar diretamente com os espíritos. Ao recitar os mitos associados a esses lugares sagrados, as próprias pessoas podiam adentrar o Tempo do Sonho.

Os povos aborígines acreditam na espiritualidade da paisagem e da natureza.

Marindi

Não muito longe do grande afloramento de rocha, chamada originalmente Uluru, mas também conhecida como Ayers Rock, desenrolava-se a rivalidade entre Marindi e Adnoartina no Tempo do Sonho. De acordo com o povo Pitjandjara do centro-oeste da Austrália eles caçavam a mesma presa e constantemente lutavam entre si, mas como eram iguais em força, nenhum vencia. Um dia, Adnoartina transformou-se em um lagarto e Marindi em um cão selvagem. Eles começaram a lutar no chão do deserto logo abaixo do monólito Uluru/Ayers Rock. Durante todo o dia eles lutaram, sem vantagem de ninguém, e Marindi sugeriu que esperassem até o amanhecer para continuar sua luta, já que nenhum dos dois conseguia enxergar no escuro. Adnoartina riu de Marindi e a luta continuou durante toda a noite. Finalmente, as mandíbulas de lagarto de Adnoartina se fecharam em torno do pescoço de Marindi e ele foi sufocado. Adnoartina arrastou o corpo de Marindi para topo da rocha e comeu a carcaça. Enquanto comia, o sangue escorreu por toda a rocha, que até hoje brilha em vermelho ao sol do entardecer.

181

Serpente Arco-íris

Uma imagem importante na mitologia aborígine, a Serpente Arco-íris aparece em muitas mitologias diferentes, com diversos nomes, como Julunggul, Kunmanggur, Ungar e Yurlunggar.

Criadora

Em algumas narrativas a serpente emergiu de um olho d'água durante o Tempo do Sonho, em outras, desceu do céu. Mas, na maioria das histórias, foi seu deslizar sinuoso pelo continente que criou os vales, montanhas e rios da paisagem sagrada ancestral. Em alguns contos, a serpente era a criadora e preservadora da vida, da água e da fertilidade. De acordo com as variações tribais, as serpentes arco-íris tanto podiam ser machos como fêmeas, e, na maioria das histórias, se tratada com respeito, a serpente continuaria a dormir, mas era sempre perigosa quando furiosa ou irritada.

Julunggul

A história do povo de Arnhem Land, no norte da Austrália, relata como Julunggul, o nome pelo qual a Serpente Arco-íris era conhecida entre eles, deleitava-se em sua fonte no Tempo do Sonho. Um dia, duas irmãs, Waimariwi e Boaliri, acompanhadas de seus dois filhos e cães pararam na nascente para descansar. Enquanto Boaliri fazia uma fogueira, Waimariwi foi buscar água para cozinhar, mas uma gota de seu sangue menstrual caiu na água. Aconteceu de a Julunggul estar bocejando e engolir a gota. Enojada, emergiu da fonte, criando uma enorme onda de maré sobre a terra, enquanto simultaneamente engolia as irmãs, os cães e tudo o que eles haviam trazido para comer. Quando a Julunggul alcançou o céu, um espírito-inseto a picou e ela regurgitou tudo de volta para a Terra. Ela repetiu isso várias vezes até que, exausta, deixou todos os animais, plantas e pessoas onde caíram e desapareceu no céu, deixando o mundo povoado com plantas e criaturas.

Em muitas histórias, a Serpente Arco-íris odiava a visão de sangue e recusava qualquer oferenda desse tipo. Em vez disso, seus adoradores dançavam, balançavam-se e cantavam músicas repetitivas para honrar a serpente. Às vezes, pode-se vê-la como um arco-íris no céu.

Uma imagem muito importante na mitologia aborígine era a Serpente Arco-íris.

Antigas imagens de espíritos Wondjina, pintadas pelo povo Worora há 20 mil anos.

Wondjina

No Tempo dos Sonhos, os povos Worora e Ungarinjin do norte e noroeste da Austrália acreditavam que os Wondjina eram espíritos da chuva que ajudaram a formar a Terra e tudo que há nela. Mas ficaram indignados com os seres humanos por terem-se tornado tão cruéis e decidiram provocar terríveis inundações na Terra. Abriram a boca e derramaram chuvas torrenciais, destruindo tudo. Depois, recriaram o mundo e esvoaçaram por todo ele, desfrutando do calor sobre as rochas sob a forma de seres humanos, sentindo-se satisfeitos com o que haviam feito. Lembraram-se de nunca mais abrir a boca novamente e, finalmente, como não tinham utilidade para elas, suas bocas desapareceram. Com o passar do tempo, os Wondjina tornaram-se sem forma e passaram a viver em leitos de rios e poços como espíritos. O povo Worora pintava imagens de seus corpos nas rochas onde eles costumavam se aquecer ao sol. Isso era executado todos os anos em uma cerimônia no final da estação seca, para que os Wondjina se lembrassem de enviar chuva e tornar a terra fecunda novamente.

Widjingara

Outro mito do povo Worora narra como o primeiro ser humano morreu no Tempo dos Sonhos. Widjingara protegeu uma mulher, sua esposa, dos Wondjina, mas eles se vingaram, matando-o. Sua esposa começou a chorar, o primeiro ser humano a se lamentar: ela manchou o rosto com traços de lama e cinzas, raspou a cabeça e embrulhou o corpo em tiras de casca de árvore. Depois de três dias, Widjingara retornou dos mortos como era de se esperar. Mas Widjingara ficou tão furioso por sua esposa haver mudado a aparência que ele voltou para o Lugar dos Mortos. Desde então, o luto e a morte têm sido parte da experiência humana.

Mudungkala

O povo Tiwi da Ilha Melville acreditava que Mudungkala vivia debaixo da terra no Tempo do Sonho. Era um lugar escuro, úmido e miserável, não muito melhor do que a terra acima. Mas Mudungkala preocupava-se com seus três filhos que estavam sempre com frio e infelizes. Mesmo que a superfície fosse um mar pantanoso, ela sabia que já era tempo de seus filhos encontrarem um lugar melhor para viver. Então, ela se levantou e forçou o teto do mundo subterrâneo até ele se romper. Abrindo caminho junto com seus filhos, ela, então, arrastou-se até os pântanos lamacentos e com a barriga criou cursos d'água, com os ombros, as montanhas, e com os joelhos os estreitos entre a Ilha Melville e o continente. Ela colocou seus filhos na ilha e encheu-a de plantas e criaturas.

Para o povo da Ilha Melville, o estreito entre a ilha e o continente foi formado por Mudungkala.

AS AMÉRICAS

A diversidade espiritual das Américas vai das tradições animistas tanto do Norte e do Sul e a crença no espírito e culto dos antepassados, até a adoração de deuses e deusas praticada pelos astecas e incas. A maioria desses povos indígenas sobreviveu ao longo do tempo a duras condições locais e à invasão europeia, e foi principalmente por meio da tradição oral que sua mitologia e crenças espirituais chegaram até nós.

Cenário histórico e cultural

Ninguém sabe ao certo quando, mas entre 26 mil e 12 mil anos atrás, povos da Ásia atravessaram o Estreito de Bering e se espalharam por todo o continente americano.

Das pequenas comunidades pesqueiras da Patagônia, ao sul, aos Inuítes do Círculo Polar Ártico, as mitologias das Américas são tão diversas quanto suas diferenças culturais e linguísticas. No entanto, há traços comuns. Por exemplo, povos dos Grandes Lagos até a Argentina acreditam que o mundo foi criado do barro primordial. Deuses menores geralmente eram a personificação da chuva, do sol, dos trovões e dos relâmpagos. A Terra era parte de uma tríade de mundos, sendo que os outros dois eram o lar dos deuses, em cima, e dos demônios e dos mortos, embaixo. Os animais eram tidos como espíritos guias ou deuses trapaceiros capazes de ajudar a comunidade local por meio da magia.

Para as civilizações compiladas dos astecas, incas e maias, mais ao sul, o Sol, a Lua, a luz e a escuridão eram os deuses originais e criadores. Geralmente, havia um eterno conflito entre deuses guerreiros, e deuses menores eram adorados para perpetuar as boas colheitas e as condições climáticas, para garantir a fertilidade ou para lidar com os mortos. Civilizações como a dos Astecas surgiram para desenvolver um elemento ritualístico e sanguinário em sua mitologia, embora possa ter ha-

O povo inuíte da região ártica norte-americana originalmente pode ter vindo da Ásia.

Chichen Itza, Templo dos Guerreiros maia do século XI EC, e suas duas "serpentes emplumadas" de pedra.

vido, mais tarde, uma influência considerável dos conquistadores espanhóis nos mitos recontados. Não importa quão sofisticadas as observações e cálculos geométricos dos incas e sua ênfase na aparência regular do Sol e da Lua, eles eram analfabetos, e foram apenas os maias, depois de recuar para as montanhas, que sobreviveram à decisão dos conquistadores europeus quanto o que deveria ser registrado ou não.

Na América do Norte, a partir do século XVI as mitologias locais também foram interrompidas pela influência da colonização europeia e as subsequentes guerras que ajudaram a dispersar a maior parte da identidade tribal e da tradição mística que permeava seu mundo natural. Foi apenas por meio da contação de histórias que a espiritualidade dessas comunidades sobreviveu.

Mitologia asteca

Os rituais sangrentos e o culto sombrio de Tezcatlipoca deram aos invasores espanhóis um pretexto bastante útil para exterminar os astecas em nome de seu deus. Mas os astecas veneravam uma série de outras divindades, cujas funções e atributos valorizavam a vida.

Tezcatlipoca

Em muitas narrativas, Tezcatlipoca era responsável pelo mal e a crueldade que couberam à humanidade depois de ele ter destruído a Idade de Ouro. Tezcatlipoca ("Espelho Fumegante") era, originalmente, o deus asteca do Sol, mas, em sua batalha com Quetzalcoatl (ver p. 192), ele se tornou o deus das trevas e da feitiçaria. Antes da criação, ele havia lutado com Coatlicue em seu aspecto como crocodilo primordial na tentativa de formar a Terra, e quando Coatlicue arrancou-lhe o pé com uma mordida, ele o substituiu por um espelho de pedra polida que refletia o passado, presente e futuro. Depois de ter sido arremessado do céu, Tezcatlipoca tornou-se um jaguar na Terra e a constelação da Ursa Maior no céu.

Estava sempre invisível e podia olhar em todas as quatro direções da bússola com suas quatro faces invisíveis simultaneamente. Podia se mostrar sob outras formas também: um homem nu que era desejado pelas jovens; ou um guerreiro com uma faixa diagonal atravessando seu rosto e seu pé-espelho. Às vezes, ele aparecia como um esqueleto com o coração pulsando por trás de suas costelas. As costelas se abriam e fechavam como uma gaiola e, se alguém desejava obter favores dele, tinha de meter o braço entre as suas costelas e arrancar-lhe o coração. Ele, então, ofereceria grandes riquezas para ter o coração no lugar novamente, mas, era apenas um truque. Todos os anos, um ritual de sangue era realizado em seu altar, no qual o coração de um homem vivo era arrancado e ofertado a ele, para apaziguá-lo.

O espelho de Tezcatlipoca lia o futuro de todos os seus adoradores e também lhes adivinhava os segredos. Com o tempo, o deus passou a recompensar os bons e punir os maus, embora tivesse sede de sangue humano. Mais tarde, uma trapaça contra seu rival e irmão Quetzalcoatl resultou na retomada de sua posição de governante supremo.

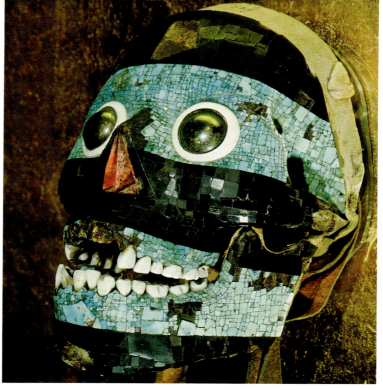

Originalmente deus do Sol asteca, Tezcatlipoca tornou-se associado à morte, ritos sangrentos e profecias.

Xochipili e Xochiquetzal

Na mitologia asteca, Xochipili era o deus das flores, da música e da dança, e Xochiquetzal era seu equivalente feminino. Xochipili era um espírito sem forma, e muitas vezes era descrito como vermelho e sem pele, ao passo que Xochiquetzal era puro corpo, frequentemente mostrada como muito bonita e sensual. Enquanto Xochipili guardava os espíritos beija-flores de soldados mortos, Xochiquetzal governava um reino reservado para os guerreiros que haviam perecido em combate, ou mulheres que morreram ao dar à luz meninos que teriam sido soldados.

Quetzalcoatl

Existem várias histórias diferentes sobre Quetzalcoatl, deus do vento e do espírito da vida na mitologia asteca. Irmão de Tezcatlipoca em algumas narrativas, e gêmeo de Xolotl em outras, era filho da Mãe Terra. Foi transformado em uma serpente e rasgou a Terra em pedaços e depois a recriou, após a raça humana ter sido extinta. Isso iniciou o quinto ciclo da criação ou "Quinto Sol". Como no ciclo anterior os deuses tinham-se esquecido de dar aos humanos o poder de reprodução, Quetzalcoatl desceu ao Mundo Inferior para recolher todos os ossos dos mortos. Ele os reduziu a pó, embora alguns contos digam que a deusa da fertilidade Cihucoatl fez isso por ele, e, então, misturou o pó com seu próprio sangue, e também com o de Tezcatlicopa, e soprou vida nas formas modeladas.

Como um deus protetor da humanidade, Quetzalcoatl ensinou-lhe a escrita, a música, a agricultura e a medição do tempo. Estava permanentemente em guerra com Tezcatlipoca, que acabou enganando Quetzalcoatl e levou-o a se embebedar, mostrando-lhe o seu reflexo mau no espelho fumegante. Quetzalcoatl, acreditando que era seu próprio reflexo, achou-se vil, lascivo e beberrão e, profundamente envergonhado, partiu para o exílio autoimposto. Alguns dizem que ele construiu uma fogueira e, vestido com sua melhor plumagem, adentrou as chamas. Ele subiu ao céu como um pássaro quetzal ou, segundo outros, tornou-se a Estrela Matutina. Acreditava-se que um dia ele iria voltar.

Ritual e sacrifício asteca

Como os deuses haviam dado de bom grado o seu sangue para criar a humanidade, os astecas acreditavam estar em dívida para com eles, por isso, seres humanos foram prontamente sacrificados por seu sangue. Corações ainda pulsantes eram arrancados de corpos vivos com lâminas sacrificiais feitas de obsidiana. E eram, então, oferecidos aos deuses. Derramamento de sangue e sacrifícios humanos constituíam parte muito importante de sua cultura, mas nem todos os sacrifícios rituais envolviam cenas sangrentas. Para nutrir os deuses, comida, incenso e tabaco podiam ser oferecidos, e acreditava-se que Quetzalcoatl apreciava particularmente beija-flores e borboletas.

Os conquistadores se valeram deliberadamente dos rituais mais bárbaros da crença asteca para seus próprios fins.

Mitologia inca

O sistema de crenças inca era baseado em muitos deuses antigos que foram assimilados. Sua mitologia e império cresceram e expandiram-se para o Equador, Chile e partes da Argentina e da Bolívia a partir de 1200 EC até meados do século XVI. O deus criador, Viracocha, havia moldado os seres humanos em pedra, mas Inti, a divindade solar, era o mais reverenciado no Templo do Sol. Era representado com o rosto dourado e rodeado por raios de sol.

Cuzco, no Peru, foi a cidade fundadora do império inca e muitas escavações ainda estão em curso nessa área.

O último imperador Inca, Atahualpa, acreditou que o invasor espanhol Francisco Pizarro (1476-1541) era na verdade Viracocha, que partira pelo oceano após a criação do mundo. Infelizmente, este caso de engano de identidade provou-se custoso e o império Inca foi despojado de seus tesouros nas mãos dos conquistadores espanhóis.

Viracocha

Sendo um deus criador, Viracocha também era conhecido como o deus do Sol, das tempestades e da luz. Tendo formado a Terra, as estrelas, a Lua e o céu, ele surgiu das profundezas do lago Titicaca, na criação do universo e, em seguida, concebeu a humanidade ao soprar vida sobre as pedras. Mas sua primeira raça de pessoas foi de gigantes desajeitados e estúpidos, e ele enviou um Grande Dilúvio para destruir todos eles. Em sua tentativa posterior, decidiu usar seixos, que espalhou por toda a Terra, para criar a primeira raça humana. Para se certificar de que eles desenvolveriam o conhecimento e a harmonia, costumava disfarçar-se como um mendigo, vagando pelo mundo e ensinando-lhes como viver. De acordo com algumas narrativas, cada vez que ele voltava para o céu, estava em prantos, triste com os terríveis atos da natureza humana. Acreditava-se que um dia ele voltaria para resgatar a raça humana ou afogar-nos.

O deus criador inca, Viracocha, teria surgido das profundezas do lago Titicaca, na fronteira do Peru com a Bolívia.

Catequil

Deus do trovão e dos relâmpagos, o papel de Catequil na mitologia inca parece mais alinhado com a fertilidade do que com simples mudanças climáticas. Geralmente, acreditava-se ser ele o responsável pelo nascimento de gêmeos porque, assim como Zeus na mitologia grega, podia penetrar uma mulher como um raio no exato momento em que ela fazia amor com seu marido, a fim de produzir duas crianças. Arremessava raios e trovões com uma atiradeira sem pensar muito sobre onde e por que (o que talvez seja a origem da história da concepção por raio), e golpeava o vento e a chuva com sua poderosa clava para produzir os trovões.

Chantico

Os incas acreditavam que Chantico, que era a deusa dos minerais e das pedras preciosas da Terra, era feita de ouro puro. Mais tarde, ela se tornou conhecida como a deusa do fogo doméstico e do lar. Entretanto, em seu papel anterior ela era instável e não confiável. As pessoas que procuram os tesouros da Terra muitas vezes enfrentam a morte (na forma de sua língua bífida de fogo ou do cacto venenoso em torno de sua coroa) em vez de conquistar riqueza.

Mitologia maia

Popol Vuh, os textos sagrados do povo maia Quiché da Guatemala, foram transcritos no século XVI e recontam a história da criação e dos maias. *Popol Vuh* (*A coleção de folhas escritas*) começa com a criação da Terra, seguida de várias tentativas malogradas de criar a humanidade.

Gucamatz, o deus do mar criador, e sua contraparte Huracán, Coração do Céu, criaram uma ampla gama de seres humanos, mas como nenhum deles conseguia pronunciar os nomes dos deuses e simplesmente tagarelava, rosnava ou guinchava, tornaram-se o reino animal. Na segunda tentativa, a raça humana foi feita de barro e dissolveu na água, por isso, Huracán tentou novamente. Desta vez, usou milho branco e amarelo, que ele esmagou até formar uma pasta. Com isso fez os primeiros quatro homens de verdade, mas eles eram muito inteligentes e Huracán temeu que não fossem adorar os deuses. Então, soprou uma névoa sonífera em cima deles, que lhes nublou o julgamento e embotou-lhes a compreensão, e, quando acordaram, encontraram quatro mulheres que se tornaram suas esposas. Os quichés, bem como todos os outros povos da América Central, foram os descendentes desses quatro casais. Depois de muitas novas gerações, os quatro casais subiram ao topo da montanha e viram o nascer do sol, que transformou todos os terríveis monstros e demônios em pedra.

Itzamna e Ixchel

Na mitologia maia, Ixchel era a deusa das tempestades e inundações. Seu nome significava "Senhora do arco-íris". Esposa de Itzamna, não era tão generosa em doar seus favores quanto ele. Seu palácio estava cheio de enormes tonéis e potes de água e, a menos que ela fosse constantemente apaziguada, derramava-os no mundo lá embaixo, causando tempestades e enchentes terríveis. Itzamna, por outro lado, era virtuoso – filho do Sol e deus da cura, ensinou seus adoradores como restaurar a terra com canais de irrigação para coletar a chuva que Ixchel enviava. Ele também ajudava as mulheres no parto, inventou as artes para o homem não ficar entediado e revelou os poderes medicinais de várias ervas e

Em Honduras, as ruínas de Copán são cobertas com hieróglifos que revelam uma vasta mitologia maia.

plantas. Como passou tanto tempo cuidando da raça humana, Itzamna tornou-se bastante surrado, vestido em trapos e perdeu os dentes. A única influência incandescente que ele herdou de seu pai, o Sol, era a mão que brilhava com o calor do seu poder de cura.

Ixtab

Divindades femininas eram poucas na mitologia maia e asteca, provavelmente porque o que restava de seus cultos na época em que os invasores espanhóis chegaram foi rapidamente destruído, assim como civilizações inteiras. Entretanto, havia uma deusa encantadora chamada Ixtab, a deusa do suicídio, muitas vezes representada com um círculo preto em seu rosto, simbolizando a decomposição. Os maias acreditavam que o suicídio era uma forma honrosa de morrer e que as vítimas de suicídio iam para o paraíso e não para o Mundo Inferior. Ixtab descia da forca em que se encontrava permanentemente pendurada no céu, e era bem recebida pelos familiares das vítimas de suicídio ao reclamar suas almas.

Outras divindades sul-americanas

A maioria dos contos da mitologia sul-americana é sobre deuses criadores, o equilíbrio entre luz e escuridão e como o cultivo de plantas surgiu por meio dos deuses ou dos ancestrais. Muitos povos acreditavam que eram descendentes dos deuses e que os animais e as plantas estavam imbuídos de "espírito".

Ellal

No extremo sul, nas vastas planícies estépicas da Patagônia, o povo Tehaelche acreditava que Ellal foi o primeiro patrono da humanidade. Seu pai pretendia comer Ellal assim que ele nascesse, mas Rato escondeu-o na sua toca no chão até ele se tornar um homem adulto. Era uma época em que demônios governavam o mundo e os seres humanos fugiam para as montanhas aterrorizados, deixando as planícies remotas para os seres malignos. Ellal decidiu matar o líder dos demônios. Foi engolido, mas se transformou em uma mutuca, picando o rei demônio no estômago e envenenando-o até a morte. Com o líder morto, Ellal voltou para o mundo e transformou as árvores e juncos em arcos e flechas. Deu-os aos seres humanos para que pudessem agora destruir todos os outros demônios e, em seguida, voou de volta para o céu em um cisne que deslizava sem esforço ao longo dos raios do sol da manhã.

Ariconte e Tamendonare

Muitos mitógrafos modernos destacaram esta história e deram a ela uma interpretação psicológica. Os irmãos Ariconte e Tamendonare representam as forças opostas na natureza de um indivíduo, ainda que nenhum dos dois possa existir sem o outro.

De acordo com o povo Tupinambá do Brasil, Ariconte e Tamendonare eram gêmeos, com uma mãe mortal, mas dois pais, um divino e um mortal. Depois que sua mãe foi devorada por canibais, os gêmeos seguiram-nos até uma ilha no meio do rio, cujo curso eles alteraram e a ilha foi engolfada. Mas os canibais se transformaram em panteras e fugiram para a selva. Os gêmeos desejavam saber quem eram seus pais. Andaram por algum tempo através da selva até que alcançaram uma aldeia remota, cujo único ocupante era um velho sábio. Perguntaram-lhe se ele sabia, mas o velho respondeu que eles teriam de fazer muitos testes para provar que possuíam poderes sobrenaturais antes de lhes dizer.

Muitas provas

Eles saltaram dentro de uma pedra mágica, a Ita-Irapi, que se fechava como as mandíbulas de um crocodilo. Um dos gêmeos fugiu, o outro foi esmagado até a morte, mas foi ressuscitado pelo irmão, que lhe deu novamente o sopro da vida. Eles roubaram a isca do demônio Agnen, que pescava para alimentar os mortos no Mundo Inferior. Mas um dos gêmeos foi despedaçado pelo demônio e o outro teve de reunir todas as partes e trazê-lo de volta à vida. Vezes seguidas um dos gêmeos morria e renascia em seguida, com a ajuda do irmão.

Finalmente, o velho feiticeiro se convenceu de quem eles eram e disse-lhes que ele era seu pai divino, Maira Ata, mas não conseguia descobrir qual dos dois gêmeos era mortal e qual era imortal, por isso, os dois passaram o resto da eternidade sem se atreverem a matar um ao outro.

Para os povos Tehaelche do sul da Patagônia, as estepes eram governadas por demônios.

O conflito entre a luz e a escuridão, Sol e Lua, era um mito fundamental para o povo Mamaiuran do Brasil.

Kuat e Iae

Outro par de gêmeos, mas com um toque diferente, foram Kuat e Iae, que viviam nas trevas eternas do universo primordial, antes de o mundo ser criado. De acordo com o povo Mamaiuran do Brasil, Urubutsin, o urubu-rei, guardava toda a luz para si mesmo, temendo que os seres humanos derrubassem seu reino de trevas. Kuat e Iae pensaram numa maneira de enganar o urubu-rei e lhe enviaram uma carcaça podre cheia de vermes. Urubutsin adorava larvas e comeu avidamente todas elas, pedindo mais. Mas, desta vez, Kuat e Iae esconderam-se dentro da carcaça e quando Urubutsin elevou-se para escolher os mais suculentos vermes, Kuat e Iae saltaram e lançaram uma rede negra em cima dele. Eles se recusaram a libertá-lo até que Urubutsin lhes desse a luz. Urubutsin lutou até as penas de sua cabeça caírem, sua moral baixar e seu estômago roncar de fome; então, concordou em lhes dar metade da luz se eles o soltassem.

Ao ser libertado, Urubutsin atirou a caixa onde guardava a luz para os irmãos, que rapidamente lançaram-na no céu. Kuat escolheu o maior pedaço de luz para ser seu lar, que chamou de Sol, e Iae escolheu a parte menor, que chamou de Lua. O poder assim dividido entre os dois mantém longe a escuridão eterna de Urubutsin pelo menos metade do dia. Mas quando os irmãos se cansam de velar pela Terra, a escuridão começa a mordiscar pedaços da caixa de luz no início e no final de cada dia. Para impedir que o urubu-rei roube a luz, os gêmeos acordam rapidamente e a luz retorna para substituir a escuridão.

Paraparawa

De acordo com o povo Trio do Brasil e do Suriname, Paraparawa viveu em uma época em que a humanidade só comia peixe ou carne e não havia aprendido a cultivar plantas. Em uma de suas pescarias, Paraparawa apanhou um peixe waraku e estava prestes a cortar-lhe a cabeça, quando o animal se transformou em uma linda mulher. Paraparawa se apaixonou por ela e pediu-lhe para se casar com ele. Para a festa de casamento, a jovem pediu ao seu pai para trazer alguma comida, e ele subiu das profundezas do rio sob a forma de uma sucuri trazendo inhame, iúca, batata-doce e banana. Paraparawa estava prestes a comer os alimentos quando sua nova esposa lhe disse para plantá-los na terra em vez de comê-los. Assim que o fez, cada um deles se multiplicou mil vezes, fornecendo alimentação suficiente para toda a aldeia. No final da festa, Paraparawa plantou as sobras e elas brotaram milagrosamente de novo, como haviam feito da primeira vez. Foi assim que a agricultura e o cultivo de plantas foram descobertos.

O povo Trio credita o conhecimento do cultivo da banana a um de seus ancestrais, Paraparawa.

Mitologia norte-americana

As mitologias da América do Norte abrangem dos inuítes do Ártico, ao norte, até os navajos nos desertos do sul dos Estados Unidos, e a vastidão e diversidade das culturas entre as duas costas.

Sedna

Há muitas versões diferentes de Sedna, que aparece em todo o Círculo Polar Ártico, da Groenlândia ao Canadá ocidental. O povo inuíte da América do Norte considera que ela seja a senhora dos animais marinhos e dependem de sua boa vontade para o fornecimento de animais para caçar. Algumas fontes inuítes dizem que ela foi atirada de seu caiaque por seu pai porque ela não era desejada nem amada. Outras dizem que ela merecia ser punida, pois era gananciosa e comia tudo na casa de seus pais.

Seu pai era o deus criador Anguta e ela roeu um de seus braços enquanto ele dormia. Outras histórias sugerem que Anguta ficou tão zangado com ela por se casar com um cão (ou uma ave marinha), depois de ter se recusado a se casar com o pretendente escolhido por ele, que decidiu matá-la. Como ela se agarrou na borda da canoa, o pai cortou-lhe os dedos até que ela afundou nas profundezas do mar. Seus dedos se tornaram as focas, leões-marinhos e baleias, e ela ainda vive lá como um espírito do mar e rainha de tudo que habita o oceano. Quando o alimento se torna escasso,

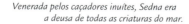

Venerada pelos caçadores inuítes, Sedna era a deusa de todas as criaturas do mar.

um xamã mergulha até sua casa debaixo d'água para escovar-lhe os cabelos, que ficam emaranhados porque ela não consegue desembaraçá-los sem os dedos. Feliz de novo, ela envia focas e baleias na direção dos povos caçadores.

Coiote

Para muitos povos do oeste dos Estados Unidos, o Coiote era originalmente um deus primordial cujo poder foi reduzido quando ele desenvolveu habilidades de trapaça. Para uns, ele simbolizava o fogo, e para outros ele era essencialmente um metamorfo que preferiu o papel de Coiote.

O povo maidu da Califórnia conta como o Coiote estava farto do mundo perfeito que o Criador da Terra havia formado, e introduziu o sofrimento para torná-lo mais interessante. Eles

O Coiote era tanto um deus criador como um trapaceiro. Para muitos povos tribais indígenas, o coiote era um animal sagrado.

também acreditavam que ele tinha uma cobra metamorfa chamada Cascavel, que tomava a forma de um cão pequeno e cuja mordida trouxe a morte para a raça humana. O povo nez perce, do noroeste, acreditava que o Coiote criou sua nação a partir do corpo do enorme monstro castor Wishpoosh. Na mitologia paiute ele é o criador da Terra em conjunto com o Lobo, enquanto no mito mandan o Criador Original se transformou em Coiote ao terminar seu trabalho. Há muitas histórias folclóricas sobre o Coiote, com base em sua habilidade em escapar quando encurralado e no jeito com que ele engana e provoca os seres humanos.

Muitos povos acreditavam que ele era um mensageiro entre o mundo real e o sobrenatural. Os sioux diziam que o Coiote fez de si um cavalo do vento entre os dois mundos e, em seguida, transformou cães em cavalos para que as pessoas também pudessem "correr como o vento". As boas qualidades do Coiote incluíam suas fábulas de reflexão moral, mas ele também era impulsivo, pouco confiável e o irmão antagonista do sábio Lobo.

Wakan Tanka

Muitas vezes referida como uma divindade que tudo vê, Wakan Tanka significa "grande mistério". Entre o povo omaha, Wakan Tanka é tido como uma misteriosa força invisível que tudo permeia, e não como um deus à parte.

Para o povo dakota, das Grandes Planícies, Wakan Tanka existia sozinho no vazio primordial antes da criação. Como se sentia solitário começou a se dividir. Primeiro, canalizou sua energia em uma única força, Rocha. A partir disso ele fez a Terra e acasalou com ela para produzir o Céu. O Céu, em seguida, acasalou com Rocha e Terra para fazer o Sol. Esses quatro Principais, em seguida, fizeram quatro Companheiros para ajudá-los a criar e povoar o universo. Havia então quatro Relacionados, seguidos de quatro Divinos. Todos os 16 eram aspectos de Wakan Tanka, que é tudo isso ao mesmo tempo, e eles controlam o universo. Tudo que existe é parte desse todo orgânico.

Mulher Cambiante

No sudoeste dos Estados Unidos, o povo navajo acredita que a Mulher Cambiante é a deusa mais importante. O Deus Falante criou-a a partir de uma peça de turquesa que ele encontrou no alto de uma montanha, e ela se tornou a filha do Garoto Vida Longa e da Garota Felicidade. Ela, então, foi cuidada pelo Primeiro Homem e a Primeira Mulher. Ela recebeu um palácio com portas de turquesa, roupas e espelhos. A Mulher Cambiante representa os ciclos da vida. Fica velha e volta a ser jovem e, como as estações do ano, alterna-se o tempo todo, rejuvenescendo-se antes de envelhecer novamente. Ela pode mudar sua idade apenas cruzando o horizonte. Enquanto ela envelhece, porém, sente-se solitária e é por isso que criou o povo navajo da pele que esfregou do corpo enquanto se banhava. Ela também é conhecida como Mulher da Concha Branca e Mulher Turquesa: acredita-se que assim como as estações mudam, o mesmo acontece com a cor de seu vestido.

O povo navajo acreditava que foi criado a partir de um pedaço de turquesa que ganhou vida.

Para os povos do Noroeste do Pacífico, a primeira mulher acasalou-se com um caranguejo em sua solitária tenda na praia.

Mulher de Cobre

Outra alma solitária era a Mulher de Cobre, na mitologia dos povos costeiros do noroeste do Pacífico. O mundo era como é hoje, mas não havia seres humanos. A Mulher de Cobre vivia à beira-mar e passava seu tempo apanhando peixes, arpoando focas e caçando caranguejos. Certo dia, sentiu-se tão só que começou a chorar, e os espíritos lhe disseram para poupar suas lágrimas, pois isso era um sinal de que ela era humana. Ela colocou suas lágrimas em uma carapaça de caranguejo e, na manhã seguinte, descobriu que haviam se transformado em uma estranha criatura contorcida com um grão de areia preso dentro dela. A criatura aquosa cresceu dia após dia até que se transformou em um ser metade humano, metade caranguejo. No lugar dos braços possuía pinças, olhos pedunculados, pênis de homem e pelos no peito. A criatura nunca falou, mas divertia-se com as outras criaturas do mar durante o dia e toda noite visitava a Mulher de Cobre em sua cabana à beira-mar para fazer amor com ela, a fim de que jamais se sentisse sozinha novamente.

Portador do Céu

Figura criadora que possuía um irmão gêmeo maligno, Lasca de Pedra, o Portador do Céu mais tarde fundiu-se com o herói cultural Hawenniyo na mitologia dos povos iroqueses do nordeste da América do Norte.

Os gêmeos nasceram da filha da Velha Mulher que caiu do céu. Fora engravidada pelo vento que, segundo algumas fontes, deixou duas flechas ao lado dela, uma simples e outra com ponta de pedra lascada. O Portador do Céu criou a humanidade e tornava a vida mais fácil para ela, enquanto Lasca de Pedra tentava desfazer tudo que o Portador do Céu havia feito. O Portador do Céu restaurava a ordem. Certa vez, o Portador do Céu fez os rios fluírem em ambas as direções, para que fosse possível remar de canoa para os dois lados, mas Lasca de Pedra fez com que fluíssem só na direção do mar. Lasca de Pedra tornou os primeiros mosquitos tão grandes que com uma picada devoravam um cavalo. O Portador do Céu tornou-os pequenos, menos nocivos para a humanidade. Lasca de Pedra colocou veneno na picada do mosquito para irritar as pessoas.

Tirawa

O povo Pawnee das Grandes Planícies acreditava que Tirawa (Arco do Céu) criou uma tigela que flutuava no espaço e que isso era o mundo. A Lua e o Sol copularam para terem um filho, e a Estrela Vespertina e a Matutina acasalaram-se para gerar uma filha, os ancestrais da humanidade. Tirawa enviou o Relâmpago para verificar a perfeição do mundo finalizado. O Relâmpago transportou milhares de pequenas estrelas em sua bolsa, e pendurou-as uma por uma no céu, para iluminar seu caminho. Mas o Lobo apanhou a bolsa e virou-a de cabeça para baixo, e todas as estrelas caíram, deixando um rastro no céu: a Via Láctea. Fragmentos de poeira estelar e de luz derramaram-se sobre a Terra, e eles se transformaram em tempestades, demônios e morte. Tirawa decidiu que a Terra não era o paraíso, e nunca mais voltou, enviando mensageiros para ensinar os seres humanos a agricultura e a civilização, como compensação por sua mortalidade.

Mulher do Milho

A Mulher do Milho aparece em muitos mitos, e seu papel foi o de fornecer o primeiro milho para a humanidade. Na maioria das histórias, o milho é produzido a partir de seu sangue, de aparas de unha ou até mesmo dos piolhos em sua cabeça. Nas histórias do povo creek do sudeste dos Estados Unidos, a Mulher do Milho

O culto à Mulher do Milho garantia colheitas bem-sucedidas para os povos creek do sudeste dos Estados Unidos.

vivia junto com outros homens e mulheres antes de saberem coisa alguma de agricultura. Ela vivia com uma grande família e todos os dias servia refeições maravilhosas feitas de milho. Curioso em saber de onde o milho vinha, um dos membros da família espiou-a enquanto ela estava na cozinha e viu-a raspando de seu corpo os furúnculos e a sarna e, em seguida, colocando a carne putrefata em um pote. Eles ficaram tão enojados que se recusaram a comer qualquer coisa que ela cozinhasse, e, em seu desespero, a Mulher do Milho lhes disse para semearem as raspas no solo, colherem o milho e, depois, removerem a casca para retirar todas as impurezas. Foi assim que os mortais aprenderam a cultivar a terra. Vários mitos contam como a Mulher do Milho também foi sacrificada e enterrada no solo, resultando em uma nova colheita a cada primavera.

Os caiaques sempre foram uma característica da vida inuíte, e o herói Qayaq ganhou esse nome por usar esse tipo de canoa para caçar.

Wishpoosh

O povo nez perce acreditava que Wishpoosh era um monstruoso castor que governava o lago primordial, mas nunca deixava qualquer outra criatura entrar lá. Um dia, o trapaceiro Coiote decidiu ir pescar no lago e Wishpoosh pulou em cima dele. Eles duelaram durante algum tempo e, à medida que lutavam e se batiam, criavam montanhas, desfiladeiros e cânions. Como Wishpoosh estava perdendo toda sua força, mergulhou no lago para engolir tantos peixes quanto pudesse. O Coiote flutuou na água na forma de um galho de árvore para descansar um pouco e, quando Wishpoosh percebeu isso, foi em direção ao galho e o devorou. Dentro de Wishpoosh, o Coiote transformou-se em uma agulha de pinheiro e apunhalou Wishpoosh no coração. Ele levou a carcaça de Wishpoosh à margem e a retalhou em mil pedaços para fazer os primeiros seres humanos.

Qayaq

Um importante trapaceiro para o povo inuíte do Alasca, no extremo norte, é o herói cultural Qayaq. Filho do Lenhador, muitas vezes foi chamado de "Falcão Peregrino", mas também era conhecido como Qayaq, porque adorava caçar em sua canoa. Como todos os seus irmãos haviam sido mortos enquanto estavam caçando, o Lenhador fez amuletos mágicos para proteger Qayaq do perigo. À medida que Qayaq crescia, o Lenhador testava-lhe os poderes. Quando começou a caminhar, o Lenhador tentou fazê-lo tropeçar, mas Qayaq saltou sobre a corda; o Lenhador atirou-lhe uma faca, e Qayaq esquivou-se. Qayaq cresceu para se tornar um grande caçador e prometeu vingar as mortes de seus irmãos.

Durante suas viagens, Qayaq conheceu muitos animais que fingiam ser pessoas. Ele até se casou com uma coruja noturna, uma linda garota que deu à luz um filho. Quando Qayaq soube que a criança estava destinada a ser um caçador como ele, deixou-o aos cuidados da coruja noturna. Em suas viagens, venceu muitos inimigos com seus amuletos mágicos e até matou os monstros das montanhas que haviam devorado seus irmãos. Qayaq transformava-se em verme, peixe e raposa. Às vezes, era surpreendido, mas sempre mudava de forma ou retornava à vida graças aos amuletos.

Quando voltou para casa, o Lenhador e sua mulher já haviam morrido há muito tempo, e, desesperado, Qayaq transformou-se em um falcão peregrino, pousou em uma árvore e chorou. Em seguida, abrindo suas asas, voou para longe – para nunca mais ser visto novamente.

Mulher Pensante

Entre os povos pueblo, do sudoeste da América do Norte, os keres acreditavam que um criador do sexo feminino estava no comando. A Mulher Pensante era, de fato, uma aranha chamada Sus'sistinako que, segundo diziam, havia criado o universo enviando seus pensamentos para o nada, tecendo o universo com sua mente. Do mesmo modo, os hopi acreditavam que a Mulher Aranha criara a Lua do algodão, e as primeiras pessoas a partir do barro, enquanto o povo navajo pensava que a Mulher Aranha havia confeccionado uma escada de corda para permitir que os primeiros povos subissem para o mundo. Os navajo também acham que dá azar matar aranhas e, geralmente, as mulheres navajo esfregam teia de aranha em seus braços para torná-las melhores tecelãs.

Algumas mulheres navajo ainda esfregam teia de aranha em seus braços para melhorar suas técnicas de tecelagem.

Com seu pensamento, a Mulher Pensante trouxe à existência primeiramente a Terra. Então, colocou na Terra Iatiku, a Mãe do Milho, para criar todas as coisas essenciais que eram necessárias – as plantas, as pessoas e o palhaço Khosari, para fazer as pessoas rirem.

Duplo aspecto da Mãe do Milho

Iatiku era outra faceta da Mãe do Milho, tanto mãe do Mundo Inferior como mãe do Mundo Superior, trazendo a vida, mas também tirando-a. Sua primeira filha também era chamada de Iatiku e à sua segunda filha não foi dado um nome. As duas meninas foram primeiro para o Mundo Superior e, como decidiram que o lugar precisava de luz, elas a criaram. Entoaram uma canção da criação e produziram o Sol a partir do arenito vermelho; depois, escalaram uma montanha a leste e penduraram o Sol no céu. Sua mãe lhes havia dado cestas repletas de cores e sementes e elas as espalharam por toda a Terra e tudo criou vida. Primeiro, foi a vez da Lua; em seguida, elas criaram conjuntos de estrelas e desejavam pendurá-las em grupos circulares, mas alguém derrubou uma das cestas e as estrelas foram espalhadas por todo o céu.

Iatiku achou que sua irmã tinha mais em sua cesta do que ela, então, chamou-a de Nautsiti, que significava "mais de tudo na cesta". Depois, competiram para ver quem deveria ser mais importante no mundo. Iatiku ganhou, pois a Mulher Pensante sentou-se em seu ombro e sussurrou-lhe como vencer. Iatiku tornou-se a mãe de todos os povos da Primeira Nação e Nautsiti foi para longe, a fim de se tornar a mãe de todos os povos brancos.

Os pueblo estabeleceram assentamentos no sudoeste dos Estados Unidos por mais de mil anos.

Parte 2

TEMAS NA MITOLOGIA

CRIAÇÃO E COSMOS

A maioria dos mitos da criação foca-se no deus criador, moldado a partir de si mesmo ou emerso das águas do oceano primordial ou do caos. Geralmente, os mitos da criação preocupam-se com a forma como a humanidade e o universo vieram a existir, e para muitas culturas o "por que" não entra no mito, talvez porque os contadores de mito supõem que a criação não precisa ser questionada.

A vasta gama de mitos da criação demonstra como nossa busca espiritual em comum, coletiva, possui muitos disfarces. Geralmente, são histórias comoventes em sua simplicidade, muito embora possam ser, como é de se esperar, fortes em conteúdo.

Eurínome

Essa versão do mito da criação grego é do antigo culto da Deusa Mãe, que apareceu na península grega por volta de 3500 AEC, quando os pelasgos chegaram da Ásia Menor. O tema principal do Caos como início de todas as coisas repete-se aqui, assim como em muitos outros mitos do Oriente Próximo, com a diferença essencial que o Caos era uma deusa.

Tudo era caos no início. O vazio selvagem debatia-se e contorcia-se eternamente, enroscando-se em ondas espiraladas que formavam uma ampla e errante dança de energia. Era Eurínome, que, descobrindo que não podia parar sequer por um momento nem apoiar os pés para dançar, dividiu o caos em mar e céu.

Enquanto dançava sobre as agitadas ondas do mar, produziu um vento que soprava em seu rastro. O vento do norte parecia separado dela própria. Eurínome pensou que poderia usá-lo para começar sua obra-prima da criação. Ela agarrou o vento do norte entre as mãos e dançou com ele freneticamente até que o vento se transformou na gigantesca e fértil serpente Ofíon. Quanto mais selvagem era sua dança, mais a excitação em Ofíon crescia, até que ele não pôde resistir por mais tempo ao seu desejo por ela. Depois de se acasalarem, Eurínome transformou-se em uma pomba, para que pudesse colocar o primeiro ovo no oceano. Ofíon enrolou-se ao redor do ovo sete vezes para incubá-lo. Quando o ovo chocou, de seu interior saíram todas as coisas que existem – a Terra, as estrelas, a Lua e tudo que vive.

Eurínome e Ofíon governaram o Olimpo, mas Ofíon discutia incessantemente com ela, alegando que havia sido ele quem criara o universo. Ela combateu-o e, então, baniu-o para o Mundo Inferior, onde ele jurou ser seu inimigo por toda a eternidade. Em seguida, Eurínome criou os Titãs para governar os sete planetas e, finalmente, Pelasgo, o primeiro homem, antepassado fundador do povo pelasgo, que ensinou os seres humanos como levar uma vida civilizada. Em alguns relatos, ela plantou os dentes de Ofíon na terra e deles brotaram Pelasgo e sua raça de descendentes. Mais tarde, Ofíon também foi identificado com Tífon, o monstro que desafiou Zeus.

Eurínome dançou para trazer à existência o céu e o oceano, depois se acasalou com Ofíon para criar o mundo e tudo que há nele.

217

Bomong e Bong

O povo minyong, do nordeste da Índia, permaneceu intocado pela mitologia védica ariana e o hinduísmo posterior resultante. Esse antigo mito, que data de 2000 AEC, narra a derrubada dos criadores do universo por seus descendentes, e a subsequente necessidade de restabelecer o equilíbrio entre a luz e a escuridão.

Antes, havia apenas escuridão e Sedi, a Terra, e Melo, o Céu. Sedi e Melo acasalaram-se e criaram o primeiro povo, chamado wiyus, mas eles estavam comprimidos e esmagados entre a Terra e o Céu, por isso, um dos maiores wiyus, chamado Sedi-Diyor, agarrou seu pai, o Céu, e o chutou até que ele fugiu para o alto.

O nascimento

Sedi havia dado à luz duas filhas, mas como Melo a abandonara, não suportava olhar para elas. Então, Sedi-Diyor arranjou-lhes uma babá. À época em que já podiam caminhar, elas brilhavam como estrelas. Iluminavam o mundo com sua luz, mas, então, morreram de desgosto quando sua velha babá faleceu, e a luz que irradiavam também morreu. Tudo mergulhou em trevas novamente. Assim, os wiyus ficaram com medo e perguntavam-se se a velha babá havia roubado a luz das crianças. Desenterraram o corpo dela, mas haviam restado apenas os olhos no cadáver apodrecido e, quando os wiyus os encararam, viram seu próprio reflexo e pensaram que eram as crianças. Um carpinteiro foi trazido para arrancar os olhos e remover os reflexos, que depois se transformaram em crianças de verdade.

Chamaram uma de Bomong e a outra de Bong. Mas essas crianças brilhavam com tamanha violência que havia luz e calor demais – as árvores começaram a murchar, as rochas a se desintegrar e os rios a secar. O calor era intenso e nunca havia qualquer escuridão. Os wiyus concordaram que deveriam destruir uma das crianças de luz, para que o mundo pudesse ter tempos de chuva e de escuridão também.

O povo minyong do nordeste da Índia manteve sua própria mitologia e crenças antigas.

Sapo

O Sapo foi encarregado da terrível tarefa de matar Bong. Quando ela passou pelo Sapo, secando-o com seu calor radiante, ele atirou uma flecha em seus olhos e Bong morreu. Bomong ficou com tanto medo de também ser morta que correu para a floresta e colocou uma pedra enorme em cima de sua cabeça, e o mundo se tornou escuro. Então, como os wiyus perceberam que precisavam de luz para se manter vivos, enviaram um galo e um rato para pedir a Bomong para voltar. Mas ela disse: "Como eu poderia? Vocês mataram minha irmã, só vou voltar se vocês a trouxerem de volta à vida".

O galo contou aos wiyus, que fabricaram um corpo de madeira, e o carpinteiro insuflou-lhe vida. Quando Bomong ouviu que sua irmã estava viva, retirou a enorme pedra de sua cabeça e novamente a luz irradiou dela. Entretanto, como Bong havia sido feita de madeira, sua luz havia desaparecido, e houve equilíbrio no mundo.

O heroico Sapo quase murchou com o calor de Bong quando a matou com uma flecha.

Parusha

Esse mito é proveniente dos Rig-Vedas, os livros sagrados mais antigos das divindades pré-hindus, e que datam de cerca de 2000 a 1000 AEC. Parusha, um ser primordial, é desmembrado e usado para criar diferentes elementos do mundo material. Sua história é semelhante à de Ymir (ver p. 228), em que a essência do mundo foi criada a partir do mais notável tipo de sacrifício – o autossacrifício.

No oceano primordial flutuava um ovo de ouro. Esse ovo havia boiado por 1.576.800.000.000 anos mortais na imensidão do agitado mar do caos. Sozinho dentro do ovo de ouro estava Parusha, já farto de sua solidão. Quando o fogo aqueceu as águas escuras e o oceano encapelou-se, o ovo se partiu.

Parusha era o universo manifestado e ele surgiu do ovo com mil cabeças, mil mãos e mil olhos. Como se sentia só dividiu-se em dois. Um quarto dele produziu a Terra e Viraj (poder universal feminino); o restante formou os deuses e o universo. Parusha, então, desmembrou suas partes remanescentes para completar a criação. Sua boca transformou-se em Brâman, o poder do universo; seus olhos tornaram-se o Sol; sua mente virou a Lua. Nada foi desperdiçado: ele se tornou tudo e é tudo. Se ele mudar de ideia e juntar-se todo novamente, o universo acabará.

Prajapati

Outro deus védico, Prajapati, também é descrito como o criador universal. Ele sobreviveu até o período hindu, quando se fundiu com Brahma. Em algumas narrativas, ele criou os primeiros deuses por meio de meditação e jejum. Uma de suas primeiras criações foi sua filha Ushas, a aurora. Mas ele a cobiçou, o que a deixou tão aterrorizada que ela preferiu transformar-se em uma corça. Ele simplesmente converteu-se em veado e seu sêmen caiu sobre toda a Terra, criando as primeiras pessoas. Em outro relato, Prajapati criou-se a partir do mar primordial e chorou com a visão de seu vazio. Suas lágrimas deram origem aos continentes e, em seguida, descascou seu corpo, camada por camada, como uma cebola, e criou todo o resto a partir disso.

Entediado, Parusha quebrou o ovo de ouro que flutuava no oceano primordial e tornou-se tudo que existe.

CRIAÇÃO E COSMOS

221

Mitos da criação africanos

Na África, os Mitos da criação são tão variados quanto o restante de suas crenças. Por exemplo, para o povo ijaw da Nigéria, uma mulher é a iniciadora da criação, assim como Eurínome e a Mulher Pensante (ver pp. 216 e 210, respectivamente), ao passo que para os povos bantu da região do rio Congo, o deus criador Bumba vivia nas águas primordiais e vomitou o mundo.

Woyengi

Esse mito do povo ijaw da Nigéria foi registrado por volta de 1700 EC, mas, provavelmente, data de cerca de 2700 AEC. Na vasta eternidade do nada, algo despertou e o tempo foi criado. Numa fração de segundo, o Céu e a Terra foram formados, e uma tempestade de raios enviou à Terra a mulher criadora Woyengi. Não havia coisa alguma na Terra – nem vida, nem vento, nem movimento, nada. Mas havia uma cadeira, uma mesa enorme e uma pedra plana chamada de Pedra da Criação. Woyengi juntou um punhado de lama e sentou-se na cadeira, porque ela não sabia o que mais podia fazer e, em seguida, colocou o barro sobre a mesa e os pés em cima da pedra. Com a lama ela moldou e formou muitos bonecos. Depois que terminou de fazê-los, colocou-os sobre a Pedra da Criação entre seus pés e soprou no rosto dos bonecos. Ela perguntava: "Você gostaria de ser homem ou mulher? Conforme as respostas, ela lhes dava os órgãos reprodutores adequados.

Os vários bonecos foram colocados em fileiras sobre a mesa e, então, ela perguntou o que cada um deles gostaria de fazer no mundo. Um por um, os bonecos escolheram a sua tarefa. Woyengi baixou-os e apontou para dois cursos d'água que se afastavam da pedra e disse: "Agora vocês devem seguir o curso certo, que vai levá-los para onde devem estar no mundo". Aqueles que haviam escolhido uma vida de importância ou poder tinham de descer o rio cheio de corredeiras, pedras e correntes perigosas. Os que haviam escolhido uma vida fácil tinham de seguir o segundo fluxo: límpido e calmo, mas com areia movediça traiçoeira nas partes rasas. Muitos e muitos bonecos entraram nos cursos escolhidos e as águas levaram-nos para onde eles iriam encher o mundo com os primeiros povos e viver as vidas que haviam escolhido para si próprios.

Deuses criadores como Bumba eram os responsáveis pelas tempestades, trovões, relâmpagos e todos os elementos.

Bumba

Esta breve versão da história de Bumba é do povo banto, da região do rio Congo, cuja história oral remonta ao século V EC.

Bumba estava sozinho nas águas escuras do nada. Desejava ter companhia, mas, sem luz, não podia procurar por uma. Certo dia, sentiu uma dor na barriga e vomitou o Sol. De repente, havia luz em toda parte. Bumba vomitou depois as estrelas e a Lua e, assim, a noite também tinha luzes, piscantes e suaves. No dia seguinte, vomitou nove criaturas diferentes, incluindo a tartaruga, o leopardo, a águia, o besouro, o crocodilo e um peixe chamado Yo. Ele também criou o relâmpago e, finalmente, vomitou homens. As criaturas recriaram a si próprias e também fizeram outros animais. Yo criou todos os peixes do mar, o besouro criou todos os insetos, o crocodilo, todos os animais de pele fria.

Bumba estava preocupado com o raio. O raio era um encrenqueiro e ele teve de persegui-lo e levá-lo de volta para o céu, embora ainda encontrasse chances de visitar a Terra ocasionalmente, quando não estava sendo esperado. Quando a criação foi concluída, Bumba disfarçou-se de homem e viajou por todas as aldeias dizendo às pessoas como havia criado tudo no mundo, exceto a si mesmo.

Ameta e Hainuwele

Para o povo de Seram Ocidental, na Indonésia, a criação começou com um cacho de bananas selvagens, que só podiam ser encontradas no monte Nunusaka. A partir dessas bananas foram criadas as nove famílias da humanidade, que passaram a viver na floresta, em um lugar chamado Terreno das Nove Danças.

Ameta plantou o primeiro coqueiro e suas palmas se transformaram em Hainuwele, a principal deusa adorada em toda Indonésia.

Entre essas nove famílias havia um homem chamado Ameta. Certo dia, Ameta e seu cão caçavam um porco selvagem que pulou em um lago e se afogou. Quando Ameta tirou o porco morto da água havia um coco fincado na presa do animal, embora ainda não houvesse coqueiros no mundo.

Ameta levou o coco para casa e, naquela noite, um homem lhe disse em sonho que plantasse o fruto no chão. Em três dias, a árvore estava tão alta quanto sua cabana e coberta de frutos. Enquanto subia na árvore para apanhá-los, Ameta escorregou e cortou a mão na faca. O sangue pingou sobre uma das palmas e, alguns dias depois, a folha se transformou em uma garota. À noite, o homem em seus sonhos lhe disse para envolver a criança em sua pele de cobra e levá-la para casa.

Hainuwele

Quando Ameta a levou para sua cabana, chamou-a Hainuwele ("ramagem de coqueiro") e dentro de alguns dias ela se transformou em uma bonita jovem. Mas, estranhamente, sempre que ela defecava, produzia os mais belos objetos e pedras preciosas. Isso tornou Ameta muito rico.

Na grande dança Maro, Hainuwele deveria dar nozes de bétele aos bailarinos, mas, em vez disso, ela distribuiu contas de coral, facas de mato, caixas feitas de ouro e gongos de cobre. Como a cada noite o valor dos bens aumentava, as pessoas ficaram com inveja de seu poder e decidiram matá-la.

A morte de Hainuwele

Na última noite da dança Maro, alguns homens cavaram um buraco fundo e empurraram-na no poço. Eles a cobriram com terra rapidamente e calcaram o terreno. Ameta encontrou o corpo de Hainuwele usando sua varinha de rabdomancia; desenterrou-a e cortou o cadáver em vários pedaços, que depois enterrou pelo terreno de dança. De todos os pedaços de Hainuwele cresceram muitos e variados tipos de plantas, que constituíam a futura fonte de alimentos para o povo.

Ameta deu a Satene, a grande deusa de Seram Ocidental, os braços de Hainuwele. Satene havia sido criada a partir de uma banana verde e ficou indignada com o assassinato da deusa irmã e jurou deixar a Terra. Ela criou um portão e, parada diante dele, falou severamente para o povo: "Vocês mataram e agiram mal. Somente aqueles dentre vocês que conseguirem chegar até mim antes de eu ir permanecerão como pessoas, o restante será transformado em animais e espíritos". Aqueles que eram mais fortes abriram caminho aos empurrões e Satene os derrubou com o braço de Hainuwele. Alguns tiveram de saltar mais de cinco varas de bambu, outros, nove. Este foi o início das duas primeiras tribos conhecidas como Tribo dos Cinco e Tribo dos Nove. Satene passou a viver na Montanha da Morte, além de nove cadeias de montanhas, e ninguém podia alcançá-la novamente.

Nyambi e Kamonu

O povo barotse do Alto Zambeze, na Zâmbia, tem um deus criador muito amável, Nyambi, que não teve escolha a não ser fugir de seu maligno vizinho e imitador Kamonu. Segundo o mito, só quando Nyambi retornar à Terra a paz será restaurada.

Nyambi criou tudo no universo e vivia pacificamente na Terra com sua esposa Nasilele. Mas uma das criações de Nyambi era diferente. De nome Kamonu, ele imitava Nyambi o dia inteiro. Como não era nem um pouco pacífico, foi mandado embora para outra terra, mas ele simplesmente voltou para irritar Nyambi. Então Nyambi, relutantemente, decidiu deixar a terra – agora menos pacífica – que havia criado e, na companhia de Nasilele, navegou para uma ilha no meio de um lago. Mas Kamonu fez uma jangada e os seguiu. Nyambi criou uma enorme montanha e foi viver no cume, mas Kamonu subiu até lá. Em desespero, Nyambi perguntou ao Feiticeiro como escapar do terrível Kamonu. O mago lhe disse que devia pedir para a Aranha tecer fios de seda para o céu, mas quando lá chegasse, ele teria de cegar a Aranha para que ela nunca pudesse encontrar o caminho de volta. Então, Nyambi e Nasilele subiram pela teia coberta de orvalho atrás da aranha e, com lágrimas nos olhos, Nyambi cegou-a com sua lança, a única coisa cruel que fizera desde a criação.

Kamonu construiu uma enorme torre para tentar alcançar o céu, mas ela foi ficando cada vez mais alta e desabou. Ele nunca conseguiu chegar ao céu. Todos os dias, quando o sol surgia, ele pensava que era Nyambi e adorava o Sol, e a cada Lua Cheia, ele adorava a Lua, pensando ser Nasilele. E quando todas as outras pessoas viram Kamonu fazer isso, imitaram-no e também adoraram o Sol e a Lua.

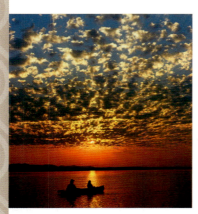

O bondoso deus Nyambi simplesmente queria que a paz fosse restaurada no mundo que ele criou.

P'an Ku e o Ovo Cósmico

Existem muitas versões desse mito, mas todas elas giram em torno do Ovo Cósmico, um símbolo da fertilidade e da aproximação entre o caos e a matéria. Era um mito muito popular no sul da China entre os séculos III e VI EC. Em uma versão, P'an Ku surgiu do "nada" como filho do caos.

No início, não havia nada. Mas, à medida que o tempo passava o nada se tornou algo e essas forças viraram o Ovo Cósmico. Dentro do ovo havia o caos, e P'an Ku flutuou dentro do caos por 18 mil anos. Ele acabou rompendo a casca e saiu do ovo. Carregava um martelo e um cinzel e dois chifres cresceram em sua cabeça, um símbolo de poder sobrenatural na China. Estava coberto de cabelos negros e espessos e duas presas enormes apontavam de sua mandíbula. Foram precisos mais 18 mil anos para que P'an Ku separasse a Terra e o Céu com o cinzel.

Em uma das versões, quando ele chorou suas lágrimas formaram o grande rio Amarelo na China. Em outra, o céu foi moldado a partir de seu crânio, os campos de sua carne, as pedras de seus ossos e os trovões de sua voz. Outra ainda sugere que P'an Ku formou as cinco montanhas sagradas da China a partir de diferentes partes de seu corpo.

Os piolhos e pulgas que viviam no cabelo e no corpo de P'an Ku foram espalhados pelos ventos sobre a Terra e se tornaram a humanidade.

CRIAÇÃO E COSMOS

Ymir

Este mito nórdico da criação tem muito em comum com o do deus indiano Parusha (ver p. 220), no sentido em que ambos, Ymir e Parusha, foram desmembrados a fim de que o mundo fosse criado. Muitos estudiosos acreditam que essas histórias originalmente vieram de uma única fonte.

No princípio havia um abismo chamado Ginnungagap, cheio de ar e líquidos espumosos, em ebulição, entre os reinos sem fim de gelo e fogo. Muito antes de o mundo ser criado, havia a árvore universal Yggdrasil (ver p. 134). Esse freixo ligava nove outros mundos. Sob suas raízes, ao sul, encontrava-se o quente reino de Muspel; ao norte, Niflheim, uma terra de gelo e escuridão. Debaixo de outra raiz havia Hvergelmir, um caldeirão de águas borbulhantes que era a fonte de doze grandes rios.

Toda a água que fluía de Hvergelmir caía no abismo e formava enormes geleiras e blocos de gelo. Quando o ar quente do sul subia para se encontrar com as brumas geladas, as geleiras derretiam e se espalhavam mais e mais, até engolirem as chamas do reino de fogo Muspel e voltarem a ser água.

Criação

Das névoas emergiu para a existência um ser chamado Ymir, que significa "dois-em-um". A vaca primeva, Audumbla, lambeu os penhascos de gelo para se alimentar. Enquanto ela lambia, sua língua quente derreteu dois deuses congelados que haviam ficado presos nas paredes geladas. Eram eles Buri e Bor. Inconscientemente, enquanto Audumbla lambia o gelo, Ymir mamou em suas tetas e virou um terrível gigante de gelo. Ymir criava vida espontaneamente e, enquanto dormia, produziu mais gigantes de gelo do suor debaixo dos braços. Esses gigantes de gelo começaram a se acasalar entre eles, criando uma assustadora raça de gigantes.

Odin, Vili e Ve, os três filhos de Buri, decidiram liquidar Ymir. Enquanto ele dormia, os deuses o atacaram e o sangue escorreu de suas feridas como uma torrente de água gelada. Neste grande rio de sangue todos os outros gigantes se

A cidadela de Asgard era o lar dos Æsir, os principais deuses nórdicos.

afogaram, exceto um casal que fugiu. Os três irmãos lançaram o cadáver de Ymir no oceano gelado de Ginnungagap, onde ele se partiu, criando o mundo. Os irmãos misturaram um pouco de seu sangue no oceano em turbilhão e chamaram essa criação de Midgard. Então, construíram Asgard, que cercaram com uma fortaleza feita das sobrancelhas de Ymir.

Izanami e Izanagi

Essa história japonesa é baseada na cosmologia chinesa original, que assumia um caos inicial. Izanami significa "aquela que convida", e Izanagi "aquele que convida". Izanami se tornou a temida deusa da morte e Izanagi era tido como o ancestral da dinastia imperial.

No início tudo era caos. Mas à medida que se movia e fundia, tornou-se como um grosso mingau em alguns lugares e salmoura fina em outros. O que era puro e leve flutuou para se tornar o Céu, e o que era pesado e grosso acomodou-se para constituir a massa da Terra, com consistência de semolina. Então, o Céu e a Terra criaram oito divindades em um broto de bambu que cresceu entre eles. As divindades gêmeas Izanagi e Izanami foram convidadas para serem os criadores do mundo pelo grande broto de bambu, que tinha sido, ele próprio, transformado em um deus.

Na Ponte Flutuante do Céu, muito acima do oceano primordial, Izanagi mergulhou sua lança cravejada de pedras preciosas no nada e agitou as águas. Ao retirá-la, gotas caíram no ar e criaram uma ilha. Izanami e Izanagi viviam nessa ilha. Sua primeira criação foi uma medonha criança sanguessuga, tão horrível que a

Na crença xintoísta, as "Rochas Casadas" de Futami, no Japão, representam a união das divindades criadoras Izanami e Izanagi.

Da Ponte Flutuante do Céu, Izanagi agitou as águas primordiais com sua lança cravejada de pedras preciosas.

colocaram em um barco e deixaram-na à deriva no oceano para sempre. Suas criações seguintes foram mais bem-sucedidas: as estações do ano, as oito ilhas do Japão, árvores, animais e todas as coisas vivas. Em seguida, decidiram criar um governante. Foi a deusa do Sol, que era tão bonita que acharam que era boa demais para ficar na Terra e a colocaram no céu. A criança seguinte foi o deus da Lua, e eles o enviaram para o céu para se juntar à irmã. Mas a última criação foi o espírito do fogo, e Izanami morreu ao dá-lo à luz e desceu ao Yomi, o Mundo Inferior.

Izanagi desceu até a entrada do Yomi para lhe pedir que voltasse, mas Izanami lhe disse que não olhasse para ela nem lhe dirigisse a palavra até que ela tivesse feito um acordo com os espíritos do Mundo Inferior para que pudesse sair. Mas Izanagi estava impaciente e, com um pente mágico, iluminou o Mundo Inferior e viu o cadáver em decomposição de Izanami. E por Izanagi ter levado luz à escuridão, Izanami se tornou para sempre a deusa da morte. Ela o perseguiu até a saída do Yomi, prometendo devorar milhares de pessoas todos os dias pelo que ele havia feito.

Marduk e Tiamat

Marduk era o deus supremo durante a primeira dinastia babilônica c. 2057-1758 AEC. O texto mesopotâmico em que a sua história é baseada provavelmente era uma peça de propaganda para manter o seu poder como principal divindade e o status da própria Babilônia.

Esse mito era reencenado como um ritual de Ano-Novo e, embora sua principal fonte tenha sido encontrada entre as ruínas da biblioteca do rei Assurbanipal, que data de 650 EC, fragmentos de textos anteriores sugerem que a história é baseada em crenças mais antigas, nas quais os deuses teriam criado os seres humanos para serem seus escravos.

No início

Apsu, o oceano, e Tiamat, as águas primordiais, produziram muitos descendentes no início dos tempos, quando tudo era caos. Mas os deuses mais jovens, incluindo Ea, pai de Marduk, rebelaram-se e mataram Apsu. Tiamat se casou com o monstro Kingu, que enviou sua raça de demônios e monstros para se vingar dos jovens deuses. Marduk se ofereceu para ser o campeão dos deuses e matar Tiamat e Kingu, se a ele fosse dado o papel de deus supremo. Armado com um arco, a força de um raio e uma rede sustentada pelos quatro ventos, Marduk montou em um furacão e partiu para a batalha com Tiamat.

Marduk encontrou Tiamat e quando ela abriu a boca para devorá-lo, atirou os quatro ventos em sua garganta;

Os deuses construíram Babilônia para Marduk, que se tornou um popular deus do Sol.

Para reforçar suas associações com o mal, Tiamat era geralmente representada como um dragão.

em seguida, disparou flechas em seu ventre inflado antes que ela pudesse arrotá-los de volta. Uma seta perfurou seu coração e ela morreu instantaneamente, soltando um arroto tão grande que arremessou Marduk para trás.

Roubando as Tábuas do Destino de Kingu para se certificar de que seria o mais poderoso de todos os seres, Marduk partiu para a criação do universo. Ele cortou Tiamat ao meio e ergueu metade dela para fazer o Céu e colocou a outra metade diante da face aquosa de Ea para formar a Terra. Marduk executou Kingu e, sob sua orientação, Ea tomou-lhe o sangue para criar a raça humana para ser escrava dos deuses.

Mitos da criação oceânicos

Na Melanésia, o mundo foi formado por Qat, que teve dificuldades para criar a escuridão, embora o mito da criação maori assemelhe-se à história egípcia de Nut, Geb e Shu (ver p. 80).

Qat

Para o povo das Ilhas Banks de Vanuatu, o centro do mundo era Vanna Lava, onde Qat nasceu. Sua mãe era uma grande pedra que partiu ao meio e fez surgir Qat, que nomeou a si mesmo. Nessa época, havia apenas luz no mundo e não a escuridão. Qat criou peixes, porcos, plantas, árvores e pedras. Em seguida, esculpiu figuras em madeira da árvore sangue-de-drago. Ele dispôs as figuras em uma fileira e cantou e dançou em frente a elas. Qat bateu seu tambor e as figuras também começaram a dançar. Um dos irmãos de Qat, Marawa, era tolo e também tentou criar pessoas, utilizando o tipo errado de madeira – como as pessoas não dançaram, ele as enterrou em um buraco e foi assim que a morte foi introduzida no mundo.

Qat estava preocupado porque as pessoas não dormiam por ser sempre dia. Como ele soube que havia uma coisa chamada "noite" em outra ilha, navegou até Vava. Em troca de um porco, ele comprou um pedaço da noite de Qong, que lá vivia. Qat retornou com a noite e mostrou a todos como dormir em esteiras no chão. À medida que o

A visita do capitão Cook à Melanésia, no século XVIII, levou o povo das Ilhas Banks a acreditar que Qat finalmente havia retornado.

Sol deslocava-se para o oeste, ele espalhou a noite pelo céu como um enorme manto de penas negras e disse a todas as coisas que ele havia criado que era hora de dormir. Então, pegou uma faca e fez um buraco entre as penas negras para que a alvorada pudesse penetrar por ali e o Sol pudesse brilhar. Desde então, houve dia e noite.

O primeiro homem branco a aparecer na Melanésia foi o capitão Cook e, quando ele aportou, o povo erroneamente acreditou que seu deus Qat finalmente havia voltado para casa.

Rangi e Papa

A história de Rangi e Papa é provavelmente a mais conhecida entre os Mitos da criação dos maoris, datando de cerca de 700 EC. Rangi (Céu) e Papa (Terra) haviam ficado unidos por mais de um milhão de anos num abraço inseparável. De sua ligação nasceram incontáveis deuses, que começaram a ficar desconfortáveis no apertado espaço escuro. Tu, o pai dos seres humanos, sugeriu matarem Rangi e Papa. Mas Tane, pai das florestas, teve uma ideia melhor. Pressionou sua cabeça ramificada contra a barriga de Papa e, com suas raízes firmemente plantadas no estômago de Rangi, cresceu lentamente para cima até que o Céu e a Terra se separaram e a luz preencheu o grande espaço entre eles. Os milhões de criaturas que Papa havia criado caíram e tornaram-se todos os animais e pessoas na Terra.

Estatuetas de madeira de Rangi e Papa, os deuses ancestrais do povo maori, datadas do século XVIII.

Corvo

Em muitos mitos em todo o noroeste do Canadá e nos Estados Unidos, e entre os chukchis da Sibéria e os inuítes do Alasca, o Corvo aparece tanto como criador como trapaceiro, muitas vezes roubando pedras, estrelas, a Lua ou água para criar o mundo.

Para o povo chukchi, o Corvo literalmente excretou o mundo para a existência; em seguida, disfarçado de homem e com a ajuda de seu filho Tangen, fez as primeiras pessoas com terra e grama. Tangen queria que as pessoas falassem, porém, como não podia ensiná-las, o Corvo transformou-se novamente em um pássaro e crocitou para elas, que lhe responderam fazendo o mesmo. O Corvo roubou o Sol em seu bico, mas Tangen o fez rir e ele cuspiu o Sol no céu para trazer a luz para o mundo.

Contos da costa oeste

O povo tsimshian, do Noroeste Pacífico da América do Norte, dizia que não havia luz no mundo e não sabia como obtê-la de volta, porque um grande chefe a tinha acumulado para si próprio em uma caixa. O Corvo viajou para as colinas e se transformou em uma folha que caiu numa vasilha d'água. A filha do chefe bebeu a água, engoliu a folha e acabou engravidando. Como o bebê estava sempre chorando, deram-lhe um saquinho de doces em formato de estrelas, que ele arremessou através do buraco da chaminé e formaram as estrelas no céu. Mas, como ele ainda estava insatisfeito, a única coisa que faltava lhe dar

Para muitos, o corvo é um pássaro sagrado que personifica o espírito do deus criador.

era a caixa de luz. Logo que a conseguiu, a criança transformou-se novamente no Corvo e voou para longe para posicioná-la no céu como o Sol.

De acordo com o povo kwakiutl, do Noroeste Pacífico, o Corvo carregava pedrinhas em seu bico e, enquanto sobrevoava o mar primordial, largou-as para formar os planetas e as estrelas. À medida que voava, suas asas foram criando os leitos de rios e as montanhas.

Um mito inuíte unalit do Alasca recorda que o Corvo criou a Terra, mas esqueceu-se das pessoas. Felizmente, havia um homem escondido na vagem de uma ervilha-de-praia. Irrompeu da vagem, como se estivesse saindo de um ovo, e quando ele se ergueu plenamente desenvolvido, o Corvo empurrou seu bico para a testa e também virou um homem. Ele perguntou ao homem da vagem da ervilha de onde ele viera e o homem lhe explicou. O Corvo riu e disse que ele havia criado a planta, mas havia se esquecido das pessoas e jamais imaginaria que um homem pudesse sair dela.

Um chocalho de corvo, símbolo totêmico para o povo tsimshian da Colúmbia Britânica e do Alasca.

Mitos da criação sul-americanos

Muitos desses mitos da criação envolvem uma figura feminina como criadora, falam de como o fogo foi dado aos seres humanos, uniões incomuns entre divindades e animais indígenas ou a batalha entre a luz e a escuridão.

Puana, Kuma e Itcai

O vale do rio Capanaparo na Venezuela abriga o povo yururo e sua adoração à grande deusa, Kuma. Apenas os xamãs são capazes de contatar Kuma e trilhar o caminho até onde ela vive na terra dos gigantes, a oeste. Há muitas versões desse mito, mas esta é, talvez, a mais simples.

Puana, a cobra, criou a água. Itcai, o jaguar, fez a terra, e Kuma criou todas as pessoas. Kuma desejava ser fecundada em seu polegar, mas Puana mostrou-lhe a forma correta de gerar filhos. Seu primeiro filho era um menino chamado Hatchawa. Puana fez um arco para o garoto e ensinou-lhe a caçar e a pescar. Kiberoh também foi gerada ao mesmo tempo que Kuma e trazia fogo em seu seio. A pedido de Kuma, ela entregou-o a Hatchawa, mas quando ele quis dar o fogo às pessoas, ela não permitiu. Então, o menino atirou peixes vivos no coração do fogo para que as brasas incandescentes se espalhassem por toda a terra e as pessoas as recolhessem para criarem seus próprios fogos.

Kuma ensinou às mulheres tudo o que elas sabem. Ela também se casou com o Sol e ele ensinou aos homens tudo o que eles sabem. O Sol viaja em um barco do leste para o oeste e, à noite, visita a terra de Kuma. As estrelas são as filhas de Kuma, e elas viajam somente à noite. A Lua é irmã do Sol, e percorre o céu em uma canoa.

Amana

O povo calina, da América do Sul, acreditava que o piso do reino de Amana era o vazio e a escuridão do espaço. Amana foi o primeiro ser do universo e ela morava na Via Láctea. Amana criou belos planetas, mas também seu maior rival, o Sol. Toda vez que ela tentava criar uma nova vida na Terra, o Sol a queimava. As serpentes de fogo destruíram a Lua e deixaram apenas pó e cinzas para trás. Mas ela salvou a Terra, mergulhando-lhe as línguas de fogo no oceano.

O rio Capanaparo na Venezuela, onde se pensava que barcos e canoas transportavam o Sol e a Lua pelo céu.

Para deter a capacidade de destruição do Sol, Amana criou Tamusi (luz) e Tamulu (escuridão). Eles se odiavam, mas eram inseparáveis, por isso, eles concordaram que Tamusi governaria o dia, e Tamulu, a noite. Durante o dia, Tamusi atacava as serpentes de fogo com sua espada quando elas saíam da crosta terrestre como vulcões. Ele reduzia as serpentes a fragmentos e elas se transformavam em cometas e estrelas cadentes. Na escuridão, Tamulu abafava as serpentes de fogo com seu manto negro. Amana, então, ordenou que Tamusi e Tamulu povoassem o mundo, agora que ele estava seguro. Tamusi criou os filhos do dia – animais, insetos e pessoas; e Tamulu criou os filhos da noite – sonhos, monstros, demônios e feras.

O Besouro d'água e a Águia-de-asa-redonda

Os cherokees eram um dos maiores grupos indígenas no sudeste dos Estados Unidos. Por ocasião da visita do explorador espanhol Hernando de Soto, em 1540, ele descobriu uma sociedade altamente civilizada e agrícola. Infelizmente, quando se encontrou ouro em suas terras os cherokees foram expulsos.

No início, tudo era água. Os animais que viviam acima da água tinham muito pouco espaço e se perguntavam o que haveria além daquilo. O besouro d'água se ofereceu para descobrir. Nadou por toda a superfície, mas não conseguiu encontrar lugar algum para parar e dormir. Então, mergulhou até o fundo e trouxe à tona um pouco de lama, que ele espalhou até formar a ilha chamada Terra. Alguém se lembrou de prender essa ilha no céu com quatro cordas, mas ninguém sabe quem foi.

Como no começo a Terra era plana, úmida e pegajosa, os animais fizeram a Águia-de-asa-redonda preparar tudo para eles. Chegou à Terra muito cansada e, quando passou pelo país cherokee, estava exausta. Onde suas asas tocaram o solo abriram-se vales, e com o bater de suas asas no céu, formaram-se montanhas de lama. Os animais ficaram tão preocupados que a Terra seria feita apenas de montanhas que a chamaram de volta rapidamente. Ela obedeceu de imediato, mas o país cherokee ficou muito montanhoso. Os animais haviam se saído bem na formação da Terra, sendo que seu único erro foi não terem

Artefatos cherokee, como esse cachimbo de pedra cerimonial, são comuns no sudeste dos Estados Unidos.

O país cherokee tem muitas montanhas e vales, modelados pelo voo da Águia-de-asa-redonda.

colocado o Sol longe o suficiente, e ele queimou as costas do lagostim, razão pela qual sua carapaça é vermelha. Por isso, os mágicos pregaram uma peça no Sol quando ele não estava brilhando, e ergueram-no mais sete palmos até ele ficar logo abaixo do arco do céu.

Como a humanidade passou a existir

A humanidade surgiu em seguida – havia uma irmã e um irmão; então, o irmão atingiu a menina com um peixe e disse a ela para criar filhos. Em sete dias, uma criança nasceu, e a cada sete dias outras crianças nasciam, até que alguém decidiu que o mundo não era grande o suficiente para todas essas crianças, por isso, as mulheres só poderiam ter um filho uma vez por ano, não uma vez por semana.

Um dia a Terra vai envelhecer e morrer. As cordas que prendem a Terra ao céu se romperão, e o mundo irá acabar afundando no mar. Tudo voltará a ser água novamente.

Mitos da criação aborígines

Não existe uma história da criação aborígine única. Alguns acreditam que o mundo foi criado por um grupo de seres do Tempo do Sonho, enquanto outros creem que foi por um deus específico ou espírito.

Djanggawul

Para o povo walumba, no extremo norte da Austrália, os Djanggawul, um irmão criador e suas duas irmãs, são festejados regularmente. Segundo o mito, no início havia mar, terra e céu, mas nenhum homem. Distante no mar, havia uma ilha chamada Beralku, a Ilha dos Seres Eternos, onde os Djanggawul viviam e guardavam objetos sagrados, desenhos e códigos chamados "sonhados". Eles deixaram muitos de seus sonhados na ilha, na forma de pinturas e rituais.

Os Djanggawul eram filhos do Sol. As duas irmãs possuíam órgãos sexuais de ambos os sexos, e o irmão Djanggawul tinha um pênis gigante, que arrastava atrás dele, deixando grandes rastros na areia.

Certo dia, eles carregaram a canoa de casca de árvore com seus sonhados e atravessaram o oceano em direção à terra grande que chamaram de Terra. Deixaram seus sonhados em todos os lugares, e plantas e animais foram criados por onde passavam. Quando veio a noite, as duas irmãs adormeceram, mas o irmão Djanggawul saiu para caçar; quando voltou, cortou os órgãos genitais das irmãs deixando-as com feridas que se tornaram vaginas. Elas criaram seres copulando com o irmão – os garotos que geravam eram colocados na grama, para

Canoas de casca de árvore sempre fizeram parte da vida diária do povo walumba e aparecem em sua mitologia também.

lhes dar bigodes e cabelos; as meninas eram escondidas sob uma esteira, para que tivessem corpos lisos. As irmãs permaneceram eternamente grávidas enquanto viajavam, seguindo o irmão Djanggawul sempre que ele escolhesse atravessar os desertos e montanhas áridas.

Wondjina

O povo kimberley da Austrália acredita em um poderoso grupo de deuses criadores chamados Wondjina. O principal deus, Wallungunder, desceu da Via Láctea durante o Tempo do Sonho e criou a Terra e tudo que nela há. Depois de examinar sua criação, percebeu que cometera alguns erros e decidiu voltar para a Via Láctea para obter alguma ajuda. Com o auxílio da Cobra do Tempo do Sonho, o restante dos Wondjina passou o Tempo do Sonho ensinando e criando as pessoas (ver p. 184).

Dhakan e Eingana

Dhakan foi o deus criador ancestral do povo kabi em Queensland. Ele era metade peixe, metade cobra, e apenas aparecia na forma de um arco-íris. Eingana era a deusa serpente do Tempo do Sonho primordial e mãe de toda a humanidade e dos animais aquáticos.

Para os povos de Queensland, arco-íris no céu eram manifestações da divindade Dhakan.

Wuraka e Waramurungundji

Nos mitos de muitos povos costeiros da Terra de Arnhem, no Território do Norte da Austrália, Waramurungundji e seu parceiro Wuraka um dia surgiram do mar no Tempo do Sonho. Wuraka tinha um pênis tão longo que tinha de envolvê-lo em volta do pescoço. Waramurungundji era extremamente fértil, mas ela não tinha ideia de como engravidar. Quando chegaram à praia, o pênis de Wuraka repentinamente começou a enrijecer e ele teve de desenrolá-lo do pescoço para não ser sufocado. O enorme pênis encontrou o caminho para a vagina de Waramurungundji e a engravidou. Ela imediatamente deu à luz, preenchendo a Terra e o mar com milhares de criaturas, e Wuraka deu-lhes o poder da linguagem. Terminada a criação, as duas divindades caminharam de volta para o mar.

Bobbi-Bobbi

De acordo com o povo binbinga do norte da Austrália, Bobbi-Bobbi era uma serpente sobrenatural que foi bondosa com a raça humana no Tempo do Sonho. Quando soube que as pessoas estavam com fome, enviou raposas voadoras do Céu. Mas, como as raposas voavam muito alto para as pessoas as apanharem com a mão, ele arrancou uma de suas costelas e lhes entregou, e elas a utilizaram como o primeiro bumerangue.

Mas dois homens ambiciosos queriam ver como era o céu. Conseguiram enganar Bobbi-Bobbi, dizendo-lhe que queriam agradecê-lo por tudo o que ele havia feito; em vez disso, eles lançaram a costela até as nuvens para abrir um grande corte nos Céus. Bobbi-Bobbi ficou muito surpreso quando a costela quicou em sua cabeça de serpente e caiu de volta à Terra, matando os dois homens. Então, a Morte tornou-se parte da realidade humana e Bobbi-Bobbi recusou-se a ajudar novamente as pessoas.

Wati-Kutjara

Na Austrália central, Wati-Kutjara eram gêmeos no Tempo do Sonho. Também eram conhecidos como Kurukadi (iguana branca) e Mumba (iguana negra). Muito antes da criação, eles dormiam embaixo da terra, mas, subitamente, despertaram e vagaram pelo mundo, criando animais, rochas, depressões e plantas aonde quer que fossem. Como Kulu, o espírito da Lua, perseguia um grupo de mulheres, os gêmeos mataram Kulu e as salvaram. O espírito de Kulu retornou à Lua, mas como estava morto, não tinha sangue e, desde então, a Lua passou a ser pálida.

No Tempo do Sonho, a costela de Bobbi-Bobbi foi o primeiro bumerangue, utilizado por caçadores indígenas para matar suas presas.

SOL, LUA E CÉU

De barcas solares a carruagens de prata, as antigas civilizações tinham todo tipo de explicações para como o Sol e a Lua faziam o seu caminho através do céu. Como as deusas da Terra foram gradualmente depostas por deuses do céu patriarcais, o Sol quase sempre era considerado uma divindade masculina e a Lua, feminina. Deuses e deusas causavam chuva, tempestades, incêndios, inundações e personificavam elementos naturais ou a própria natureza. Os contos explicando as estrelas no céu provavelmente eram tão numerosos quanto as próprias estrelas.

Sirius

Os dois corpos celestes mais importantes para os antigos egípcios eram o Sol e a "estrela do cão maior" Sirius. A conjunção dos dois no céu marcava o início do ano egípcio.

A estrela do cão maior, Sirius, era conhecida como Sothis pelos antigos egípcios. Plutarco usou o nome Sirius para o Nilo, e a estrela era um importante sinal celeste do solstício de verão, imediatamente antes da cheia do rio. Isso geralmente coincidia com a época em que Sirius era visível acima da linha do horizonte, a leste, pouco antes do nascer do sol. Os egípcios acreditavam que era a força combinada do Sol e Sirius que levava à temperatura muito quente que se seguia.

Ísis e Sirius

A deusa universal, Ísis, estava ligada à estrela principal, Sirius A. Sua estrela companheira, Sirius B, não era conhecida pelos egípcios, mas parece que Osíris foi associado com algum parceiro celestial escuro, em seu título de "deus negro". O alinhamento de ano-novo do Sol e Sirius era um presságio de grande importância para os antigos egípcios. Era quando Ísis e Osíris iriam aparecer no céu para restaurar a vida eterna aos deuses e saudar a regeneração das águas do Nilo.

Interpretações gregas

Os antigos gregos acreditavam que a aparição de Sirius anunciava o verão quente e seco. Em determinadas condições, seus efeitos cintilantes eram considerados uma má influência. Dizia-se que pessoas afetadas por eles estariam "enfeitiçadas". A temporada que se seguia ao aparecimento da estrela veio a ser conhecida como "canícula de verão". Moedas recuperadas na ilha de Cós, que datam do século III EC, mostram cães ou estrelas emanando raios ao seu redor.

Alguns gregos ofereciam sacrifícios a Sirius para trazer brisas refrescantes e aguardar o reaparecimento da estrela. Se surgisse límpida, era um sinal de boa sorte; se aparecesse nublada ou pálida, então era prenúncio de doença e de infortúnio.

Ísis era conhecida como "senhora da estrela" e também era chamada de Sothis – outro nome para a estrela Sirius.

SOL, LUA E CÉU

Ushas, Ratri e Soma

Na mitologia védica, Ushas e Ratri eram as irmãs de Agni, o deus do fogo. Ushas era a aurora e Ratri, a noite. Soma, também conhecido como Chandra, era o deus Lua.

Ushas e Ratri

Ushas era bela e inspirava muitos poemas e cânticos. Vestindo túnicas nas cores púrpura ou rosa carmim, todos os dias Ushas abria as portas do Céu e trazia luz para o mundo. Usava um véu dourado e jamais envelhecia, despertando os adormecidos e distribuindo canções para os pássaros em seus ninhos. Ushas trazia riqueza e felicidade para aqueles que eram bons, mas deixava os ímpios dormirem pela eternidade. Seu outro dom para a humanidade foi o tempo, incluindo também o seu lado negativo, que traz a idade e a mortalidade.

Sua irmã Ratri usava roupas escuras cobertas de estrelas cintilantes, e nunca tinha medo de visitar o mundo, porque então os homens podiam dormir e o gado descansar. Ratri era invocada para a proteção contra ladrões e lobos, e as pessoas usavam seu manto da noite e rezavam para ela. Quando sua sombra é projetada, ela acorda sua irmã Ushas e diz para ela voltar.

Soma, o deus da Lua

Soma era o deus da Lua crescente e minguante. Surya, o Sol alimentava Soma com água do mar quando ele estava exausto pelos muitos seres que se alimentavam de sua luz. Mais de 36.300 divindades se alimentavam de Soma para garantir sua imortalidade.

Ushas era a deusa da aurora, e os seus dons para a humanidade incluíam riqueza e mortalidade.

O Templo Somnath em Gujarat, na Índia, é consagrado ao deus da Lua, Soma.

Animais, insetos e a humanidade também faziam uso da plenitude de sua luz até que ele começava a minguar.

Soma era casado com as 27 filhas de Daksha, filho de Brahma, mas ele preferia Rohini a todas as outras. As outras mulheres estavam loucas de ciúmes e queixaram-se a Daksha que, por sua vez, tentou argumentar com Soma, mas foi inútil. Como outros deuses menores, Soma recebeu uma maldição para sua arrogância. Entretanto, graças às súplicas das outras 26 esposas, tal maldição durava apenas um ciclo de 15 dias. Essa era sua fase minguante.

Depois que Soma raptou e estuprou Tara, a bela consorte de Brihaspati, guru dos deuses, Brahma persuadiu Soma a devolvê-la ao esposo; mas, ao descobri-la grávida, Brihaspati recusou-se a tê-la de volta. Quando a criança nasceu, era tão bonita que ele a reclamou como sua, mas Soma também acreditava que era seu filho. Para resolver a disputa, Brahma deu Tara a Brihaspati e a criança se tornou o pai de todas as futuras dinastias lunares, assim criando harmonia entre os deuses e os corpos celestes. Enquanto isso, Varuna puniu Soma deserdando-o de seu lugar nos céus. Entretanto, Shiva veio em auxílio de Soma, usando uma Lua crescente na testa em sua honra. Mas Soma ainda foi expulso e proibido de voltar ao céu. Permaneceu nos frios reinos da noite, com sua carruagem leitosa puxada por dez cavalos brancos fantasmagóricos.

Quíron e a constelação de Sagitário

No mito grego antigo, Quíron era filho da ninfa Filira e do primeiro Titã, Cronos. Na verdade, Filira não estava realmente interessada em Cronos e se transformou em uma égua para escapar de sua concupiscência. Cronos não se deixou enganar e conseguiu acasalar com ela, metamorfoseando-se em um garanhão.

Então, Quíron nasceu centauro – metade cavalo, metade homem. Filira ficou tão desgostosa com a criança que implorou aos deuses para transformá-la em outra coisa que não uma mortal e assim ela virou uma tília. O abandonado Quíron foi posteriormente criado por Apolo no Olimpo. Seu pai adotivo lhe ensinou muitas artes e habilidades, incluindo a caça, a medicina, a música e a profecia. Quíron tornou-se sábio e Zeus o enviou para governar os centauros incontroláveis no norte da Grécia.

Certa noite, Hércules estava passando e os centauros o convidaram para jantar; um pouco de vinho foi aberto, mas o cheiro atraiu um grupo de centauros desordeiros que invadiu a festa. Hércules, naturalmente, juntou-se aos amigos para combatê-los, e os centauros desordeiros fugiram. Mas, enquanto os perseguia, atirando suas flechas, uma acertou Quíron na perna. Tais setas haviam sido mergulhadas no sangue venenoso da Hidra. Como Quíron era imortal, ele não morreu do ferimento, mas também não sarou e sofria cada vez mais. Embora não pudesse morrer, não podia ser curado. Sua dor se tornou insuportável, mas

Quíron, o último dos centauros.

Hércules feriu seu mentor Quíron por acidente, com uma seta envenenada.

Quíron acabou sendo libertado de seu tormento por uma estranha reviravolta do destino.

Libertação de Quíron

Zeus havia castigado Prometeu por roubar o fogo dos deuses e dá-lo à humanidade, acorrentando-o a uma rocha entre os reinos da Terra e do Céu, onde a cada dia uma grande águia vinha devorar-lhe o fígado. O órgão se regenerava todas as noites e, assim, o tormento não tinha fim. Zeus anunciara que o único modo pelo qual Prometeu poderia ser libertado seria se um imortal tomasse seu lugar, sacrificando sua imortalidade, e se Prometeu passasse a usar uma coroa de folhas de salgueiro e um anel em seu dedo para sempre. Quíron, portanto, ofereceu-se para ser tal imortal. Zeus acabou concordando e deu a imortalidade de Quíron a Prometeu e, em seguida, colocou Quíron no céu como a constelação de Sagitário para homenageá-lo, embora, mais tarde, ele passou a ser identificado com uma constelação à parte, Centauro.

A busca pelo Sol

A beleza da região do Lago do Oeste, em Xangai, sempre teve uma aura de magia. Este conto simples, da busca de um mortal para encontrar o Sol e, assim, restaurar a harmonia na Terra, é um tema comum em muitas histórias da mitologia chinesa.

Lui Chun era um fazendeiro que vivia nas margens do Lago do Oeste, sob o dossel púrpura da Montanha da Pedra Preciosa. O Sol normalmente se levantava no leste, mas, certa manhã, irrompeu uma violenta tempestade, nuvens negras cobriram todo o lago e o Sol caiu por trás da linha do horizonte. Passado um tempo, as nuvens acabaram se dissipando, mas, estranhamente, o Sol havia ido embora. As plantas começaram a murchar, o mundo se tornou frio e escuro e as pessoas não sabiam o que fazer sem o astro. Então, Lui Chun perguntou a um dos homens mais velhos e sábios da aldeia onde ele poderia encontrá-lo. O velho lhe disse que os demônios do Mar Oriental provavelmente o haviam roubado, pois temiam sua luz e calor.

Lui Chun partiu em sua perigosa jornada para salvar o Sol. Estava acompanhado por uma fênix de ouro, que deveria regressar para sua casa se ele morresse. Por muitas semanas não se viu sinal do Sol ou da fênix, mas, um dia, ela voltou para a aldeia e a mulher de Lui Chun caiu desmaiada, percebendo que ele estava morto. Entretanto, enquanto estava desmaiada, ela deu à luz um menino que cresceu 4,5 metros (15 pés) de altura. Um dia, quando soube do feito heroico, porém trágico, de seu pai, Bao Chu prometeu que ele também partiria para procurar o Sol.

A busca de Bao Chu

Por muitos meses, viajou por montanhas remotas e rios congelados. Aldeões bondosos deram-lhe um pouco de terra em um saco, que ele pendurou no ombro. Certo dia, Bao Chu chegou ao Mar Oriental. Esvaziou o saco de terra na água e formou uma cadeia de ilhas. Ele nadou de ilha em ilha até chegar à última e, ao pisar a terra, a ilha afundou no oceano, arrastando Bao Chu com ela. Lá, ele não só encontrou os demônios, como encontrou também o Sol dentro de uma enorme caverna. Com a ajuda da fênix, ele lutou contra o rei dos demônios, empurrou o Sol de volta para

Desde a dinastia Tang, de 609 EC, o Lago do Oeste é reverenciado por sua tranquilidade e beleza.

o céu e, exausto, caiu no mar e morreu. A fênix voou de volta para a mãe de Bao Chu e, embora ela soubesse que o filho estava morto, o Sol agora enchia o céu com sua luz.

Todas as manhãs, os aldeões se lembram do homem que lhes devolveu o Sol, e eles chamam a estrela que brilha no leste pouco antes do amanhecer de Bao Chu, em sua homenagem.

Yi e os dez Sóis

A história de Yi e de como ele flechou os dez Sóis é bem conhecida na mitologia chinesa. Yi viveu no reinado do lendário governante Yao, no terceiro milênio AEC. Algumas fontes dizem que ele foi banido dos céus com sua esposa Heng-O e exilado na Terra. Menos conhecido é o que lhes aconteceu depois de sua heroica vitória, quando Heng-O voou para a Lua para se esconder.

Dez Sóis misteriosamente apareceram no céu, alterando todo o curso da natureza. O desastre era iminente, com tanta luz e calor: as rochas começaram a derreter e nada podia crescer. Os Sóis eram os filhos de Di Jun, o deus do leste. Normalmente, os filhos se revezam cruzando o céu, mas ficaram entediados e se rebelaram contra o pai, prometendo manterem-se sempre no céu. Como o rei Yao estava preocupado com o destino do mundo e orou pedindo ajuda, Di Jun enviou à Terra Yi, deus menor, mas um arqueiro habilidoso, junto com sua bela consorte, Heng-O. Com suas dez flechas, Yi começou a acertar nos Sóis e eles iam caindo na Terra como pedras, transformando-se em corvos dourados. Como ainda precisavam de um Sol, o rei Yao roubou a última flecha da aljava de Yi, deixando o último Sol brilhar.

Yi e Heng-O

Banido do céu pelos deuses enfurecidos, e temendo a mortalidade, Yi partiu para encontrar o deus lobo uivante, Xi Wang, que detinha as duas últimas gotas de uma poção da imortalidade. Se duas pessoas bebessem uma gota cada um, permaneceriam na Terra, mas seriam imortais; se uma pessoa bebesse duas gotas, seria imortal no céu. Heng-O avidamente bebeu ambas as gotas e subiu para o céu, chegando apenas à Lua. Yi procurou Heng-O por toda parte e, então, um dia Xi Wang teve pena dele e transformou-o no deus do Sol. Yi foi morar no último Sol, que ele não havia abatido, e encontrou Heng-O na Lua, que governava de seu palácio solitário. Quando a Lua está cheia, Heng-O está sozinha, mas quando parece que há apenas uma meia-lua, significa que Yi foi visitá-la.

Yi e Heng-O finalmente acabaram se encontrando no céu, como Sol e Lua.

Mani e Sol

No mito nórdico, esta versão da história do Sol e da Lua
surge na sequência da criação do mundo a partir da carne
de Ymir (ver p. 228).

Depois de Ymir ter sido desmembrado (ver p. 130), os deuses chamaram de Mani (Lua) e Sol (Sol) duas brasas brilhantes do reino de Muspel. Eles as colocaram em duas carruagens especiais e as fizeram atravessar o céu. Então, um homem colocou em seu filho o nome de Lua (Mani) e chamou sua filha de Sol (Sol); os deuses Odin, Vili e Ve ficaram tão indignados que arrebataram as crianças para longe da Terra e os prendeu às carruagens, para conduzir o Sol e a Lua no céu para sempre.

Sol era tão quente que seus dois cavalos, Arvakr e Alsvin, tinham de usar armaduras de proteção. No final do dia, eles tornavam o horizonte vermelho, as armaduras de prata refletindo o fogo do Sol. Mani tinha apenas um cavalo, Alsvider. Às vezes, eles chegavam tão perto da Terra, que uma noite ele pegou duas crianças na margem do rio. Manteve-os como seus companheiros, e eles se tornaram a Lua Minguante e a Lua Crescente.

Lobos perseguiam Mani e Sol através do firmamento. A carruagem de Mani sempre ia à frente do Sol, e Sol sempre tentava emparelhar com Mani, porque os lobos tentavam pegar as rodas de sua carruagem. Às vezes, os lobos conseguiam apanhar um deles e arrastavam para a Terra; quando era Sol, o tempo ficava encoberto e havia escuridão total. Quando Mani era apanhado pelos lobos, a noite tornava-se palidamente iluminada, mergulhada em uma névoa fantasmagórica, e as pessoas pulavam e faziam barulho para afugentar os lobos. Mas eles ainda temem que os lobos triunfarão finalmente no Ragnarök (ver p. 133).

Dag e Nott

Dia e noite, respectivamente, Dag e Nott também receberam carruagens dos deuses. A de Nott era ricamente entalhada e puxada por um cavalo negro chamado Hrimfaxi, na qual ela podia dar a volta nos céus. Quando viram como Dag era belo e radiante, os deuses também lhe deram uma carruagem. Seu cavalo era branco e cintilante e sua crina refletia o fogo do Sol e iluminava o mundo.

Sol e Mani conduziam suas carruagens pelo céu, eternamente perseguidos por lobos.

SOL, LUA E CÉU

Trovão e o Elefante

Um mito do Quênia simples, porém marcante, esta história conta como os trovões apareceram no céu e os seres humanos destruíram a harmonia da criação.

No início, havia três seres vivendo na Terra. Eram o Elefante, o Homem e o Trovão. Embora inicialmente se dessem bem, sentimentos inquietantes começaram a minar a harmonia quando Trovão reparou na diferença entre eles.

Certo dia, comentou em sua estrondosa voz com o Elefante: "O Homem é uma criação estranha. Se ele quer se virar enquanto dorme, não tem de se levantar ou mesmo acordar. Para eu me virar, tenho de me chocar com as nuvens e ribombar pelo céu até voltar para a Terra novamente".

O Elefante concordou: "Eu não posso me virar de um lado para o outro, também. Preciso me erguer sobre quatro patas e depois deitar-me novamente".

A paranoia de Trovão em relação ao Homem cresceu de forma constante e ele ficou com medo de seu poder. "Vou deixar a Terra, é mais seguro no céu." O Elefante riu: "O Homem é uma criatura tão pequena, como ele pode machucar você?"

Mas Trovão já estava longe e ecoou: "Porque, se ele pode se virar dormindo, imagine o que ele pode fazer quando está acordado".

O Elefante ficou olhando as nuvens escuras rolarem pelo céu levando Trovão com elas. O Homem também assistira ao desaparecimento de Trovão e, de fato, havia ficado satisfeito que ele houvesse ido embora. Sempre tivera medo do Trovão. O Elefante era o menor dos seus problemas. O Homem entrou na floresta e colheu algumas ervas venenosas; da seiva delas produziu veneno e de suas hastes fabricou arcos e flechas. Então, mergulhou as flechas na seiva e atirou-as no Elefante pelas costas. Enquanto a grande criatura caía no chão, morrendo, gemeu para o céu: "Leve-me com você, Trovão, eu lhe imploro!".

Mas Trovão não ligou. Ele gritou de volta: "Não, você não pode vir comigo. Você disse que o Homem era tão pequeno que nunca poderia fazer mal algum – foi sua estupidez que matou você". Então, o Elefante morreu, o homem saltou de alegria e fez mais veneno, mais flechas, e matou muitas coisas que haviam sido criadas. Tornou-se o senhor da natureza, porque ele podia fazer mais do que simplesmente se virar enquanto dormia.

Ao contrário de Trovão, o tolo Elefante não percebeu o poder do Homem.

Amaterasu e Susano

A interação entre o Sol e a Lua é essencial para a fertilidade do mundo na antiga mitologia japonesa. Seguidores do xintoísmo ainda adoram Amaterasu em santuários em todo o Japão.

Amaterasu era a deusa do Sol e seu consorte Tsukuyomi era o deus da Lua. No início, viviam felizes no céu, mas Amaterasu enviou Tsukuyomi para a Terra para comer com a deusa dos alimentos, Uke Mochi. Não se preocupando em servir comida de verdade a uma divindade tão insignificante como a Lua, Uke Mochi apresentou a Tsukuyomi alimentos regurgitados nos pratos. Mas o deus da Lua, sentindo-se ultrajado, pegou seu arco e matou-a com uma flecha de luz prateada.

Ao retornar, Amaterasu estava furiosa e baniu-o para um palácio diferente no céu. Um espírito de nuvem deu a Amaterasu sementes, arroz e plantas que brotaram da face da deusa morta, e ela mandou o espírito de nuvem de volta à Terra para plantá-las em todos os lugares para garantir a fertilidade da Terra. Mas Susano, deus das tempestades, estragou a primeira colheita. Ele causava estragos aonde quer que fosse, e, em desespero, Amaterasu enfurnou-se numa caverna escura. Mas, como seu exílio significava que não haveria mais luz no mundo, os outros deuses realizaram um conselho para decidir o que fazer.

O Sol no exílio

O deus da sabedoria, Omoigane, pensou em uma maneira de atraí-la. Os deuses dançaram diante da caverna com a deusa da magia, Utsume. Eles penduraram um espelho em uma árvore com um colar de estrelas e Amaterasu, curiosa, espiou através de uma fenda na abertura e perguntou: "Como vocês podem ser tão felizes na escuridão sem mim?". Omoigane sussurrou de volta: "Porque nós encontramos uma deusa mais bonita do que você".

Furiosa por ter uma rival, Amaterasu, em seguida, viu seu próprio reflexo no espelho. Acreditando ser o reflexo da deusa mais radiante de todas, saiu da caverna para encará-la. Mas os deuses agarraram-na e pediram: "Precisamos de você para brilhar a sua luz, por favor, volte para o céu". Amaterasu concordou: "Eu sou a deusa mais bela, e como não há outra como eu, voltarei". O destino de

Amaterasu foi atraída para fora de sua caverna por um truque dos outros deuses.

Susano foi ser banido para a Terra, mas a luz da deusa do Sol sempre foi mais poderosa do que suas tempestades furiosas.

Tsukuyomi apenas podia refletir a luz de Amaterasu, e veio a ser considerado deus da profecia. Adoradores só podiam olhar para a Lua usando um espelho: caso contrário, enlouqueceriam.

Pele

A deusa havaiana do fogo vulcânico, Pele, personificava as constantes erupções que lançam jatos de lava para o céu, características das ilhas. Pele tornou-se uma divindade altamente considerada e é um excelente exemplo da forma como os povos criam uma divindade local para atender às suas necessidades geográficas específicas.

Pele tinha um caráter tempestuoso. Controlava o fluxo de lava, decidindo quando iria entrar em erupção ou não, dependendo de seu humor. Ela se apaixonou por um jovem chefe, Lohiau, de uma ilha próxima, e decidiu que ele seria dela e de mais ninguém. Enviou sua irmã Hi'iaka para buscá-lo, prometendo que nenhum mal aconteceria à floresta ou ao amigo de Hi'iaka, Hopoe, enquanto ela estivesse longe. Quando Hi'iaka encontrou o jovem chefe ele estava morto, por isso, ela empregou seus poderes mágicos e o trouxe à vida novamente e eles se apaixonaram.

Em seu ciúme ardente, Pele fez jorrar fogo e lava que fluíram pelas florestas matando Hopoe. Então, começou a destruir toda a ilha, e em sua fúria virou uma bola de fogo e queimou Lohiau até a morte. Os poderes mágicos de Hi'iaka a protegeram e, por muitas horas, ela procurou o espírito de Lohiau. Então, vislumbrando-o à deriva no vento, agarrou-o e devolveu-o ao seu corpo. Juntos, escaparam da ira de Pele e foram viver na ilha de Lohiau.

Pele tornou-se uma divindade muito significativa na mitologia havaicna, e era claramente específica da geografia local.

O vulcão ainda ativo, Po'o U'u, no Havaí: tão hostil e raivoso quanto a deusa Pele.

O Homem Porco

Pele encontrou nova diversão quando o Homem Porco resolveu cortejá-la. Ele era um metamorfo e poderia ser qualquer coisa – um porco, homem ou peixe. Pele o provocava e atormentava e seus conflitos e testes tornaram-se cada vez mais perigosos e apaixonados. Às vezes, ela tentava soterrá-lo com chamas e lava, mas ele provocava um nevoeiro e fazia chover sobre as montanhas, e os porcos corriam pela terra patinhando no solo encharcado. Então, enquanto a chuva caía, tudo virava lama e os fogos de Pele eram apagados.

Mas os deuses intervieram quando perceberam que alguns de seus fogos sagrados poderiam ser apagados pela água e, por isso, chegaram a um acordo. A Pele foram dados as encostas das montanhas, valas e barrancos para sua lava correr, e o Homem Porco recebeu os vales verdejantes a salvo do fluxo vulcânico, onde poderia ter névoa, chuva e lugares molhados. Estava, portanto, assegurado o equilíbrio entre a terra ardente de Pele e o ar úmido do Homem Porco.

Filhos do Sol

O império inca começou no vale de Cuzco no alto dos Andes, no Peru, por volta de 1200 EC. Os incas acreditavam que eram filhos do deus Sol, Inti. Há muitas versões diferentes dessa história, mas neste mito particular, Inti é uma divindade benevolente e civilizada que tornou possível a criação do império.

Um dia, o deus Sol afastou as nuvens e espiou a Terra. As terras eram incultas, as pessoas e os animais miseráveis e selvagens. Inti decidiu que o mundo precisava de um pouco de orientação para a sua sobrevivência e, num lampejo de inspiração, decidiu enviar sua filha Mama e seu filho Manco para ensinar às pessoas como melhorar sua vida.

Quando a família chegou à porta do céu, Inti entregou aos filhos uma haste de ouro, dizendo: "Enquanto viajo por todo o céu vejo o que as pessoas do mundo fazem, e fico muito infeliz por constatar sua ignorância. Cabe agora a vocês governarem essa gente com bondade. Esta haste de ouro irá mostrar-lhes onde construir a minha cidade sagrada. Sempre que vocês pararem para acampar durante a noite, cravem esta haste na terra. Se ela afundar, revelará o lugar com o solo mais fértil para a cidade do Sol, Cuzco".

Então, eles partiram em direção ao lago Titicaca (agora na fronteira com a Bolívia) e cada vez que paravam para comer, beber ou acampar, tentavam enterrar a haste de ouro no solo, mas sem sucesso. Afinal, ao chegarem a um belo vale situado entre duas colinas, souberam que aquele era o lugar que acolheria a haste de ouro. No cume do monte eles pararam para comer e cravaram a haste na grama viçosa. O solo era tão fértil que a haste afundou no chão e desapareceu.

Mama disse: "Este é o lugar em que devemos construir a cidade de nosso pai. Este é o lugar onde devemos governar todo o seu povo". Manco concordou: "Agora, temos de reunir as pessoas e trazê-las para este vale escondido. Vamos ensinar-lhes a ser civilizados e governá-los com bondade e justiça, como nosso pai nos disse que fizéssemos".

O Templo do Sol em Machu Picchu, não muito longe de Cuzco, no Peru.

Manco e Mama voltaram para as planícies e lagos e encontraram muitas pessoas desejosas de irem para Cuzco. Quando o povo miserável viu os filhos do Sol, seguiram-nos alegremente, sabendo que estavam em boas mãos. Essas pessoas se tornaram a raça inca e foram educados em tudo, desde a agricultura à irrigação. Eles adoravam o Sol, e em honra de Inti construíram um templo fabuloso na colina onde a haste de ouro havia afundado no solo. Assim nascia o império inca e os filhos do Sol cuidaram para que ele fosse um dos reinos mais civilizados e fecundos.

Nantu e Etsa

Os shuar, do Equador, eram agricultores, mas também um povo guerreiro. Sua notória prática de encolher cabeças era baseada na crença de que os espíritos de seus inimigos devem ser presos na cabeça de sua vítima, a fim de honrar os seus antepassados. Este mito é parte de um conto épico de assassinato, luxúria e incesto, mas revela a poderosa influência do Sol e da Lua.

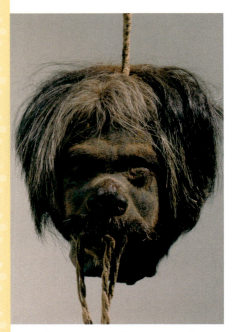

Pensava-se que encolher cabeças prendia o espírito do inimigo e, assim, ganhava-se o controle sobre seus poderes e habilidades.

Etsa era o Sol, Nantu a Lua. Ambos foram gerados pelo deus criador, Kumpara. Nantu era tão bonita que todas as noites quando aparecia, um grande pássaro, o curiango, ficava encantado com sua beleza fantasmagórica. Ele tentou seduzi-la muitas vezes, mas Nantu nunca o deixava se aproximar. Etsa também se apaixonou por Nantu e a seguia pelo céu, mostrando seu amor e desejo por ela. Etsa pintou o rosto para tornar-se ainda mais atraente do que o habitual, mas Nantu subiu mais alto em seus aposentos e pintou seu corpo para que ficasse negro como a noite. Ela pintou linhas em seu rosto e até hoje podemos ver as marcas tênues na superfície da Lua. O curiango viu Nantu no ponto mais alto no céu e decidiu tentar a sorte cortejando-a, subindo por uma hera grossa que pendia do manto estrelado. Mas Nantu cortou a planta, que caiu de volta à selva, e o curiango escondeu sua frustração entre as árvores.

Etsa pegou dois papagaios e dois periquitos e os amarrou às mãos e aos joelhos. Os pássaros voaram até a Lua e, lá chegando, Etsa exigiu que Nantu o amasse. Uma terrível briga teve início e, cheio de raiva, Etsa atingiu Nantu. Foi o primeiro eclipse da Lua. Nantu, entretanto, revidou, e conseguiu socar o ventre de Etsa. Este foi o primeiro eclipse do Sol. Nantu estava exausta com o comportamento bizarro do apaixonado Sol e começou a chorar. Etsa gritou: "Veja como sou muito mais forte e poderoso do que você, que só consegue derramar lágrimas!" Agora, sempre que a face da Lua está avermelhada, é considerado um sinal de que ela está prestes a derramar chuva em toda a terra.

Prole

Nantu finalmente concordou em se casar com Etsa, e seu primeiro descendente foi Unushi, a preguiça, o primeiro shuar. O Sol e a Lua se encontram frequentemente na Terra para procriar, quando não há luar. Certa vez, Nantu desceu à Terra e o curiango pintou o rosto e colocou seus brincos de asas de besouro e correu atrás dela. Mas Nantu fugiu para o céu novamente e, não correspondido, o pássaro voltou ao seu estilo de vida miserável. É por isso que, nas noites de luar, pode-se ouvir a sua triste canção de amor *Aishiru, Aishiru* ("amada, amada"), por entre a copa das árvores.

O povo shuar era chamado Jívaro, que significa "selvagem", pelos invasores espanhóis. A palavra agora é considerada pejorativa no Equador.

Ag-Ag e Klang

Para os semang, um grupo étnico indígena negrito da península da Malásia, esta é uma história simples de como o Sol e a Lua surgiram. Como muitas tradições orais, o que importa não é tanto por que algo é como é, mas sim, como ele chegou lá.

Ag-Ag e sua esposa Klang viviam em uma bela casa construída sobre palafitas acima das margens de um rio escuro e lamacento. O filho deles, Tnong, era uma libélula que esvoaçava alegremente, raspando as asas na superfície da água, zumbindo pelos manguezais. Mas, um dia, a vibração de suas asas derrubou a casa de suas palafitas e ela foi lançada ao céu. Tnong não sabia o que fazer – ele era apenas uma criança –, por isso, continuou voando ao redor da casa.

Klang ficou apavorada ao perceber que a casa estava indo na direção do céu e caiu pela porta. Mas, enquanto caía, asas brotaram de suas costas e um bico cresceu de sua cabeça e ela se transformou em um falcão. Ag-Ag olhou para baixo e viu o rio serpenteando através das florestas tropicais como uma víbora caçando sua presa; viu também um falcão voando sobre as colunas térmicas, e percebeu que era Klang. Ele também caiu e tornou-se um corvo.

A casa voava cada vez mais alto em direção ao oeste. Tnong ainda continuava circulando por baixo da casa e, depois de algumas horas, ele atravessou a porta, no momento em que a casa começou a cair lentamente em direção à Terra, e acabou posando em uma caverna escura. A casa rolou para as cavernas do leste e, em seguida, surgiu novamente do outro lado da Terra, subindo ao céu mais uma vez. Tnong decidiu ficar na casa e brincar nela para sempre. Foi assim que ela se tornou a casa do Sol.

Tnong sempre gostou de suas brincadeiras diárias, mas estava com ciúmes da Lua, que parecia ter todas as estrelas no céu com ela à noite. Quando Tnong saía para brincar, todas as estrelas fugiam, com exceção de duas que o espiavam quando ele se levantava, mas que o deixavam tão logo ele começava a zunir nas cavernas escuras.

Tnong às vezes envia uma grande mariposa na noite para engolir a Lua, a fim de que possa brincar com as estrelas em seu lugar. As pessoas na Terra fazem ba-

Concebidas para resistir a inundações e manter seu interior fresco no calor tropical, casas de palafitas ainda hoje são construídas na Malásia.

rulho, dançam e tocam tambores para afugentar a mariposa e, então, a Lua volta a aparecer. Não importa quantas vezes Tnong envie a mariposa para a Lua, as pessoas sabem que a Lua deve voltar para manter as estrelas em ordem. Tnong pode querer ficar brincando com elas para sempre e, então, nunca mais haveria luz de sua casa Sol brilhando de dia.

Glooskap e o Verão

O deus trapaceiro Glooskap aparece em muitos mitos norte-americanos. Para os povos Algonquinos, ele era arrogante e enganador, e poderia ser qualquer coisa que escolhesse – uma pena, um coelho (seu disfarce favorito), fumaça ou uma pedra. Mas este mito conta como ele trouxe o verão para as terras do norte, permitindo assim que as pessoas cultivassem essa parte do mundo.

Uma aldeia Algonquina por volta de 1585, em torno de uma grande fogueira para manter o inverno longe.

Por muitos dias e noites Glooskap vagou em direção ao norte, atravessando tempestades de neve, passando por montanhas cobertas de gelo, rios e planícies congelados. Através da tempestade, avistou uma luzinha e, temendo não conseguir sobreviver à noite gélida, lutou para alcançar o abrigo quente. Ele viu uma tenda de índio enorme, tão grande que ocupava toda a encosta de uma montanha. Batendo os dentes, lançou-se através da abertura, não se importando se seria comido vivo ou jogado de volta para o frio. Lá dentro se encontrava o Gigante do Inverno, que o convidou para se sentar ao lado de sua cadeira de gelo. Não havia fogo, nem calor, nem luz, a não ser um pingente de gelo brilhante pendurado acima da cabeça do gigante. O Inverno lhe ofereceu seu cachimbo e, à medida que Glooskap pitava, começou a se sentir mais aquecido e mais calmo.

Encantamento do Inverno

O gigante tinha muitas histórias para contar e, enquanto fumavam e conversavam, Glooskap não percebeu que o Inverno estava congelando tudo em torno dele. Glooskap começou a se sentir sonolento e caiu em um sono profundo que durou quase seis meses. Mas, como os dias começaram a durar mais, Glooskap acordou e descobriu que o Inverno havia ido embora. Partindo em direção ao sul, sentiu o Sol nas costas e procurou Verão. Em uma clareira da montanha, as menores pessoas que já vira dançavam sob os raios de sol que atravessavam a copa das árvores. No centro estava Verão, menor que todos. Glooskap arrebatou Verão e amarrou um laço em torno de seu corpo diminuto. Com Verão apertada contra seu peito, saiu da floresta e rumou para o norte, com parte da corda do laço arrastando atrás de si. O povo da luz de Verão perseguiu Glooskap, para encontrar sua rainha.

Retorno de Glooskap

Ele voltou à casa de gelo do Inverno. Mas, desta vez, enquanto o Inverno contava histórias, Glooskap começou a contar as suas próprias. Isso aqueceu a tenda indígena e o calor produzido por Verão começou a fazer o Inverno suar. O Inverno descongelou e seu suor produziu enormes torrentes de água. A tenda derreteu e as plantas começaram a nascer da terra úmida. A natureza tornou-se viva e os pássaros cantaram. Então, Glooskap deixou Verão para trás e o povo da luz de Verão encontrou sua rainha e ficou por lá um tempo, para manter a terra fértil e acolhedora. Agora, Verão vai sempre visitar o norte, uma vez por ano.

O homem Lua

Muitos povos aborígines contam versões diferentes desta história sobre Lua, um homem que cobiçava duas irmãs. Normalmente feliz e despreocupado, ele passava a maior parte do tempo brincando e assobiando. Mas, um dia, ele caiu em depressão, achando-se muito rejeitado. Sentia-se mal porque não tinha sorte com as garotas.

Embora fosse engraçado, Lua fracassou miseravelmente em conquistar qualquer uma das moças que conheceu. Elas o viam como um tolo e faziam piadas sobre ele, rindo às suas costas, porque o achavam tedioso e gordo. Todas as noites, ele viajava por toda a terra à procura de uma namorada. Mas seus vizinhos enviavam mensagens avisando sobre sua aproximação.

Numa noite clara, Lua estava cantando uma música alegre enquanto vagava sobre a margem de um rio, sua luz prateada refletida sobre a água. Duas garotas ouviram sua voz e acharam que ele devia ser bonito e forte. Mas, quando o viram, ficaram desapontadas, fugiram e pularam em uma canoa. Lua decidiu enganar as meninas e gritou para elas: "Eu também preciso atravessar o rio, por favor, voltem pelas Plêiades no céu!".

As irmãs relutantemente voltaram, lembrando que as Plêiades ensinavam que é errado prejudicar qualquer criatura e que todos os seres humanos devem ser amados. Mas, em sua jornada de volta, Lua começou a fazer cócegas nas meninas e a canoa virou. Lua mergulhou de cabeça no rio e, enquanto afundava, as garotas viram sua face brilhante, grande e branca no início, tornar-se mais pálida e fantasmagórica à medida que afundava. Finalmente, tornou-se apenas metade dela e, em seguida, uma fina Lua Minguante, até que desapareceu totalmente na escuridão.

O corvo ouviu as meninas contarem sobre o destino de Lua e enviou uma mensagem a todos os povos da Terra. "Lua já não pode brilhar o tempo todo. Ele virá da terra dos espíritos, a oeste, apenas com uma parte de seu rosto brilhando. Todas as noites mais de seu rosto será visível e, então, ele vai desaparecer gradualmente no leste e ficará invisível por um tempo. Quando ele voltar do oeste, espiará

Para muitas culturas, a Lua está associada a uma divindade; neste conto representa, simplesmente, um homem solitário.

primeiro antes de aparecer, porque está envergonhado por seu desejo pelas mulheres. Mas terá coragem de sorrir uma vez por mês e tentar conquistar uma garota em plena luz de seu rosto cheio. Então, gradualmente se desvanecerá de novo, porque sempre irá se decepcionar. Essa é a verdadeira natureza de Lua".

Como a noite começou

Para os povos do Alto Orinoco, na Venezuela, Wanadi era
o deus criador que reencarnou muitas vezes na Terra. Antes
de os seres humanos terem sido criados só havia luz, e foi
só pela incompetência de um dos deuses menores que a noite
e, posteriormente, a escuridão, vieram ao mundo.

Quando o mundo banhava-se na eterna luz do dia, Wanadi decidiu enviar o seu
mensageiro à Terra para criar as primeiras pessoas. Esse espírito mensageiro era
o próprio Wanadi e sobre a Terra ele fez nascer toda uma raça e depois enterrou
o cordão umbilical e a placenta no solo. Da placenta cresceu um homem chamado Odosha, que era mau. Tudo que Wanadi tentava fazer para ajudar o povo,
Odosha tentava destruir. Ele convenceu os seres humanos a matar o espírito Wanadi e como punição todos eles foram transformados em animais. Mais dois Wa-
nadis foram enviados à Terra para lidar com o malvado Odosha.

O segundo Wanadi queria mostrar que seu poder era maior do que o de
Odosha e fingiu estar ensinando ao povo como a morte e a vida eram apenas
uma ilusão. Sentou-se fumando e sonhando em silêncio e, então, sonhou sua
mãe e trouxe-a à existência. Já era adulta e ele a chamou de Kumariawa. Quando
Wanadi pensou "vida", ela nasceu e quando ele pensou "morte" ela morreu. Wanadi enterrou sua mãe e deixou um papagaio vigiando sua sepultura, no caso de
Odosha aparecer para ver se era verdade. "Sabe, se posso pensar que 'morra' e ela
morre, então, posso pensar que 'viva' e ela viverá novamente. Em breve estará de
volta e eu não quero que Odosha a encontre antes de mim."

Wanadi foi caçar e decidiu deixar sua bolsa de xamã com seu sobrinho Iarakaru, por segurança. "Jamais abra essa bolsa ou libertará a noite no mundo",
disse ele. Mas Odosha ouviu Wanadi dizer isso e subiu por trás do jovem deus e
sussurrou em seu ouvido: "Abra a bolsa, abra a bolsa, ou Odosha virá atrás de
você". Iarakaru tinha pavor do terrível Odosha e abriu a bolsa, atirando-a no
chão em seguida. Wanadi começou a "pensar" em sua mãe viver novamente, e

O povo do Alto Orinoco preocupava-se com o dia e a noite, e as forças do bem e do mal.

quando ela ergueu a mão através da terra da sepultura o papagaio gritou e Odosha correu para lá. Odosha urinou sobre a mulher reencarnada e o ácido venenoso descolou-lhe a carne dos ossos. O papagaio gritou novamente, mas quando Wanadi chegou já era tarde demais. Inconsolável, Wanadi levou os ossos de sua mãe de volta para o céu junto com ele. Agora que não havia luz, Wanadi acreditava que o mundo já não lhe pertencia e que os poderes malignos de Odosha iriam assumir. Mas, acredita-se que uma nova raça de gente boa irá habitar a Terra, Odosha morrerá e seu mal será exterminado. O terceiro Wanadi será então enviado à Terra, mas será o quarto Wanadi que irá destruir Odosha e, finalmente, o mal desaparecerá para sempre.

FERAS E MONSTROS

Monstros e feras estranhas muitas vezes aparecem como personagens secundários de mitos e geralmente são resultado de cruzamentos entre deuses e animais, ou demônios e pessoas, fogo e pedras, e assim por diante. Há muito pouca lógica envolvida no desfile fantástico de dragões e monstros da mitologia. Mas a única coisa que todos têm em comum é sua aparência horripilante ou seu apetite sanguinário por carne humana. Eles representam não apenas o medo, mas também a imaginação fértil dos povos do mundo.

A Serpente e a Águia

A mitologia babilônica é repleta de monstros e animais, algumas vezes como símbolos de poder e, outras, como formas totêmicas dos próprios deuses. Isso incluía um touro alado, os quatro cães de Marduk e a águia, um símbolo do deus do Sol babilônico, Shamash.

A Águia e a Serpente eram boas amigas que costumavam caçar juntas. Mas, um dia, a Águia sentiu-se extremamente faminta e pensou que nada poderia ser melhor do que uma saborosa refeição de serpentes. A Águia disse à sua família que tinha a intenção de comer os filhos da amiga, a Serpente, mas uma sábia águia jovem advertiu-a de que, se o fizesse, incorreria na ira do deus do Sol, Shamash, e que ele, então, a puniria. A Águia, no entanto, recusou-se a acreditar em seu filho e arremeteu contra a árvore onde as serpentes se aninhavam. Quando pousou nos galhos mais altos, seu peso destruiu o ninho e todos os pequenos filhotes de serpente caíram no solo. A Águia os devorou avidamente. Quando a Serpente retornou e percebeu que toda sua prole havia sido devorada, clamou pela ajuda de Shamash para vingar a morte de sua família.

As águias são símbolos de poder.

Shamash concordou em ajudar a Serpente a conseguir sua vingança, e deu-lhe um conselho: "Há um boi morto no caminho para as montanhas; esconda-se no interior da carcaça, e logo a Águia chegará. Quando o fizer, enrole-se rapidamente nela, esprema sua vida para fora, depois a morda com suas presas venenosas. Depois, você deve lançá-la em um poço".

Serpente escondida

A Serpente encontrou o boi morto, rasgou a carcaça e deslizou por entre as costelas para se ocultar. Poucas horas mais tarde, ouviu um crocitar e o bater de asas. Centenas de corvos carniceiros precipitavam-se para comer a carne, mas a Águia foi cautelosa e permaneceu distante até que todos os outros pássaros se saciassem. Então, a Águia ficou com fome e quis comer: "Não há escolha, temos de comer a carne do boi, como todo mundo". A sábia águia jovem falou de novo:

Shamash, o deus do Sol caldeu, também era conhecido como o deus da justiça na Babilônia e na Assíria.

"Tenha cuidado, meu pai, estou certo de que a Serpente está esperando por você dentro desse cadáver e irá matá-lo".

Mas a Águia não lhe deu atenção e riu. Disse que não tinha medo da Serpente e, dominado de cobiça pela carne deliciosa, pousou na barriga do boi. Quando a Águia arrancou um naco do cadáver, a Serpente surgiu e capturou-a com sua bocarra, enrolou-se firmemente em volta dela e depois enterrou as presas em seu pescoço. A Águia tentou implorar por misericórdia, mas a Serpente a espremeu ainda mais até que a Águia sufocou. A Águia morta foi atirada em um fosso. Daquele dia em diante, nenhuma águia jamais ousou matar uma serpente.

Feras e monstros hindus

Os monstros e feras da mitologia hindu geralmente eram espíritos malignos ou seres que contrastavam ou complementavam os deuses e suas várias qualidades e ações.

Os nagas

Os nagas eram descritos como maus, mas eram como seres humanos e comportavam-se de forma ambivalente. Embora a maioria fosse demônios, uns poucos conseguiram a imortalidade por terem lambido a *amrita* (o alimento dos deuses) que caiu no solo quando Garuda resgatou sua mãe Vinata do Mundo Inferior, após uma briga de família. Vinata era filha de Daksha, que era um dos senhores da criação originais.

Esses estranhos deuses podiam assumir qualquer forma humana ou ofídica que quisessem. Às vezes, eram metade serpente, metade mulher; outras vezes, guerreiros com pescoço de cobra. Alguns tinham cinco capuzes, outros sete. Usavam joias que iluminavam o Mundo Inferior ou viviam em fabulosos palácios guarnecidos por joias no céu ou no fundo do mar. Os nagas eram os serviçais de Indra e suas joias eram as gotas de chuva de Indra.

Geralmente, provocavam chuva em nome de Indra e podiam retê-la quando estavam de mau humor. Alguns eram mais virtuosos. Sesha, rei dos nagas, era a serpente do mundo sobre a qual Vishnu dormia. Ele fica enrolado quando o universo está em repouso e seus sete capuzes protegem Vishnu do mal.

Sesha é um símbolo do eterno – ele prende o rabo com a boca como a serpente ouroboros em textos alquímicos e apoia os Céus. Outro naga, Muchalinda, supostamente protegeu Buda enrolando-se em torno dele sete vezes quando foi ameaçado por uma grande tempestade, enquanto meditava sob a árvore *bho*.

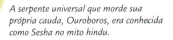

A serpente universal que morde sua própria cauda, Ouroboros, era conhecida como Sesha no mito hindu.

Os raxasas são demônios malignos, geralmente disfarçados de anões grotescos.

Os raxasas

Os raxasas emergem de sua mãe Noite como demônios grotescos e rastejam furtivamente pelo mundo sob diferentes formas para ocultar sua monstruosidade. Eles podem ser anões ou gigantes, repugnantes misturas de animais ou lobos e abutres. Alguns aparecem como demônios noturnos com olhos vermelhos e línguas para fora, que trazem cadáveres de volta à vida e comem a carne. Há demônios que deixam os homens loucos, os que atacam homens sagrados e aqueles que assombram a mente dos seres humanos e os induzem a fazer coisas tolas. Há também as raxasis, demônios femininos que podem enfeitiçar e encantar os homens induzindo-os a arrebatamentos de luxúria demoníaca. Elas podem entrar e sair dos orifícios do corpo quando menos se espera e a única coisa que temem é o fogo.

Dussera, o popular festival hindu, comemora a derrota do rei demônio Ravana pelo Senhor Rama.

Ravana, o rei dos demônios

Rei dos raxasas, Ravana originalmente era uma criatura do Céu, mas insultou Brahma e foi-lhe dada a escolha de reencarnar sete vezes como amigo de Vishnu ou três vezes como seu inimigo. Ele escolheu o caminho mais fácil, supondo que Vishnu preferiria eliminar de imediato seus inimigos, o que garantiria a si próprio um lugar nos Céus mais depressa.

Em sua primeira encarnação como Hiranyakasipu ele matava qualquer um que atravessasse o seu caminho, e foi finalmente destruído por Vishnu. Em sua segunda encarnação, Ravana, foi particularmente vil – seduzindo as esposas de outros homens, quebrando todas as leis, estuprando, destruindo tudo que encontrava pela frente. Era um monstro horrível de dez cabeças, olhos vermelhos saltados, com vinte braços e dentes como os de um lobo com a boca arreganhada. Podia ficar do tamanho de uma montanha e espalhava sua fúria pelo mundo, agitando o mar e desmanchando cordilheiras. Ravana era indestrutível pelos deuses e somente Rama, um dos avatares de Vishnu que nascera na Terra especificamente para matar Ravana, finalmente derrotou o aterrorizante rei dos demônios.

Em sua última encarnação como Sisupala, foi amaldiçoado com três olhos e quatro braços e foi uma constante fonte de perturbação para Krishna (nono avatar de Vishnu), mais do que qualquer outra coisa. Após muitos conflitos, Sisupala insultou um eminente rei, o que o levou à morte. A alma de Sisupala foi absorvida por Krishna, e ele foi autorizado a retornar ao Céu, finalmente perdoado depois de pagar o preço de ser três vezes inimigo de Vishnu/Krishna.

Ravana, o rei dos demônios, era o mais apavorante de todos os demônios.

Feras e monstros gregos

A mitologia grega é repleta de monstros – alguns para serem vencidos por heróis ou deuses, outros para proteger locais sagrados, e a maioria deles horrivelmente feia.

Tífon

A mãe de Tífon era Gaia e seu pai, Tártaro (ver pp. 102-03). Seu nome significa "fumaça" e era formado de uma neblina de fumaça, da qual se projetavam uma centena de cabeças de dragões. No lugar de braços e pernas tinha mil serpentes, sua boca cuspia lava e seus olhos eram labaredas de fogo. Nasceu para vingar a derrota dos gigantes da Terra – assim que foi criado, ele esbravejou pelo universo e partiu para destruir o Olimpo.

Acabou sendo derrotado por Zeus. Algumas narrativas sugerem que Zeus ergueu o monte Etna e usou-o para esmagar Tífon, que foi encravado na crosta terrestre para sempre; ocasionalmente, seus vapores furiosos ainda se levantam através das montanhas na forma de vulcões. Équidna e Tífon criaram uma terrível prole: Cérbero, o cão de três cabeças do Mundo Inferior (ver p. 290); a Hidra, serpente aquática de várias cabeças que vivia em Lerna (veja a seguir); a medonha Quimera (veja ao lado), e a Esfinge, que atormentava Tebas (ver p. 289).

A Hidra

Vagando pelos pântanos de Lerna, a Hidra tinha nove cabeças de serpente, uma das quais era imortal. As outras cabeças eram mortais, mas cresciam novamente se decepadas. Tinha corpo de cão e cauda de dragão, que era tão poderosa que podia partir um homem ao meio com apenas um golpe. Seu hálito, urina e sangue eram letalmente venenosos. Bastava uma inalação de seus odores venenosos para acabar com a vida de um homem.

Um dos trabalhos de Hércules foi matar a Hidra. Com a ajuda de seu cocheiro Iolau, destruiu as oito cabeças mortais e, finalmente, decapitou a cabeça imortal do monstro com a espada de Iolau. Estripou a carcaça contorcida e mergulhou suas flechas no sangue, o que provou ser fatal para qualquer mortal ou deus, incluindo Quíron.

Acreditava-se que a monstruosa Quimera um dia havia sido o animal de estimação do rei de Cária, mas escapou para as montanhas.

A Quimera

A Quimera exalava fogo de sua monstruosa cabeça de leão, seu corpo era parte serpente, parte cabra, e ela era a mais hedionda criatura viva. Por algum tempo, foi mantida como animal de estimação pelo rei de Cária, mas ela fugiu para as montanhas, na Lícia.

O rei Ióbates, da Lícia, mandou chamar um mortal de nome Belerofonte e desafiou-o com um teste de força no qual ele teria de matar a Quimera. Belerofonte ficou aterrorizado e pediu aos deuses que o ajudassem. Foram-lhe dados um arco, uma aljava cheia de flechas e uma lança com ponta de chumbo. Os deuses deram-lhe também Pégaso, o cavalo alado, e ele voou ao redor do covil da Quimera, atirando flechas nela até que enfraquecesse. Ele arremessou a lança entre suas mandíbulas ofegantes e ela engasgou até a morte. Infelizmente, Belerofonte pensava que essa fosse a única façanha exigida dele, mas era apenas a primeira entre outras que acabaram por levá-lo à sua ruína. O nome Quimera foi posteriormente usado para designar qualquer monstro improvável ou fantástico como ela própria.

FERAS E MONSTROS

A Esfinge era uma maldição de Hera lançada a Tebas para punir a cidade por ter desagradado à deusa.

A Esfinge

A Esfinge, ou Estranguladora, era um monstro com rosto e seios de mulher, asas de águia, corpo de leão e cauda de serpente. Hera a enviou como uma maldição sobre a cidade de Tebas e ela guardava a única entrada e saída da cidadela. A Esfinge propunha um enigma a todos aqueles que quisessem passar; se não conseguissem dar a resposta correta, ela imediatamente os sufocava ou devorava. O enigma era: "O que caminha sobre quatro pernas pela manhã, duas pernas ao meio-dia, três pernas ao entardecer e é mais fraco quando caminha sobre quatro?". Parecia que nenhum tebano podia responder a esse enigma e milhares de pessoas foram devoradas.

Entretanto, havia sido profetizado que Édipo mataria seu pai e se casaria com sua mãe. Ele estava fugindo para Tebas, numa tentativa de evitar esse destino – embora já tivesse cumprido parte dele sem saber: o estranho com quem havia discutido e que acabou matando no caminho para Tebas era, na verdade, seu pai. No entanto, quando se aproximou da Esfinge, lembrou-se da inscrição esculpida no templo de Apolo: "Lembra-te que és mortal". Ele, então, gritou para a Esfinge: "A resposta é "o homem" – o homem engatinha em quatro pernas quando é bebê, anda em duas pernas quando é adulto, apoia-se em uma bengala na velhice, e é mais fraco quando é um bebê". A Esfinge, horrorizada por Édipo saber a resposta, atirou-se do penhasco e despedaçou-se nas rochas lá embaixo. Como recompensa por livrar Tebas da Esfinge, Édipo foi proclamado rei de Tebas, o que mais tarde levou-o a cumprir a profecia ao se casar com sua própria mãe, a rainha viúva Jocasta.

Medusa

Medusa era uma das três Górgonas, sendo as outras duas Euríale e Esteno. Eram criaturas monstruosas com corpos escamosos, mãos de bronze e asas de ouro, presas como as de um javali e cabelo que era um amontoado de serpentes sibilantes e contorcidas. As Górgonas eram tão poderosas que se alguém lançasse a elas um único olhar virava pedra instantaneamente.

Perseu caçou Medusa como um presente para seu anfitrião, o rei Polidecto. Hermes deu-lhe sandálias aladas e uma foice feita de adamantino, Hades deu-lhe um elmo da invisibilidade e Atená, seu escudo de bronze polido. Perseu usou o escudo para refletir Medusa, para não olhar diretamente para ela. Ele a decapitou com a foice de adamantino, jogou sua cabeça em um saco, de modo que não pudesse vê-la, e escapou de suas irmãs colocando o elmo da invisibilidade.

Cérbero era o leal cão de guarda de Hades, e permitia apenas que os mortos entrassem no Mundo Inferior, mas jamais retornassem dele.

Cérbero

Cérbero ("demônio do poço") era filho de Équidna (metade mulher, metade serpente) e Tífon. Tinha entre três e cinquenta monstruosas cabeças de cão e cem caudas de serpente. Guardava a entrada para o Mundo Inferior, e rondava eternamente os portões para impedir a passagem de intrusos. Os mortos eram autorizados a passar por ele como sombras, mas a única maneira de os vivos entrarem era por meios ilícitos. Orfeu embalou-o no sono com sua música, Enéas drogou-o e Hércules o aterrorizou.

O último trabalho de Hércules consistia em levar Cérbero vivo, para o rei Euristeu. Ele decidiu usar sua própria força, vigor, habilidades de guerreiro e fúria para capturar o cão. Até mesmo os espíritos dos mortos fugiram quando Hércules saiu da barca de Caronte; brandindo sua espada e lançando ferozes olhares belicosos ele obteve fácil acesso ao reino de Hades. Hércules agarrou Cérbero com facilidade pelo pescoço e, como estava vestindo uma pele de leão invulnerável, os dentes afiados do cão não lhe causaram mal. Apertando uma corrente de ferro em volta do pescoço do cão, conduziu o animal subjugado até o rio Estige e de lá para o Mundo Superior. Quando Cérbero surgiu na luz, começou a sibilar e sua saliva produziu sementes da planta venenosa acônito. Quando o rei Euristeu viu o terrível monstro, fugiu e Hércules libertou o cão, que colocou seus rabos de serpentes entre as pernas e correu de volta para o Mundo Inferior.

As Harpias

As Harpias (ladras) eram tão repugnantes que até mesmo seus próprios pais ficaram revoltados com elas e as mantiveram escondidas nas cavernas profundas do Mundo Inferior. Com garras de bronze, eram parte pássaro, parte mulher, e cria-se que, originalmente, teriam sido belas deusas aladas. Não se sabia ao certo seu número, mas tinham nomes como Ocípite (rápida), Aelo (furacão) e Celeno (obscura). Também eram conhecidas como deusas das tempestades e tinham a fama de arrebatar os fracos nos campos de batalha ou crianças, inadvertidamente, daí seu nome.

Fineu havia sido cegado pelos deuses porque suas profecias se cumpriam com muita frequência, e os deuses o amaldiçoaram com um par de Harpias como companheiras. As medonhas criaturas aladas derramavam suas secreções venenosas em sua comida e bicavam seus olhos. Jasão queria saber como recuperar o Velo de Ouro, e Fineu fez um acordo com ele: caso conseguisse livrá-lo das imundas e ameaçadoras Harpias. Os Argonautas reuniram-se num banquete com Fineu e as Harpias imediatamente chegaram voando para apanhar a comida e bicar os olhos deles. Mas Jasão enviou os dois filhos alados do vento do norte, Calais e Zete, para perseguir as Harpias pelo mar até a borda do mundo. Lá, as Harpias transformaram-se em redemoinhos, que giravam tão rápido que se emaranhavam mutuamente. Elas ocasionalmente param de girar quando o vento do norte se esquece de soprar e, então, novamente caçam mortais incautos.

O *Shanhaijing*

Estranhos e maravilhosos monstros e dragões abundam na mitologia chinesa. Ainda restam fragmentos de um livro intitulado *Shanhaijing* (*O Livro das Montanhas e Mares*), que pode ter mais de 2 mil anos de idade; essa extraordinária enciclopédia lista criaturas estranhas e aterrorizantes que os antigos chineses acreditavam existirem na Terra.

O *Shanhaijing* foi originalmente escrito como se o autor tivesse conhecimento direto e experiência pessoal de tais aberrações. Aqui estão algumas breves descrições dessas criaturas bizarras.

- Há pessoas estranhas que vivem em Qizhong, cujos pés são virados para trás. Eles caminham sobre os dedos dos pés, porque seus calcanhares estão na frente de suas pernas, mas algumas pessoas alegam que eles realmente andam de frente para trás.
- No sudoeste, há criaturas com testas proeminentes e peitos que se elevam como grandes cestos acima de suas cabeças.
- Existem pássaros chamados biyi com apenas um olho e uma asa. Se alguém conseguir montar nas costas de um biyi em pleno voo, essa pessoa viverá mil anos.
- No sul, existem criaturas que são metade homem, metade pássaro. Elas usam suas asas como apoio, já que não têm pernas. Elas ficam próximas ao litoral para capturar grandes camarões, e acredita-se que descendam de um homem que cometeu suicídio no Mar Meridional.
- Mais a oeste, em Xuanyuan, há criaturas com cabeças humanas e corpos de serpente. Elas vivem por milhares de anos, e sua cauda de serpente termina no pescoço.

As criaturas de Xuanyuan vivem por pelo menos oitocentos anos.

- A leste, existem criaturas semelhantes a macacos, que comem carvão enquanto ainda está candente e carregam as brasas com eles. São eternamente incandescentes, de modo que ninguém pode tocá-los sem ser chamuscado.
- Ainda mais para o leste há criaturas mutantes que são negras da cintura para baixo e seguram serpentes em cada uma das mãos. Elas têm uma serpente verde dependurada em uma das orelhas e uma vermelha na outra.
- No Mar da China Meridional vivem sereias e tritões chamados Jiaoren. Eles tecem suas sedas a noite toda e podem ser ouvidos por aqueles que estão na praia ou pescando em noites tranquilas de luar. Os Jiaoren choram como as pessoas, mas suas lágrimas transformam-se em pérolas. Eles têm pele bonita e cabelos fartos que chegam até o final de sua cauda. Se eles beberem vinho, sua pele fica da cor da flor de pêssego.

Os Jiaoren são sereias e tritões que vivem no Mar da China Meridional.

O lobo Fenrir

O lobo Fenrir, na mitologia nórdica, estava fadado a ser a besta do Ragnarök. Temido e incompreendido, Fenrir traria a ruína dos deuses, com ele era chegada "a era do machado, a era da espada, a era do vento, a era do lobo antes da destruição do mundo".

Os pais de Fenrir eram Loki, o deus trapaceiro, e Angrboda, uma giganta de gelo. Ele foi trazido para Asgard por Odin, para que os deuses pudessem vigiá-lo. Temendo seu rápido crescimento, perceberam que ele poderia destruir o mundo com uma mordida de seus dentes rangentes, por isso, Týr foi incumbido da tarefa de alimentá-lo, e Odin decidiu que iria tentar domar Fenrir e curá-lo de seu terrível comportamento.

Odin ouviu das Nornes (ver p. 134) que seu próprio destino estava inextricavelmente ligado a Fenrir. Assim, temendo pela perda de sua imortalidade, ele decidiu que Fenrir deveria ser amarrado para sempre. Primeiro, os deuses usaram uma forte corrente chamada Laeding, mas Fenrir partiu-a em mil pedaços. Eles tentaram outra vez com uma corrente ainda mais forte, mas, novamente, Fenrir rompeu-a e os deuses temeram que jamais fossem capazes de impedi-lo de um ataque feroz.

O último recurso foi pedir aos anões para fabricarem um grilhão mágico, tão resistente que até mesmo Fenrir não poderia destruí-lo. A corda assemelhava-se a uma fita de seda e, quando foi mostrada a Fenrir, ele desconfiou de seus poderes mágicos. Os deuses prometeram que era apenas mais um teste de força, mas Fenrir era tão precavido que insistiu que um dos deuses colocasse a mão entre suas mandíbulas, como garantia de que nenhuma mágica estaria envolvida. Týr foi o único deus disposto a fazê-lo. Obviamente, ele perdeu a mão quando a correia foi colocada ao redor do pescoço de Fenrir e o lobo se deu conta de que jamais escaparia.

Mas os deuses ainda não confiavam em Fenrir e prenderam-no a uma rocha; em seguida, posicionaram uma espada verticalmente em sua boca para que ele não pudesse morder ninguém. O sangue que jorrou de seu palato formou um rio e sua bocarra escancarou-se de modo que o maxilar inferior tocou o solo e o superior, o céu. No Ragnarök (ver p. 133), Odin será morto por Fenrir, que finalmente irá vingar-se de todos os deuses.

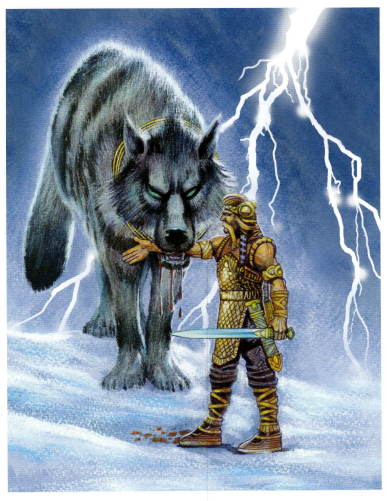

Týr foi o único deus com coragem suficiente para sacrificar sua mão a fim de deter Fenrir.

FERAS E MONSTROS

A raposa e o lobisomem

A raposa é um espírito metamorfo bem conhecido na mitologia, e acredita-se que o poder de se transformar em raposa assegura a imortalidade. Em 1000 AEC, já havia registro de lobisomens, mas eles passaram a ser temidos apenas recentemente, no século XVI EC.

Mulher-raposa (Kitsune)

Na mitologia japonesa, a raposa cria ilusões nos homens, geralmente assumindo a forma de uma bela mulher para lhes extrair sêmen durante a relação sexual, aumentando, com isso, seu próprio vigor. A única maneira de saber se você está na companhia de uma mulher-raposa é prestar atenção em seu reflexo na água; a sombra de um espírito-raposa será projetada com o contorno de uma raposa, não de uma mulher.

Uma história conta como Mikado foi seduzido e enfeitiçado por uma bela jovem, a Donzela Preciosa. Depois de deixá-lo impotente, a raposa-espírito fugiu até chegar ao pântano de Nasu. Lá, ela vivia dentro de uma enorme rocha e aguardava a passagem de estranhos. Um dia, um sacerdote budista chamado Genno ouviu sobre sua história. Dando-se conta de que estava lidando com um espírito demoníaco, orou a Buda, e o espírito se transformou em uma raposa e, em seguida, em uma bela mulher, que foi sugada pela Pedra da Morte para sempre.

Acredita-se que quanto mais homens uma mulher-raposa seduz, mais poderosa ela se torna.

Lobisomens

Os lobisomens foram temidos até quase os tempos modernos em algumas partes do mundo. Na Europa do século VI, eles eram vistos como emissários do Diabo, e muitas pessoas eram acusadas de serem lobisomens, especialmente se tivessem corpo cabeludo, dedos grossos, marcas de nascença ou unhas afiadas. Essa perseguição atingiu seu auge na França entre 1550 e 1630, quando mais de 30 mil pessoas foram julgadas, e a maioria delas executada, por suspeita de serem lobisomens.

A palavra lobisomem vem do saxônico *wer* (homem) e *wulf* (lobo). Por todo o norte e leste da Europa acreditava-se que os lobisomens nasciam de mães humanas, mas eram sobrenaturais. Sua mais óbvia associação era com a Lua, e durante a Lua Cheia eles se transformavam em lobos. Eram sexualmente atraentes para as mulheres e tinham um grande apetite sexual. Alguns eram invulneráveis a armas, embora outros pudessem ser feridos por uma flecha de prata e, posteriormente, uma bala de prata.

Uma das primeiras fontes para a origem do lobisomem é o conto grego de Licão, o desregrado rei da Tessália, a quem Zeus transformou em um lobo após Licão tentar provar que era mais esperto do que o deus.

Lobisomens eram considerados seres sobrenaturais nascidos de mães humanas.

Os Homens-Cobra

Em uma Lua Nova de inverno, guerreiros sioux retornavam para casa, famintos e cansados depois da batalha. Como ainda tinham um dia de viagem pela frente, um dos bravos encostou o ouvido no chão e escutou o que pareciam ser búfalos galopantes a distância. Ele disse ao chefe que em vez de se dividirem e cada um perseguir coelhos, ele deveriam se juntar para armar uma emboscada para a manada.

À medida que os cascos estrondosos se aproximavam, o grupo escondeu-se atrás de um tronco de árvore branco e fantasmagórico que jazia derrubado na areia. Quando saltaram para emboscar os búfalos, o chefe paralisou horrorizado, pois o que estava vindo na direção do grupo não eram búfalos, mas uma colossal serpente, com sangue escorrendo de suas presas. Seu chocalho era maior que a cabeça de um homem e ela se movia mais rápido que o vento. Apavorados, os guerreiros apontaram suas flechas para a serpente e em questão de minutos ela desabou no chão, morta. Os guerreiros decidiram comer a carcaça e ela era tão sa-

Cascavéis são consideradas sagradas, mas ainda são temidas pelo povo sioux.

Nativos sioux aguardando o retorno à aldeia de seu chefe e do grupo de caça.

borosa quanto um búfalo. Um jovem que estava relutante em provar a carne passou fome e, afinal, todos adormeceram ao lado da fogueira.

Entretanto, durante a noite, um por um, os homens se transformaram em serpentes. Quando os Homens-Cobra viram que apenas o rapaz ainda era humano, eles o confortaram e deram-lhe todas as suas peles e posses. O chefe disse-lhe para guiá-los até o topo de uma montanha e depois voltar para a aldeia e relatar o que havia acontecido, com a promessa de que os Homens-Cobra retornariam no verão para visitar seu povo.

O rapaz fez o que lhe fora dito – as famílias choraram e sobre a aldeia abateu-se um silêncio sepulcral. Mas, um dia, quando o Sol estava a pino, conforme prometido, os Homens-Cobra reuniram-se em frente à aldeia. O rapaz levou suas famílias para conhecê-los, e as serpentes pediram por cavalos, mocassins e peles. O rapaz disse: "Não tenham medo deles, não fujam e nenhum mal será feito a vocês. Deem a eles seus bens que nos deixarão em paz". Então, suas famílias foram buscar e entregaram a eles seus pertences e, em seguida, observaram enquanto as serpentes sibilaram, serpentearam e chocalharam ao redor de suas posses em comemoração. Os Homens-Cobra permaneceram ali durante todo o verão, mas, quando o inverno chegou, eles desapareceram com seus cavalos e nunca mais foram vistos.

Feras e monstros oceânicos

Em toda a Polinésia os mensageiros do mal e da desgraça geralmente eram ogros. Para os aborígines australianos existia uma série de esquisitices, de espíritos delicados e feéricos a uma grotesca criatura com aspecto de gato, o Kinie Ger.

Ogros

Na Nova Guiné, histórias de crianças matadoras de ogros predominam. Os ogros reais nas histórias geralmente são estúpidos, disformes e demoníacos. Uma história em particular conta sobre uma ilha habitada por dez irmãos – todos eles ogros com diferentes números de cabeças. Os outros moradores da ilha tentaram afastá-los soprando em conchas ou atraí-los para armadilhas feitas com bambus; como nada disso funcionou, o povo aguardou na esperança de que alguém produzisse uma criança matadora de ogro. Afinal, uma mulher deu à luz um menino de uma perna só. Essa deformidade não impressionou as pessoas e elas concluíram que aquela criança jamais mataria os ogros. Mas a unha do polegar do menino de uma perna só, na verdade, era mais afiada do que uma espada e cada vez que um dos ogros aparecia para perturbar, decepava-lhes as cabeças com sua unha. No fim, todas as 55 cabeças de ogros foram penduradas em coqueiros para alertar outros ogros de que havia um matador de ogros bastante talentoso vivendo naquela ilha.

Estatuetas aborígines de espíritos mimi. Acreditava-se que os mimi ensinaram os aborígines sobre caça, preparo de alimentos e sexo.

Mimi

Os povos da Terra de Arnhem, no norte da Austrália, acreditavam em seres feéricos com corpos alongados chamados mimi, que eram tão delgados que o vento poderia parti-los ao meio. Para evitar isso, passavam a maior parte do tempo escondidos em fendas nas rochas. Os aborígines acreditavam que tais seres os haviam ensinado a caçar, fazer fogueiras e a preparar carne de canguru. Eram como seres humanos, mas viviam em uma dimensão diferente, e eram também conhecidos por serem espíritos sensuais e vivazes, que ensinavam as pessoas sobre sexo.

Yowie

Confundem-se dois tipos de Yowie na mitologia australiana – um "hominídeo" não identificado, semelhante ao Yeti do Himalaia e ao Pé Grande da América do Norte, e outro, uma fera mítica antiga e mais assustadora que lembra um homem-macaco, com ferozes olhos vermelhos nas laterais de sua cabeça e presas imensas. O Yowie aparece à noite, vive no solo e come praticamente qualquer coisa ou pessoa que cruze seu caminho.

Um dos dois Yowie mesclados na mitologia australiana era semelhante ao Pé Grande norte-americano.

Acreditava-se também que o Yowie estava relacionado ao Bunyip, uma criatura diabólica com muitas características diferentes, dependendo das variações regionais. Às vezes, o Bunyip era um monstro do lago ou escondia-se em lagoas, riachos e poços, e seus gritos de gelar o sangue podiam ser ouvidos a quilômetros de distância enquanto devorava uma presa. Ele também era conhecido por saltar de lagoas à luz do dia e devorar jovens virgens.

Os cangurus não apenas eram guerreiros respeitados no Tempo do Sonho como também caçadores-coletores.

Yara-ma-yha-who

Descrito por várias culturas aborígines como um homenzinho vermelho e baixo, uma espécie de vampiro, o Yara-ma-yha-who tinha uma cabeça enorme, nenhum dente e engolia direto sua comida. Suas características mais extraordinárias eram os dedos das mãos e dos pés, que pareciam ventosas de um polvo. Ele se escondia em figueiras à espera de vítimas desavisadas e, então, saltaria sobre uma delas e drenava-lhe o sangue com suas ventosas.

O Yara deixava a vítima exausta, mas viva, ia descansar, e depois voltava para comer o corpo inteiro, e normalmente regurgitava-o em seguida. O que significava que a pessoa continuava viva. Toda vez que alguém era capturado, encolhia um pouco, sua pele tornava-se lisa, ficava mais cabeludo e começava a ficar vermelho. No final, acabava ele próprio se tornando um Yara-ma-yha-who.

Kinie Ger

O Kinie Ger na mitologia aborígine era parte gato, parte humano. Era uma criatura maligna grotesca que vagava pela noite em busca de animais ou pessoas.

Seus membros e pés eram como os de um ser humano, mas sua cauda contorcia-se como a de um gato doméstico, e herdara a inata natureza felina de matar apenas por diversão. Kinie Ger gostava particularmente de assistir suas vítimas morrerem lenta e dolorosamente.

Essa criatura tão temida era altamente respeitada por cangurus durante o Tempo do Sonho. Na verdade, uma guarda de cangurus guerreiros treinados era enviada em suas expedições de caça, e cangurus mais velhos advertiam os mais jovens para não se aventurarem sozinhos.

Outros animais ainda lamentavam a morte de seus entes queridos nas garras do Kinie Ger, e a coruja e o corvo partiram em direção a um poço em que sabiam que o Kinie Ger ia para beber. Quando o sol se pôs, o enorme gato esgueirou-se pela paisagem. Aquele era o único poço não protegido pelos cangurus guerreiros e, enquanto ele bebia, a coruja e o corvo arremessaram suas lanças em Kinie Ger, matando-o instantaneamente. Eles queimaram o imenso corpo, e uma faísca maior do que as outras subiu para o céu e tomou seu lugar na Via Láctea como uma estrela. Todos os outros animais vieram para ver o lugar onde Kinie Ger havia morrido. Eles viram a grande mancha de sangue no chão e o monte de cinzas. O dingo descobriu algumas pegadas minúsculas que se afastavam das cinzas. Eles seguiram os rastros e encontraram um pequeno gato, bastante inofensivo e ronronando suavemente, uma criatura tímida que apenas queria dormir sob o sol o dia todo.

Após a morte de Kinie Ger, tudo que pôde ser encontrado dele foram rastros que levavam a um gato inofensivo e ronronante.

AMANTES MÍTICOS

Essa coleção de mitos revela como as provas e tribulações do amor são preocupações universais. Talvez também reflita como por milhares de anos a humanidade tem procurado reconectar-se à alma, à própria fonte do amor em si, por meio de mitos que espelham nossos sentimentos pessoais. O amor é, de fato, um mistério a ser vivenciado, e é somente no mito que o mistério pode tornar-se verdadeiramente vivo e real para muitas pessoas. Relações amorosas e mito caminham de mãos dadas, pois o mito é o mais perfeito espelho de todos para a reflexão do eu.

Ishtar e Tamuz

Ishtar era a deusa babilônica do sexo e era conhecida em toda a Mesopotâmia por outros nomes, incluindo Astarte, Ashtart, Astaroth e Inanna (ver pp. 366-67). É também altamente provável que o culto a Afrodite tenha se originado de Ishtar, pois ela era, como Afrodite, identificada com o planeta Vênus, a Estrela Vespertina.

O mito que melhor a descreve é talvez a narrativa de sua descida ao Mundo Inferior para encontrar seu marido, Tamuz. Ishtar não era apenas a deusa do sexo, mas também da música e do verão. Ela se banhava em um lago sagrado de pureza todas as noites para restaurar a própria virgindade. Ela era extremamente promíscua e tinha muitos consortes sob diversos disfarces, mas seu coração pertencia a Tamuz.

Tamuz era um deus do Sol da primavera, que havia sacrificado sua imortalidade para que pudesse viver na Terra e preocupar-se com a natureza e a fertilidade. Foi o amor de Ishtar por Tamuz que o destruiu. Por todo um verão, enquanto o sol se erguia no céu, o calor e a intensidade do amor de Ishtar esgotaram Tamuz em sua inocência e seu desenvolvimento primaveril. Como Tamuz era mortal, morreu e Ishtar ficou inconsolável. A única forma de restaurarem seu amor era ela descer ao Mundo Inferior, Aralu, e tentar trazê-lo de volta.

Os portões de Aralu

Ishtar ameaçou derrubar os portões de Aralu, se não a deixassem passar imediatamente. Ereshkigal, irmã de Ishtar e senhora do Mundo Inferior, ficou furiosa e decidiu impor-lhe provas em cada um dos sete portões. No primeiro portão, o guardião tirou sua coroa, no segundo seus brincos, no terceiro seu colar, no quarto seus adereços, no quinto seu cinturão, no sexto seus braceletes e no sétimo, suas roupas. Ishtar agora estava autorizada a entrar no Aralu e postou-se nua diante de Ereshkigal, que não mostrou piedade alguma. Ishtar foi torturada e aprisionada pelo demônio da peste, Namtar, e deixada para sofrer na escuridão.

Luz e escuridão

Com Ishtar aprisionada, não havia luz na Terra e toda atividade sexual cessou. A própria fertilidade da Terra estava ameaçada. Os deuses pediram a Ea e Sin, os deuses da Terra e da Lua, para ajudá-los a trazer Ishtar de volta. Ea criou um mortal chamado Ashushu, que foi enviado ao Mundo Inferior para exigir sua libertação, mas Ereshkigal amaldiçoou-o e trancafiou-o em uma masmorra. Os deuses tentaram negociar com Ereshkigal para trocar o mortal por Ishtar. Finalmente, Ishtar começou a sair do Aralu. Em cada um dos sete portões, foram-lhe devolvidas todas as coisas que lhe tinham sido tomadas, até que ela voltou ao Mundo Superior. Os deuses decidiram permitir que Tamuz retornasse à vida uma vez por ano para se encontrar com sua amada Ishtar, e assim ele vem passar cada primavera com Ishtar, e a fertilidade e o amor são restaurados até que a paixão de Ishtar destrua novamente Tamuz e ele volte para o Mundo Inferior por outros seis meses.

A história da descida de Ishtar ao Mundo Inferior de Ereshkigal para encontrar seu marido Tamuz data de cerca de 4000 AEC.

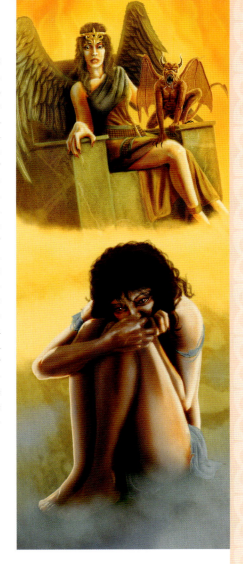

Kama e Rati

No mito hindu, Kama é o deus do desejo e Rati é a deusa da paixão sexual. O nome de Kama também era conhecido nos Vedas e originalmente identificado como a força criativa que cresceu dentro de Parusha quando ele estava sozinho no oceano cósmico (ver p. 220). A primeira emanação de Kama era o próprio desejo e a segunda, o poder de criar desejo nos outros. O *Kama Sutra* foi assim batizado por sua causa.

Kama carregava um arco feito de cana amarrado com fileiras de abelhas zumbindo, e ele esvoaçava por todos os lados atirando flechas de desejo entre os mortais e os deuses. Era incrivelmente belo e adejava pelos céus, montado em um papagaio, muitas vezes acompanhado por sua bela esposa Rati, que era tão leviana quanto ele próprio.

Os deuses queriam que Shiva se casasse novamente depois que sua primeira esposa, Sati, havia se atirado na fogueira de seu pai. Os deuses decidiram que Sati deveria reencarnar como Parvati e ela foi enviada para os Himalaias para cortejar Shiva, que havia assumido uma vida ascética e monacal. Percebendo que Shiva estava mais interessado em meditação do que em ser seduzido, os deuses enviaram Kama para despertar alguma paixão nos quadris e coração do deus.

Kama viajou para o monte Kailasa, onde encontrou o poderoso Shiva em profunda meditação, imperturbável e alheio a qualquer coisa à sua volta. Quando Parvati aproximou-se, Kama puxou uma flecha de sua aljava e atirou-a diretamente em Shiva. Ao ser atingido, a luxúria explodiu por todo o corpo de Shiva, mas ele viu Kama escondido ali perto e sentiu-se ultrajado. Como punição, reduziu Kama a cinzas com um simples olhar.

A flecha de Kama agia lentamente, mas Shiva sabia que jamais encontraria paz a menos que se casasse com Parvati. Com a morte de Kama, o amor desapareceu do mundo, e Rati recusou-se a estimular o desejo em mortais ou deuses. Rati foi ver Parvati após seu casamento com Shiva e elas imploraram ao deus para que deixasse Kama renascer. Relutante, ele concordou e permitiu que Kama retornasse como Pradyumna, filho de Krishna e Rukmani.

Depois que Pradyumna matou o marido demônio de Rati, como fora profetizado por um grande sábio, o casal estava livre para se casar novamente. Pradyumna desfez-se de sua forma mortal e Kama e Rati retomaram seus papéis originais como deus e deusa do desejo e da paixão sexual.

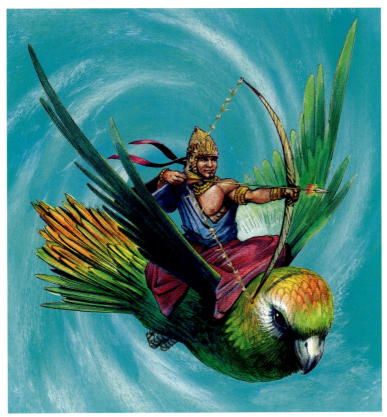

Kama voava pelos céus em um papagaio, atirando suas flechas do desejo.

As amantes de Zeus

Zeus era prodigiosamente promíscuo e lascivo, tomando amantes igualmente entre mortais e divindades, o que provocava imensa ira e ciúmes em sua esposa, Hera.

Métis

A primeira paixão de Zeus foi sua irmã Métis, que o ajudou a sobrepujar Cronos (ver pp. 102-03) e vencer uma das primeiras batalhas entre os deuses e os Titãs. Métis engravidou, mas Zeus, temendo a profecia de Gaia de que se a criança fosse um menino um dia derrubaria Zeus, ardilosamente enganou-a transformando-a em uma mosca e depois a engoliu. Mais tarde, a filha deles, Atená, nasceu da cabeça de Zeus. Atená nunca o traiu.

Hera

Sua irmã Hera era outro assunto; insatisfeita por não ter tido seu quinhão na divisão inicial do universo, ela se retirou para o monte Thornax, onde se isolou com seu mau humor. Por muitos meses, não viu ninguém; então, a primavera chegou e ela encontrou um cuco enlameado. Levou-o ao seio em um momento de compaixão, e o cuco transformou-se em Zeus, que imediatamente fez amor com ela. Ele a convenceu a voltar ao Olimpo como corregente e ser sua esposa, mas Hera não se conformava que o deus olhasse outras com cobiça e sentia-se profundamente irritada com o truque que ele havia aplicado nela.

A rancorosa Hera costumava perseguir as amantes de Zeus e vingar-se ou de seus filhos, ou da própria ninfa ou mortal.

Nunca perdoou Zeus por suas escapadas promíscuas e passou a detestá-lo. Com a ajuda de Apolo e Posêidon, conspirou para derrubá-lo, mas a armadilha que eles prepararam para Zeus provocou o caos na Terra, e Tétis, a ninfa do oceano, visitou o Mundo Inferior e soltou os gigantes de cem mãos, que libertaram Zeus.

Com seu trono seguro, Zeus deixou o comando do universo para os outros deuses e passava a maior parte de seu tempo perseguindo lascivamente belas ninfas e mortais.

Sêmele

Zeus estava apaixonado por Sêmele, filha de Cadmo e Harmonia. Enviou-lhe uma mensagem declarando seu desejo e prometendo-lhe qualquer recompensa que ela desejasse. Mas Hera descobriu sobre a mensagem e, fingindo ser o velho criado de Sêmele, aconselhou-a a submeter-se a Zeus apenas se ele aparecesse para ela em seu esplendor e brilho imortal, e não como um mortal comum. Ela enviou de volta a mensagem e Zeus concordou. Quando apareceu em sua forma divina ele era o próprio céu. Trovões e raios rugiram através do corpo de Sêmele quando fizeram amor e ela foi incinerada no fogo da luxúria de Zeus. O deus conseguiu salvar o embrião em seu ventre. Essa criança foi Dionísio, que, uma vez elevado ao *status* de deus, colocou sua mãe no céu como uma estrela chamada Tione.

Hera conseguiu enganar Sêmele, que foi então consumida pelo fogo de Zeus em sua forma divina.

Calisto

A ninfa da floresta Calisto era companheira de Ártemis. Ela amava Zeus e lhe deu um filho, Arcas, mas foi transformada em um urso, ou por

Hera, em um ataque de ciúmes, ou pelo próprio Zeus, a fim de salvá-la das maldades de Hera. Infelizmente, já como urso, Calisto foi flechada por engano por sua própria amiga Ártemis. Zeus colocou-a entre as constelações a Ursa Maior, em sinal de seu amor por ela.

Dânae

A infeliz Dânae havia sido aprisionada em uma torre por seu pai, o rei de Argos. Um oráculo advertira-o de que ele seria morto por um neto seu, daí o aprisionamento da filha. Mas Zeus compadeceu-se dela e foi visitá-la, transformando-se numa chuva de ouro que se derramou através do telhado da torre. Depois de uma noite de sexo desenfreado, Dânae acabou tendo um filho, Perseu. Mas os escravos ouviram o bebê chorar e contaram ao rei. Temendo que sua vida estivesse em perigo, ordenou que tanto Dânae como Perseu fossem colocados em uma caixa de madeira e jogados ao mar. Mas sob a proteção de Zeus e Posêidon a caixa boiou pelo mar até a ilha de Sérifo. Um pescador os encontrou e levou-os para viver com o rei, Polidectes. Após muitas aventuras, Perseu acabou matando o rei de Argos por acidente, lançando um disco em uma competição.

Leda

Quando Zeus viu Leda banhando-se no rio Eurotas, foi imediatamente tomado de desejo. Ela já estava, no entanto, carregando o filho do rei de Esparta Tíndaro, e era conhecida por ser incrivelmente fiel a ele. Por isso, Zeus, pediu a Afrodite para ajudá-lo a enganar Leda; ele se transformou em um cisne e Afrodite transformou-se em uma águia. Juntos, alçaram voo como caçador e presa e, então, Zeus, de repente, desceu perto de Leda como se houvesse sido atacado pela águia. Leda teve pena do cisne ferido e o pegou no colo. Assim que Zeus percebeu que ela estava feliz acariciando o cisne, fez sexo com ela e, em seguida, saiu voando e desapareceu. Leda posteriormente deu à luz dois ovos de cisne. De um deles nasceram Clitemnestra e Helena; do outro, Castor e Pólux. Ninguém sabia quem era o pai de quem e, portanto, quais crianças eram mortais e quais eram imortais. Quando Leda morreu, foi levada para o céu e se associou com Nêmesis, a deusa da vingança.

Leda já estava grávida do rei de Esparta quando Zeus se transformou em um cisne para violá-la.

Europa

Europa estava colhendo flores com suas servas nos campos, perto do gado do rei. Zeus disfarçou-se como um touro e deixou as meninas brincarem com seus chifres e acariciá-lo. Europa ousadamente se atreveu a montar em suas costas, mas o touro mergulhou no mar com Europa e desapareceu, levando-a para Creta. Zeus a estuprou na praia e ela deu à luz três filhos, Minos, Radamanto e Sarpédon. Ela então se casou com o rei local, Astério. Zeus deu a ele um homem de bronze chamado Talos, para defender seu reino, como compensação por Europa já não ser virgem.

Etain e Midir

Na mitologia celta, Etain fazia parte do povo Tuatha De Danann (ver pp. 144-45), habitantes sobrenaturais da Irlanda e os últimos deuses a governar antes de os mortais assumirem seus reinos. Este é o conto sobre a reencarnação de Etain e de como dois seres, um mortal e um deus, lutaram por sua beleza e amor.

Feitiço

Midir era filho de Dagda, pai de todos os deuses. Midir tinha sido casado com Fuamnach por algum tempo, mas a beleza de Etain enfeitiçou-o e ele decidiu se casar com ela também. Fuamnach ficou, naturalmente, com ciúmes de Etain e, por isso, usou sua magia para transformar Etain em uma borboleta. Os ventos, então, sopraram Etain cada vez mais longe de Midir.

Certo dia, ela caiu no cálice da esposa de um chefe de Ulster chamado Etar. A mulher de Etar engoliu a borboleta sem saber, e Etain voltou a crescer no útero da mulher. Ela cresceu para ser uma bela mulher mortal e não se lembrava de coisa alguma sobre sua vida anterior como a noiva virginal de Midir.

Amor secreto

Enquanto isso, o rei da Irlanda, Eochy, procurava uma rainha. Ele ouviu sobre a beleza de Etain e decidiu que iria cortejá-la. Logo estavam casados e Eochy levou-a de volta para Tara, mas as coisas ficaram complicadas quando Ailill, irmão de Eochy, também se encantou por Etain e caiu doente de amor por ela. Por piedade, Etain finalmente concordou em encontrá-lo em um

Transformada em borboleta, Etain caiu em um cálice de bebida e foi acidentalmente engolida pela esposa de Etar.

bosque secreto e encantado para tentar restaurá-lo à vida, mas ela fora enganada. Midir havia tomado a forma de Ailill para esse encontro, e revelou-se a ela. "Você é Etain, filha de Danann. Você é uma deusa, não uma mortal, volte comigo – Você sabe o quanto eu a amo?".

A batalha por Etain

Etain meneou a cabeça, confusa. Mas parecia que a única maneira de garantir que ela não ficasse dividida entre o amor de Eochy e o desespero de Ailill seria voltar à sua vida com Midir. A longa batalha por Etain começou. Finalmente, Midir apareceu em uma dos banquetes de Eochy em sua forma divina, agarrou Etain em seus braços, e saiu voando com ela para o seu palácio Bri-Leith. Eochy reuniu seus exércitos e partiu, determinado a destruir o palácio e reclamar sua noiva. Midir ofereceu-se para desistir de Etain com a condição de o rei identificar corretamente Etain entre cinquenta mulheres idênticas que enviou para fora dos muros do palácio. Mas o amor mortal de Etain por Eochy brilhou através de seus olhos e Eochy imediatamente a tomou em seus braços. O feitiço que Midir lançara havia sido quebrado. Etain sempre amaria Midir e sabia que voltaria para ele um dia, mas, primeiro, deveria retornar a Tara para terminar sua vida mortal com Eochy.

Midir tentou levar Etain de volta para a terra dos deuses, mas já era tarde demais – ela já amava Eochy.

Rakian e a abelha-mulher

Rakian vivia com o povo fusan de Bornéu e seu trabalho era procurar colmeias na selva. Certo dia, ele foi mais longe do que já havia ido antes; as árvores eram mais densas e muito mais altas do que aquelas perto de sua aldeia e ele podia ouvir o zumbido das abelhas vindo dos ramos mais altos.

Nas copas emaranhadas das árvores, nas profundezas da selva, Rakian ficou surpreso ao descobrir uma colmeia de abelhas brancas.

Como Rakian era um bom escalador subiu como um macaco até o topo da árvore, onde havia uma colmeia diferente de todas que já vira. As abelhas eram completamente brancas. Rakian começou a cortar a colmeia, mas, enquanto ele golpeava os galhos emaranhados ouviu um estranho grito. Franziu a testa, afastou a faca, desprendeu a colmeia com os dedos, colocou-a em sua cesta e voltou para casa.

Pendurou a colmeia sobre a sua esteira e na manhã seguinte foi trabalhar nos campos de arroz. Quando voltou, para seu espanto encontrou um pouco de arroz e peixe cozido prontos para ele. Isso continuou por vários dias, até que sua curiosidade falou mais alto e ele decidiu espionar sua própria cabana para descobrir o que estava acontecendo. Enquanto se escondia atrás de uma árvore, uma bela mulher apareceu na porta da frente, e seguiu caminho para buscar água. Rakian correu para o interior da cabana e, preocupado que ela pudesse roubar sua colmeia de abelhas incomuns, soltou-a das vigas e a escondeu debaixo da mesa.

Quando a moça voltou, ela parou e gritou: "Quem pegou o meu sarongue? Rakian, que estava debaixo da mesa, apareceu: "O que você está fazendo na minha casa? Está aqui para roubar minhas abelhas?". A mulher se virou para ele: "Todas as minhas roupas e pertences estão na colmeia – você a escondeu, não foi?".

Rakian respondeu: "Sim, mas se eu a der a você, você vai fugir e então eu nunca mais a verei de novo". A mulher pensou um pouco e respondeu: "Não, eu não vou. Fui dada a você por minha mãe porque não há marido para mim entre o meu próprio povo. Mas você jamais deve dizer a ninguém que se casou com uma abelha-mulher".

Rakian conta vantagem

Rakian prometeu que nunca iria contar a ninguém, mas, depois de um ano, ele fumou muita erva uma noite e se gabou sobre sua esposa ser uma abelha-mulher. Os aldeões ficaram chocados e, por isso, a abelha-mulher fugiu. Rakian passou semanas na selva procurando o som de abelhas. Afinal, encontrou uma maloca e ouviu um zumbindo vindo de dentro. Era a maior colmeia que já havia visto. A abelha-mulher o viu e apareceu para ele em forma humana, e todas as outras abelhas fizeram o mesmo: desceram voando das vigas e se transformaram em gente. Então, Rakian tornou-se membro do povo-abelha para que pudesse ficar com sua esposa, e seu próprio povo nunca mais o viu.

A abelha-mulher foi capaz de esconder o seu segredo por um longo tempo, porque podia assumir a forma humana.

O leque da corriola

Os leques sempre desempenharam um papel importante na cultura e mitologia japonesas. O leque que se dobra sobre si mesmo simboliza a vida: o rebite é o início da jornada e as partes que se abrem, feitas de papel, são a própria estrada da vida.

Os leques eram inscritos com mensagens secretas de amor e trocados entre os amantes. Este é o conto de Asagao, que ficou cega devido a seu amor por um comerciante, e de como sua troca de mensagens em leques os uniu depois de muitos anos.

Komagawa, o comerciante, e Miyuki, uma linda jovem de Kyoto, apaixonaram-se. Eles trocaram leques, como era costume, e Komagawa escreveu um poema em seu leque sobre a beleza da flor *asagao*, ou corriola. Quando Miyuki voltou para casa, seus pais lhe disseram que ela estava prestes a se casar com alguém que ela não conhecia. Com o coração partido, ela fugiu e correu até o rio onde ela conhecera Komagawa, mas até os vaga-lumes haviam desaparecido no ar frio da manhã.

Ela chorou até as lágrimas salgadas a cegarem. Nas ruas, Miyuki se recusava a mendigar, mas ganhava dinheiro usando sua bela voz para cantar. Ela gostava de cantar o poema sobre a corriola e, assim, as pessoas começaram a chamá-la de Asagao, e sua fama se espalhou enquanto ela viajava pelo país.

Encontro fortuito

Alguns anos se passaram; Komagawa e seu amigo Takita pararam em uma casa de chá para descansar e, sentado de pernas cruzadas no chão, Komagawa viu seu próprio poema de amor escrito em um biombo pintado. O proprietário lhe disse que uma garota cega dera a ele o poema porque era sua canção favorita. Na verdade, ela estava no jardim de chá naquele momento e, será que os dois comerciantes não gostariam de ouvir sua voz? Asagao cantou sem saber para o seu amado, mas ele não podia revelar quem era, porque seu companheiro Takita era amigo da família dela. Quando os mercadores foram embora, o dono da casa de chá entregou-lhe um leque que Komagawa havia deixado para ela. Miyuki percebeu que era de Komagawa e, de repente, sua visão foi restaurada, e ela saiu correndo em meio a uma terrível tempestade para encontrar seu amado. Durante

Os leques japoneses eram trocados pelos amantes tanto como presentes bem como um meio de comunicação de mensagens.

toda a noite ela vagou debaixo de granizo e chuva, e quando amanheceu, ela ouviu seu nome sendo chamado, "Asagao, Asagao!". Ela se virou e viu que Komagawa estava correndo em sua direção. A flor de corriola pode não durar muito tempo, mas, por ora, eles estavam juntos.

Bitiou e a noiva de barro

Este antigo e sangrento conto egípcio de amor e vingança remonta ao reinado de Ramsés, o Grande, por volta de 1300 AEC. Algumas fontes dizem que pode até ser baseado em um mito anterior, datando de cerca de 4000 AEC.

O menino Bitiou levava seu gado para se alimentar diariamente. Certo dia, a mulher de seu irmão o viu e pediu-lhe para se deitar com ela. Ele recusou, porque amava muito seu irmão. A mulher, porém, voltou para casa e disse ao marido que seu irmão tinha dormido com ela. Pouco antes do pôr do sol, Bitiou conduzia seu gado para o abrigo noturno, mas a vaca líder gritou: "Cuidado, seu irmão Anapou está com uma faca!" Bitiou fugiu o mais rápido que pôde do ataque de seu irmão; o deus Sol Rá sentiu pena dele e criou um rio enorme entre os dois. Anapou gritou do outro lado da torrente que Bitiou havia estuprado sua esposa e merecia morrer. Bitiou ficou chocado, já que ele nunca a cobiçara, muito menos a estuprara. Estava tão horrorizado que cortou fora os próprios testículos e jogou-os no rio.

Anapou ficou arrasado pela culpa e correu para casa em um frenesi, com a faca brilhando na mão. Rá havia salvo o seu irmão por um motivo, mas a faca precisava de um destino. Anapou rastejou de volta para sua casa e, antes que a esposa pudesse se virar para encará-lo, cravou-lhe a faca profundamente no pescoço.

Bitiou depositou seus sentimentos e coração no tronco de uma árvore de acácia. O deus oleiro Khnum apiedou-se dele e fez-lhe uma noiva artificial de barro. Bitiou se apaixonou por ela e mostrou-lhe onde seu coração estava escondido.

A garota ia lavar os cabelos no rio perto da árvore e seu perfume mágico flutuava pela corrente até o palácio do faraó, enfeitiçando a todos os que lá viviam. O faraó quis saber quem o tinha enfeitiçado e, então, encontrou a garota artificial e imediatamente pediu-lhe para se casar com ele. Ela concordou porque desejava riqueza, e disse ao faraó para cortar a árvore de acácia, porque ela estava presa ao seu poder. No momento em que ele a cortou, Bitiou morreu, e Anapou, sentindo a morte de seu irmão, foi até lá e encontrou a árvore caída. Colocou a última vagem de acácia em uma vasilha d'água e ela se transformou em um touro branco, Bitiou.

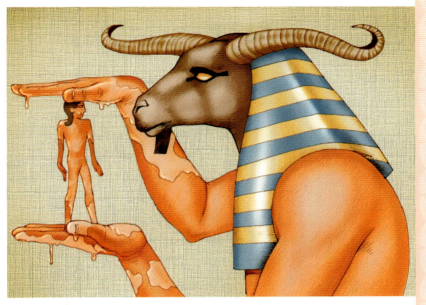

Khnum, o deus oleiro, sentiu pena de Bitiou e lhe fez uma noiva de barro.

Sacrifício

Quando o touro aproximou-se do palácio, a garota artificial adivinhou que era Bitiou e, então, pediu ao faraó para sacrificá-lo como uma oferenda a Rá. O seu sangue jorrou através do pátio e fez duas sementes da árvore pérsea crescer tão alto que as pessoas começaram a adorá-las como se fossem divinas. Como a rainha artificial sabia que a alma de Bitiou residia nessas árvores, ela ordenou que fossem cortadas. Quando o machado do lenhador atingiu o tronco, uma pequena lasca de madeira voou até os lábios da rainha e ela concebeu um filho. Ela não sabia que seu filho era Bitiou e, quando o faraó morreu, Bitiou governou a Terra. Ele mandou buscar Anapou e o tornou príncipe do Nilo; eles levaram a garota artificial a julgamento, dizendo às pessoas como ela nunca havia amado ninguém, exceto a si mesma.

Pomona e Vertumno

Vertumno era o deus romano das florestas. Era tímido e parecia condenado a viver sem amor. Seu trabalho era tornar marrons as folhas a cada outono, e dizer às larvas e aos vermes que escavassem e revirassem o solo durante o inverno.

Pomona era uma bela ninfa das árvores que vivia nos pomares do Monte Palatino. Ela removia os parasitas das árvores e plantas e catava os pulgões dos brotos. Vertumno adorava assistir Pomona dançar com as outras ninfas, mas era tímido demais para falar com ela. Profundamente infeliz, perguntou à deusa Pales, guardiã dos pastos, o que fazer.

A deusa gentilmente disse: "Se você pode mudar as folhas de verde para marrom, então certamente pode mudar-se de tímido para audaz. Então, Pomona irá vê-lo sob uma luz diferente e você poderá declarar seu amor a ela".

Vertumno disfarçou-se de fazendeiro, de puxador de arado, de soldado, mas Pomona não estava interessada em mortais que desfilavam diante dela todos os dias. Como último recurso, ele se disfarçou de velha e adentrou o pomar no calor do dia, manquitolando e levando uma vasilha de água. Ele ofereceu a bebida a Pomona, ela bebericou a água e depois se afastou dançando. Ele voltou no dia seguinte, disfarçado de velha novamente. Desta vez, Pomona sentou-se com ele na relva e os dois conversaram. "Você já ouviu a história de Ifis?", perguntou ele, enquanto Pomona bebia a água. "Não, é triste?", quis saber a ninfa.

"Muito triste. Ifis era um pobre jovem camponês que se apaixonou pela princesa Anaxarete. Mas por ele ser pobre a princesa o rejeitou, de modo que Ifis se enforcou em uma árvore. Quando Anaxarete viu que estava morto, ela se transformou em pedra, para que seu corpo combinasse com seu coração. Você não acha isso triste?".

Pomona respondeu: "Sim, é verdade, mas preciso cuidar das minhas frutas, e você é velha e frágil, e deve ir para casa". Vertumno, acreditando que Pomona jamais iria amá-lo, tirou seu disfarce e começou a se afastar por entre as árvores. Pomona virou-se e, vendo as roupas da velha no chão, correu atrás dele. "Quem é você?", perguntou ela.

Tendo visto a verdade, os sentimentos de Pomona mudaram, e ela passou a amar Vertumno.

Ele se virou para Pomona e ela o reconheceu instantaneamente. "Agora posso ver você como realmente é!". Vencida pela eloquência de Vertumno e por seus esforços para conquistá-la, correu para os braços dele e, a partir daí, Vertumno e Pomona tornaram-se inseparáveis. Trabalhavam juntos mudando as estações do mesmo modo que Vertumno havia mudado o coração de Pomona.

O pastor e a tecelã

Este é um mito chinês de como as estrelas Altair e Vega passaram a existir. No firmamento vivia uma jovem tecelã cujo trabalho era fazer as roupas do Céu e pendurá-las como nuvens de diferentes cores. Essa parte do Céu era chamada de Rio de Prata, e na Terra havia um jovem pastor que trabalhava nos campos com seu boi.

O pastor encontra a jovem tecelã uma vez por ano no céu, e as lágrimas dela caem das nuvens que tinge de cinza e molham a terra.

Quando o pastor Ni Lang atingiu a maioridade, o boi falou com ele pela primeira vez, contando-lhe sobre a bela tecelã, e explicando-lhe que se ele roubasse as roupas dela, a jovem seria sua esposa. Então, o pastor viajou até a margem do Rio de Prata quando a escuridão caiu, e se escondeu entre os juncos. Logo, a jovem tecelã e suas amigas chegaram para tomar banho. Encantado, Ni Lang observou as moças por um tempo e, depois, saiu correndo dos juncos e arrebatou o monte de roupas da jovem. As outras garotas fugiram, mas a tecelã perguntou: "Quem é você? Aproxime-se, não vou lhe fazer mal". O pastor rastejou para fora dos juncos: "Aqui estão suas roupas. Desculpe-me, mas o meu boi me disse que se eu roubasse as suas roupas você seria minha esposa".

A tecelã riu: "Bem, você vai ter que ser meu marido agora que me viu nua". Ni Lang olhou para cima e, imediatamente, os dois se apaixonaram e casaram no dia seguinte.

Exigência dos deuses

Durante alguns anos, viveram na Terra, mas os deuses exigiram que a tecelã voltasse para o Céu ou seria punida. Um dia, Ni Lang voltou para casa e descobriu que ela havia ido embora. Ele partiu com seus dois filhos em cestos nas costas em direção ao Rio de Prata, mas a rancorosa rainha do Céu o deslocara para longe da Terra, para que os mortais e os deuses jamais pudessem se encontrar novamente. O velho boi estava morrendo e disse ao pastor que se enrolasse em sua pele, pois, dessa maneira, poderia voar para o Céu. Ni Lang colocou novamente os dois filhos nos cestos e partiu para o céu. Mas o Rio de Prata agora era profundo e perigoso, por isso, Ni Lang tirou uma concha de sua bolsa e começou a drenar o rio. O deus do céu sentiu pena de Ni Lang: "Você pode visitar a jovem tecelã uma vez por ano, mas isso é tudo o que posso fazer por você".

Então, a tecelã e o pastor vivem em lados diferentes do Rio de Prata. Ela é a estrela Vega e ele é Altair. Todo sétimo dia do sétimo mês do calendário lunar o pastor atravessa a ponte e abraça sua jovem tecelã. As quatro estrelas brilhantes ao lado de Vega são as navetas do tear da jovem, e as duas estrelas de cada lado dele são os seus filhos. Ao lado da tecelã estão três estrelas brilhantes, que são mensagens de Ni Lang. E quando essas estrelas brilhantes são vistas no céu de outono, é um lembrete do amor eterno entre os dois.

Cara de Cicatriz

Cara de Cicatriz era um dos melhores caçadores da tribo Algonquinas, mas debochavam dele por causa de sua feia cicatriz no rosto. As jovens se recusavam a olhar para ele, mesmo que a cicatriz fosse resultado de um encontro heroico com um urso pardo.

Cara de Cicatriz havia se apaixonado pela filha do chefe, mas a maioria dos guerreiros também queria se casar com ela. Ele sabia que tinha de pedi-la em casamento antes que fosse tarde demais. Encontrou-a ao lado do rio catando caniços secos para fazer cestos. "Posso ser pobre, mas meu coração está cheio de amor por você. Não tenho peles ou riquezas, mas vivo pelo meu arco e lança. Quer se casar comigo e viver comigo na minha tenda?".

A jovem olhou nos olhos dele: "Não é necessário ser rico para ser meu marido, mas o deus Sol decretou que eu jamais me case com ninguém, porque sou uma donzela consagrada ao Sol. Se você puder encontrá-lo e fizer com que mude de ideia, caso-me com você, mas ele deve remover a cicatriz de seu rosto como um sinal".

Cara de Cicatriz partiu decidido a encontrar o deus Sol, mas tinha certeza de que o deus nunca desistiria de uma moça tão bonita. Por muitas luas ele viajou – um carcaju o guiou parte do caminho, mas quando eles chegaram a um enorme lago ele se recusou a ir mais longe. Cara de Cicatriz quase voltou atrás, mas dois cisnes apareceram e ele montou em um e eles atravessaram o lago. Do outro lado, encontrou Apsirahts, o filho do deus Sol. Juntos, subiram a montanha até a morada do deus e Cara de Cicatriz foi calorosamente recebido pelo deus Sol e sua esposa Kokomis, deusa da Lua.

Um desejo concedido

Um dia, Apsirahts quase foi morto por dois pássaros-monstro, e Cara de Cicatriz correu em seu auxílio e abateu-os. O deus Sol ficou tão agradecido que perguntou se Cara de Cicatriz tinha algum pedido que pudesse atender. Então, Cara de Cicatriz contou-lhe a razão de estar lá e como a filha do chefe não poderia se casar com ele enquanto estivesse sob o poder do próprio Sol.

O deus Sol balançou a cabeça, concordando: "Você salvou o meu filho. Como poderia eu não atendê-lo? Volte para a mulher que você ama e case-se com ela, e como

Entalhes de nativos Algonquinos em uma rocha de granito em Nephton, Ontário, contam histórias de seu passado.

AMANTES MÍTICOS

sinal de que concordei, vou torná-lo inteiro novamente". O deus Sol levantou a mão dourada e instantaneamente a cicatriz no rosto do jovem desapareceu.

Curado, Cara de Cicatriz deixou o deus Sol e fez o caminho de volta para casa alegremente, e quando chegou ao acampamento seu povo se perguntava quem seria aquele belo guerreiro. A filha do chefe, entretanto, olhou em seus olhos e soube imediatamente. Eles se casaram, e Cara de Cicatriz tornou-se conhecido como Cara Lisa. Juntos, ele e a filha do chefe construíram em honra do Sol uma grande tenda para cerimônias xamânicas de cura.

O amor nas ilhas

Para os povos ifaluk da Micronésia, Wolfat introduziu a arte da tatuagem para seduzir as mulheres, enquanto na mitologia haitiana e no vodu, Erzulie era a deusa da beleza, do amor e da vingança.

Por toda a Micronésia, a arte da tatuagem é um símbolo da sacralidade da vida e do amor.

A decoração de Wolfat

Wolfat vivia no céu de flores com todos os outros deuses e, às vezes, visitava a Terra em diferentes formas. Todos os dias, algum deus descia para ver o que estava acontecendo, e se Wolfat inventara algum truque para solucionar o comportamento humano ou animal.

Certo dia, Wolfat se deparou com a bela Iloumuligeriou e imediatamente cobiçou-a. Em seu disfarce como mortal, pintou o rosto e corpo com intrincados desenhos em preto, acendeu o fogo na casa da jovem que, no mesmo instante, ficou enfeitiçada por ele, e os dois fizeram sexo. Pela manhã, Wolfat a deixou e voltou para o céu. Mas ele estava tão cheio de desejo sexual pela mulher que voltou para a Terra novamente, só que sem decorações na pele. Desta vez, a mulher não gostou dele, por isso, Wolfat cobriu-se novamente de tatuagens e retornou. Então, Iloumuligeriou o acolheu de braços abertos.

Wolfat mostrou a todos os homens como tatuar seus corpos com fuligem preta e uma pena de asa de pássaro afiada. Quando perceberam que isso os tornava desejáveis para as mulheres, eles passaram a se tatuar todos os dias.

Erzulie

Na mitologia haitiana e no vodu, Erzulie é a deusa do amor, e também da beleza, da dança, do luxo, das flores e dos ideais. Ela vive em um palácio de prazeres e está sempre maquiada e perfumada. É generosa com seu amor e também com seus dons, e usa três anéis para indicar seus três casamentos. Seus maridos são Damballa, o deus serpente, Agwé, o deus do mar e Ogum, deus ferreiro e herói guerreiro. Como Afrodite, ela também é uma deusa caprichosa e ciumenta, e em seu aspecto como Erzulie Dantor, pode dar amor ou tirá-lo, dependendo do seu humor. Em seu aspecto de Erzulie Ge-Rouge (olhos vermelhos), ela se encolhe num canto com os punhos cerrados e os joelhos apertados contra o peito, chorando e lamentando a brevidade da vida e as limitações do amor. Ela, então, envia tormentos emocionais, traição e infidelidade para punir seus adoradores.

A deusa Erzulie do vodu ainda é adorada hoje, junto com a Virgem Maria, em festivais em todo o Haiti.

Tristão e Isolda

Esta história se originou na Bretanha e acabou sendo identificada com as lendas arturianas e celtas. Como mito, destaca-se de tantos outros por sua dolorosa narrativa de traição, frustração romântica e autodestruição, embora esta versão forneça apenas a estrutura básica do conto.

Tristão, educado por seu tio, o Rei Mark da Cornualha, um dia mata Morholt, o meio-irmão gigante do rei da Irlanda. Mark envia Tristão à Irlanda para trazer de volta a bela Isolda, para ser rainha de Mark. No caminho de volta, a bordo do navio, Tristão e Isolda bebem por engano uma poção do amor que a mãe da jovem havia produzido para ela dar ao rei Mark, quando chegasse. E, assim, eles se apaixonaram perdidamente.

Mark e Isolda se casaram, mas em sua noite de núpcias, Brangen, a criada de Isolda, tomou o lugar da ama no leito conjugal, e como o rei estava muito bêbado, não suspeitou de nada. Os amantes secretos não conseguiam ficar separados e se encontravam nos bosques fora de Tintagel, o que era muito arriscado, e cedo ou tarde seriam descobertos. Suspeitas crescentes e maledicências invejosas na corte levaram Mark a acreditar no pior. Um dia, enquanto cavalgava, descobriu Tristão e Isolda dormindo lado a lado com uma espada desembainhada entre eles. Ciumento, embora compassivo, Mark trocou a espada por sua própria, de modo que os amantes soubessem que haviam sido descobertos. Ao acordarem, perceberam a verdade, e Tristão decidiu ir para a Bretanha num exílio autoinfligido, e que Isolda deveria voltar para Mark como sua esposa.

Ciúmes e vingança

Tristão foi para a França e desposou (por causa do nome dela) Isolda das Mãos Brancas, mas ansiava por seu verdadeiro amor e não conseguiu consumar seu casamento. Foi gravemente ferido em batalha na França, e seu amigo Kaherdin foi enviado para buscar Isolda de Tintagel, na esperança de que ela pudesse curá-lo. Se Kaherdin fosse bem-sucedido em trazê-la de volta, içaria uma vela branca, se não, uma vela negra.

Tristão estava muito doente para assistir ao retorno do barco e, por isso, pediu para sua esposa para fazê-lo. Isolda das Mãos Brancas, percebendo que Tristão

Para Tristão e Isolda, o amor tornou-se uma provação insuportável, que levou os dois à morte.

nunca a amara, viu sua chance de vingança. Quando o navio surgiu no horizonte, disse que a vela era negra. Tristão morreu em profundo desespero. Quando Isolda desembarcou e encontrou seu corpo sem vida, também morreu de tristeza. O rei Mark levou de volta seus corpos para a Cornualha e os enterrou lado a lado e, em seguida, plantou duas árvores cujos ramos se entrelaçaram para sempre quando cresceram.

TRAPACEIROS, HERÓIS E AVENTURAS

Cada cultura ou civilização produziu um herói, um mortal notável ou um semideus guerreiro, assim como onipresentes deuses trapaceiros. Estivesse ele em uma missão divina, na busca por iluminação, movido pelo desejo de vingança ou de realização, o herói reflete nosso próprio crescimento pessoal. Os trapaceiros, entretanto, eram moralmente neutros e muitas vezes ajudavam a humanidade a compreender sua corrupção e/ou sua bondade. Heróis e trapaceiros com frequência se fundem ou suas habilidades se sobrepõem, como acontece com a astúcia de Odisseu ou na heroica jornada de Olifat.

Gilgamesh

Essa é uma das mais antigas histórias remanescentes no mundo, datando de cerca de 5 mil anos, na antiga Mesopotâmia. Uma versão que data de cerca de 600 AEC, descoberta na biblioteca do rei Assurbanipal, foi escrita em 12 tabuinhas de argila, cada uma contendo trezentas linhas de versos. Alguns estudiosos acreditam que Gilgamesh foi uma pessoa de verdade, um rei de Uruk que governou por volta de 2700 AEC.

Um personagem e tanto

Gilgamesh é provavelmente o primeiro semimortal do qual se tem registro a alcançar *status* heroico. A natureza questionadora do indivíduo é claramente parte de nossa psique, há mais de 4 mil anos ou nos dias de hoje. A maioria dos heróis nos mitos posteriores estava à procura de *status* social, redenção ou glória, mas Gilgamesh buscou não apenas sabedoria, mas a aceitação de sua própria mortalidade.

Gilgamesh era filho da deusa Ninsun e de um demônio que havia se disfarçado como rei de Uruk. Quando jovem, Gilgamesh assumiu o trono e provou sua coragem e força caçando e lutando e, mais tarde, sua determinação e estatura construindo uma grande muralha com novecentas torres ao redor de Uruk. No interior da fortificação, no entanto, a coisa era diferente. Ele escravizou homens, tinha um apetite sexual insaciável, estuprava, jogava e comportava-se como uma criança mimada. Seu comportamento desregrado valeu-lhe uma má reputação e as pessoas de Uruk oraram aos deuses por ajuda.

A chegada de Enkidu

Anu, pai de todos os deuses, convenceu a Mãe Terra a criar um homem selvagem gigantesco chamado Enkidu. O homem selvagem vivia no deserto e pensava que era uma fera noturna. Certa noite, os outros deuses introduziram uma imagem do animal selvagem na mente de Gilgamesh enquanto ele dormia um sono inquieto e perturbado por terríveis pesadelos. Naquela noite, sonhou com um homem tão selvagem e indomável que ansiou por capturá-lo e subjugá-lo.

Ruínas sumérias em Uruk. Houve muitas dinastias de Uruk, sendo que uma das primeiras incluía o herói Gilgamesh.

Gilgamesh acreditava que esse homem selvagem era perigoso, por isso, em vez de caçá-lo e enfrentar a possibilidade de ser morto, ele enviou uma feiticeira para atraí-lo para fora do deserto. Enkidu ficou encantado e a feiticeira o seduziu e mostrou-lhe como se lavar e lidar com a civilização humana. Enkidu foi levado para dentro das muralhas de Uruk, onde a festa de Ishtar estava em andamento. Gilgamesh estava pronto e as pessoas, exultantes. Finalmente havia uma criatura que seria páreo para o tirânico Gilgamesh. Mas, à medida que lutavam, os dois começaram a respeitar a força um do outro. Por fim, exaustos, caíram de joelhos, beijaram-se e abraçaram-se e, daquele dia em diante, tornaram-se os melhores amigos. Em vez de um, havia agora dois governantes insolentes.

O monstro Humbaba

Então, o povo novamente clamou aos deuses por ajuda e, desta vez, eles projetaram uma imagem na mente de Gilgamesh a fim de enviá-lo numa missão para destruir o grande monstro Humbaba. Os deuses esperavam que Humbaba matasse ambos, Gilgamesh e Enkidu, e Uruk teria paz novamente. Gilgamesh sabia que se derrotasse o monstro seria proclamado um herói. Assim o fez, e voltou para Uruk com os cedros da floresta de Humbaba para provar a façanha, sendo aclamado como um grande herói. Usava roupas finas e seu rosto brilhava de orgulho. Mesmo a deusa Ishtar não pôde resistir e tentou seduzi-lo, mas ele a rejeitou. Em sua raiva, ela pediu que pai Anu enviasse o touro do céu para matar Gilgamesh. Anu concordou relutantemente, mas o touro irrompeu na cidadela matando centenas de pessoas inocentes antes que Enkidu e Gilgamesh conseguissem arrancar seu coração.

O verdadeiro desafio

Ishtar assumiu a responsabilidade em suas próprias mãos e cuidou para que Enkidu fosse atingido pela peste. Depois da morte do amigo, Gilgamesh lamentou diante do povo, insistindo que chorassem aquele grande herói como um dos seus próprios. Em sua tristeza, prometeu deixar o cabelo crescer e vagar pelo deserto, vestindo apenas uma pele de leão. No entanto, Gilgamesh não estava preparado para morrer como seu amigo. Queria saber como evitar a morte.

Viu-se (provavelmente por instigação de Ishtar) em uma missão para procurar Utnapishtum, o único homem que tinha vida eterna. Utnapishtum explicou que os mortais não podem enganar a morte, porque ser mortal é viver e morrer. Então, Gilgamesh partiu para encontrar a flor com a qual podia ser elaborada uma poção que lhe daria a eterna juventude. Mas uma serpente arrebatou a flor antes que Gilgamesh pudesse pegá-la e, arrasado, ele começou sua longa jornada de volta para Uruk. No entanto, enquanto caminhava em direção às muralhas externas, seu coração se fortaleceu, pois ao perder o que ele tanto desejava, havia começado a aceitar quem ele realmente era. Aproximando-se do grande portão de Uruk, constatou como era bela a cidadela com suas 900 torres. Ninguém jamais esqueceria aquela sua realização, e seria assim que ele se tornaria imortal. Escreveu em tabuinhas de argila as histórias de suas viagens e colocou-as nos muros de Uruk, a fim de partilhar a sua sabedoria e ser lembrado como aquele que veio a entender por que era apenas humano.

Gilgamesh e Enkidu liquidaram rapidamente o monstro Humbaba, que guardava a floresta de cedro.

TRAPACEIROS, HERÓIS E AVENTURAS

337

Hanuman

Na mitologia hindu, Hanuman ou Hanumat ("queixo pesado") é um deus trapaceiro que, às vezes, apresenta-se como um macaco. É um personagem importante no *Ramayana* (ver p. 340) e também apareceu como um macaco quando acompanhou Tripitaka em sua viagem da Índia para a China.

Juventude

Nascido da rainha-macaco Anjana e do deus do vento Vayu, Hanuman, mal saíra do útero, estava faminto. Avistando o Sol, pensou que devia ser algo saboroso e perseguiu-o pelo céu. Indra interveio, lançando um raio em Hanuman, que o derrubou de volta à Terra, quebrando e deformando sua mandíbula. Vayu ficou tão irritado que se introduziu no ventre de todos os deuses e causou-lhes uma terrível flatulência, até que Indra se desculpasse com Vayu e concordasse em conceder a imortalidade a Hanuman.

Algumas narrativas sugerem que a imortalidade foi garantida a Hanuman devido ao seu apoio leal a Rama. Ágil e forte, ele se tornou um precioso aliado contra o rei dos demônios Ravana. Ele podia voar com a velocidade do vento e tinha força para arrancar montanhas. Como trapaceiro, tinha capacidade de mudar de forma e tornar-se invisível. Ele apavorava os inimigos com sua pele dourada e enorme cauda chicoteante.

Façanhas

Uma história do *Ramayana* conta como Hanuman foi enviado a Lanka como espião e também para entregar uma mensagem a Sita, que fora raptada. Hanuman estava preocupado se conseguiria pular o estreito que separava Lanka do continente. Enquanto planejava a missão, seu corpo começou a crescer até ficar do tamanho de uma montanha, e ele saltou através dos céus, rugindo e piscando os olhos vermelhos. Mas um demônio feminino, Sarusa, engoliu-o em pleno ar e ele instantaneamente encolheu até ficar do tamanho de uma unha; então, inchou no interior de sua barriga, rompendo-lhe a pele e arrebentando-a em mil pedaços. Quando chegou a Lanka, transformou-se em um gato e penetrou no quarto de Ravana para entregar a mensagem a Sita.

Hanuman era um deus-macaco trapaceiro, que matava ogros e demônios no conto épico Ramayana.

Hanuman foi de grande utilidade para Rama, e seu maior feito foi voar para o Himalaia para buscar uma erva para curar as feridas de Rama. Indra tentou dificultar as coisas para Hanuman, mas ele simplesmente deu de ombros e rasgou toda a montanha e voou de volta com a erva debaixo do braço. Enquanto ele se aproximava da cidade, a noite começou a cair e Hanuman sabia que o luar impediria a erva de agir adequadamente. Então, engoliu a Lua e entregou a planta mágica em segurança para Rama.

Depois que a batalha de Lanka foi ganha, Rama ofereceu a Hanuman qualquer coisa que escolhesse. Hanuman pediu para ser autorizado a viver pelo tempo que o nome de Rama fosse lembrado. A memória de Rama se perpetuou e Hanuman também.

Rama

No grande *Ramayana*, um épico hindu compilado entre os séculos XII e VI AEC, encontramos Rama e sua missão para destruir o terrível demônio Ravana e salvar sua amada Sita.

O verdadeiro nome de Rama era Ramachandra (Rama, a Lua). Na mitologia hindu, ele era a sétima encarnação do deus Vishnu na Terra. O rei dos demônios Ravana tornou-se tão invulnerável que a única maneira de destruí-lo era enviar uma mortal, já que Ravana havia sido demasiado vaidoso para pedir imunidade contra os seres humanos quando obteve dos deuses o seu poder.

O exército de demônios

Vishnu se ofereceu para ir para a Terra e, em sua encarnação como Rama, ele se casou com a filha do rei Janaka, Sita. A irmã-demônio de Ravana tentou seduzir Rama, mas ele a rejeitou e, então, Ravana enviou 14 mil demônios para destruir Rama. Entretanto, Rama massacrou o exército inteiro; então, por vingança, Ravana acabou sequestrando Sita e levou-a para Lanka.

O resgate de Sita

O rei-macaco Sugriva deu a Rama um exército de macacos, liderados por Hanuman. Os macacos construíram uma enorme ponte de pedra sobre as águas malignas e uma terrível batalha foi travada às portas da cidade. Um por um, os demônios foram mortos, e o conflito só poderia ser resolvido com um combate único entre Ravana e Rama. Com uma flecha mágica que lhe fora dada por um mago, Rama matou Ravana, e todos os macacos que haviam sido mortos foram trazidos de volta à vida pelos deuses.

A morte de Rama

O vitorioso Rama não tinha certeza se Sita lhe havia sido fiel, mesmo que ela jurasse ter rejeitado as investidas de Ravana. Por isso, Rama a exilou por quinze anos, e quando ela voltou com seus dois filhos, Sita pediu aos deuses um sinal para provar que ela era pura e os filhos eram dele. A Mãe Terra se abriu e engoliu-a. Rama ficou inconsolável, percebendo que ela sempre dissera a verdade, e

Rama, um dos muitos avatares de Vishnu, acabou matando o perverso demônio Ravana em um único combate.

tudo que desejava era segui-la na eternidade; não muito depois da morte de Sita, ele entrou no rio Sarayu e pôs fim à sua vida humana, retornando à sua forma divina como Vishnu. Sua aventura mortal como destruidor de Ravana havia sido tragicamente concluída.

Odisseu

Odisseu era o pertinaz herói errante que foi retratado em muitas formas de literatura e lendas, mas é a *Odisseia* de Homero que realmente faz justiça a ele. Nessa narrativa, ele não apenas enfrenta dificuldades, aventuras e o verdadeiro sofrimento, como também luta com sua sombra.

A *Ilíada*, por outro lado, retrata Odisseu como um aventureiro arrogante e heroico que não tem profundidade de caráter e nenhuma possibilidade de crescimento psicológico. Usando essas duas fontes, é possível ver que Odisseu engloba todas as facetas da natureza humana, do inescrupuloso logro à integridade de um verdadeiro herói. É tanto a luminosidade como o lado obscuro de um personagem como esse que esclarecem nossa própria jornada.

Juventude

Odisseu (Ulisses, em latim) significa "furioso". Esse jovem revoltado era filho de Anticleia e Laertes, rei de Ítaca, ou do trapaceiro Sísifo, segundo alguns. Foi criado pelo centauro Quíron e, assim que Odisseu tinha idade suficiente para governar, Laertes abdicou. Como muitos outros jovens heróis, Odisseu queria casar-se com Helena de Esparta, mais tarde Helena de Troia, mas, diferente da maioria dos pretendentes dela, em vez disso ele sabiamente casou-se com sua prima Penélope.

Guerra e Troia

Enquanto Odisseu estava em Esparta, aconselhou o pai de Helena a fazer todos os seus pretendentes jurarem solenemente que apoiariam quem quer que se casasse com ela. Então, quando Helena foi raptada por Páris, foi esse juramento que instigou todos os heróis gregos a ajudarem o rei Menelau e, subsequentemente, a participarem da Guerra de Troia.

Mas Odisseu era tão dedicado a Penélope que fingiu estar louco quando o recrutamento teve início (embora alguns digam que ele estava com medo da previsão de um oráculo, segundo o qual, ele ficaria afastado por vinte anos e retornaria como um mendigo). Juntou um burro e um boi no mesmo arado e semeou seus

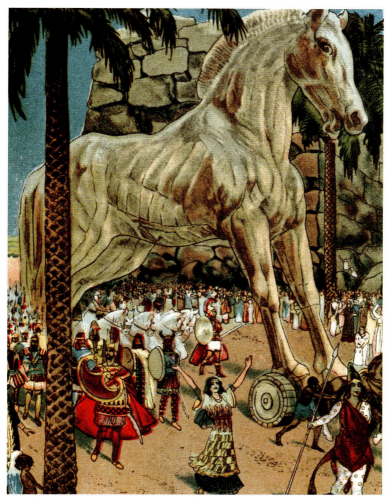

Os troianos pensaram que o cavalo lhes traria proteção divina, mas tudo que trouxe foi Odisseu e seu exército.

TRAPACEIROS, HERÓIS E AVENTURAS

343

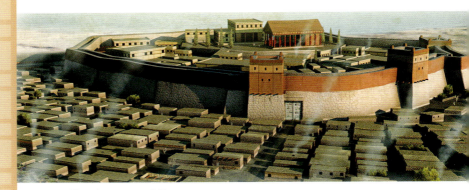

Posêidon voltou-se contra Odisseu e assegurou que os muros de Troia fossem reconstruídos.

campos com sal para provar sua loucura. Mas Palâmedes, ele próprio a caminho da guerra, enganou-o derrubando o bebê de Odisseu na frente do arado. Odisseu parou imediatamente e Palâmedes declarou que aquilo não era o ato de um louco. Odisseu, portanto, viu-se obrigado a partir para a guerra, mas ele nunca perdoou Palâmedes e posteriormente provocou sua morte prematura.

Em Troia, Odisseu usou de astúcia e estratégia para ajudar os gregos. Ele mostrou aos líderes gregos onde Aquiles estava escondido, apoderou-se da estátua de Atená, que simbolizava a sorte de Troia, e levou as tropas a se esconderem dentro do cavalo de Troia. Por causa do apoio dividido tanto de deuses como de mortais, seu regresso a Ítaca levou dez anos. Posêidon havia se voltado contra Odisseu e reconstruiu os muros de Troia, que haviam sido destruídos. Na verdade, foi Posêidon que fez com que ele fosse o último herói grego a voltar para casa. Nessa jornada épica, Odisseu enfrentou aventuras, combates e forças sobrenaturais, que venceu com astúcia, bravura e estratégia.

Andanças

Sua rota exata permanece um mistério, mas primeiro ele partiu para a Trácia. No entanto, ele foi levado por uma tempestade para a terra dos Comedores de Lótus, uma ilha onde os bancos de areia alteravam-se cada vez que a maré sofria variações e as pessoas viviam apenas no presente, sem pensar no passado ou no futuro. Alguns dos homens de Odisseu comeram a flor do lótus e ele os encontrou em um estado de torpor; haviam perdido toda a vontade de ir para casa e só pensavam em comer novamente as flores de lótus.

Odisseu enganou Polifemo, o rei dos Ciclopes, cujo pai era Posêidon. Polifemo buscava vingança contra todos os mortais pela perda de sua amada Galateia para um homem mortal. Quando Odisseu atracou na Sicília, Polifemo comeu vivos dois de seus homens. No dia seguinte, Odisseu foi à caverna dos Ciclopes e deixou-lhe grandes quantidades de vinho. Em um estupor, o bêbado Polifemo perguntou a Odisseu seu nome e ele respondeu: "Ninguém". Quando o gigante adormeceu, Odisseu pegou sua lança de madeira de oliveira, aqueceu-a nas cinzas brancas do fogo e queimou o olho do Ciclope. Polifemo gritou apavorado: "Ninguém está me ferindo!" Os outros Ciclopes não conseguiram encontrar alguém chamado "Ninguém". Enquanto o navio deixava a Sicília, Odisseu gritou: "Jamais se esqueça de que o Ninguém que o enganou é o maior herói de todos, Odisseu de Ítaca!".

Odisseu enganou Polifemo, embebedando-o e cegando seu único olho, para que ele e seus homens conseguissem escapar.

Os viajantes, então, chegaram à ilha flutuante do governante dos ventos, Éolo. Odisseu recebeu de presente um saco de ventos. Mas seus homens ficaram curiosos para espiar o conteúdo, e quando o abriram, todos os ventos espalharam-se e perderam sua utilidade já que sopravam em todas as direções. Odisseu também resistiu à magia da feiticeira Circe, e com a ajuda de Hermes, restaurou seus homens à forma humana depois que ela os transformara todos em porcos. Ele ficou cerca de sete anos com Circe, deliciando-se com seus encantos e sedução.

Afinal, navegou para o leste, escapou dos monstros marinhos Cila e Caríbdis, e acabou sozinho depois que os homens sobreviventes amotinaram-se e desertaram. Odisseu foi levado à ilha de Ogígia, onde a bela ninfa do mar Calipso se apaixonou por ele. Ficou com ela por sete anos, enfeitiçado, ainda que ansiasse voltar para casa.

Calipso, a ninfa do mar, amava Odisseu e ofereceu-lhe a imortalidade, mas tudo o que ele queria era voltar para casa.

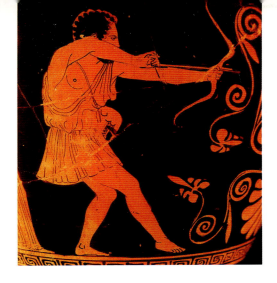

Odisseu disfarçou-se de mendigo e competiu com os outros pretendentes para reconquistar sua noiva e seu reino.

O retorno

Penélope havia sido fiel a Odisseu por vinte anos, mas a pressão sobre ela para que se casasse novamente era intensa; ela concordou em se casar com aquele que conseguisse atirar uma flecha através de 12 minúsculos laços de couro amarrados à extremidade de 12 cabeças de machado posicionadas verticalmente no chão. Todos falharam, exceto um velho mendigo. Era Odisseu disfarçado. Com a ajuda de seu filho Telêmaco, lutou ferozmente até que todos os pretendentes estivessem mortos. Em seguida, revelou sua verdadeira identidade e foi recebido de volta como rei.

Em uma de suas viagens ao continente ele havia consultado o oráculo de Delfos, que lhe disse que seu próprio filho o mataria. Ele imediatamente baniu Telêmaco, que foi se casar com Circe e fundou uma nova dinastia. Mas Telégono, filho de Odisseu com Circe (um filho que ele não sabia que tivera), apareceu em Ítaca por acaso com um bando de homens. Telégono estava procurando por seu verdadeiro pai, mas não tinha ideia de quem ele era. Odisseu viu-os aportar e, pensando serem piratas, lutou com eles na praia. Telégono matou Odisseu com uma lança envenenada, feita com o ferrão de uma arraia, e a profecia se cumpriu. Em algumas versões, Telégono, então, casou-se com Penélope e governou Ítaca.

Loki

Na mitologia nórdica, Loki é tanto o deus mais antigo quanto o mais jovem. Ele existia como um conceito antes da criação e passou à existência física por meio de astúcia. São numerosos os contos sobre Loki, o deus das travessuras, das mentiras e do logro. Ao contrário do restante dos deuses do panteão nórdico, a personalidade de Loki evolui e ele tem traços mais humanos do que qualquer um dos outros.

Loki ("sedutor" ou "fogo") também era um adepto da metamorfose. Podia se transformar em qualquer coisa, de um peixe ou uma mosca a um grão de areia. Ele podia ser a testa franzida de um gigante ou o salto do sapato de alguém. De vez em quando fazia amizade com seres humanos que julgava merecedores.

Em uma das histórias, um camponês desafia o gigante Skrymsli para um jogo de xadrez. Infelizmente, as apostas do gigante eram altas. Se ganhasse, o camponês teria de entregar o próprio filho para o gigante, a menos que conseguisse escondê-lo tão bem que o gigante não pudesse encontrá-lo. Tolamente, o camponês concordou e, é claro, perdeu. Clamou aos deuses por ajuda, mas eles se aborreceram e, assim, como último recurso, o camponês recorreu a Loki. Loki armou uma armadilha para o gigante e, em seguida, cortou ambas as pernas do gigante e colocou um bloco de pedra entre os membros e o corpo para que a magia do gigante fosse desativada. Pelo menos uma vez, Loki tinha ajudado alguém em perigo. Ele nem sempre era um deus benevolente, e quando Baldur, filho de Odin, tornou-se uma ameaça Loki ficou furioso e com ciúmes de Baldur, e enganou Hoder para matá-lo. Loki foi banido de Asgard, e seus truques pioraram.

Finalmente, os deuses capturaram Loki e o aprisionaram em uma caverna profunda. Primeiro, eles transformaram o filho de Loki, Vali, em um lobo e o lançaram contra o irmão, Narfi. Amarraram Loki às rochas com as entranhas de Narfi, e a giganta Skadi pendurou uma serpente sobre sua cabeça para que o veneno escorresse sobre o seu rosto até o Ragnarök. A esposa de Loki, Sigyn, senta-se ao seu lado e apara o veneno em uma taça; quando ela se afasta, os pingos causam tanta dor a Loki que terremotos sacodem o mundo todo. No fim desse ciclo, Loki fugirá da caverna e destruirá todos os deuses.

Loki foi amarrado às rochas como punição por seu truque para matar o filho de Odin, Baldur.

TRAPACEIROS, HERÓIS E AVENTURAS

Gassire

Os fasa, um povo aristocrático do sul do Saara, viveu por volta do século III AEC. Exibiam coragem em combate, mas lutavam somente com aqueles que eram seus iguais. Como muitos heróis mortais, Gassire era um guerreiro, mas desejava fama eterna. Entretanto, o que era melhor para ele não era necessariamente o melhor para o seu povo, e tal desejo foi sua ruína.

O pai de Gassire, o rei Ngaanamba, era velho e o próprio Gassire já não era jovem. Ambicionando herdar o reino, desejou que o velho morresse. Gassire cavalgaria em combate e alcançaria honra como um grande herói, e ouviria os elogios de seus companheiros guerreiros. Toda semana ele procurava por indícios de que seu pai iria morrer, e sua ganância pelo poder acabou se transformando em raiva.

Ele visitou o homem mais sábio do reino fasa, e perguntou quando seu pai iria morrer e quando se tornaria rei. Mas o homem sábio disse a Gassire que ele nunca iria herdar o escudo e a espada de seu pai, e que ele estava destinado a carregar apenas um alaúde. Gassire ficou indignado, mas o velho deu de ombros e disse: "Seu caminho na vida não é o de um rei, ou de um herói. Quando você ouvir a perdiz no campo entenderá a natureza de sua jornada".

O alaúde

Gassire não acreditou no homem sábio e saiu para tentar provar que ele era o melhor guerreiro na Terra. Combateu bravamente o povo burdama até eles recuarem com medo, e, enquanto isso, seu *status* heroico aumentava cada vez mais.

Um dia, ele caminhava no campo e ouviu uma perdiz cantando, dizendo como sua música viveria para sempre, muito depois de todos os heróis e reis estarem mortos. Então, Gassire voltou ao homem sábio e perguntou se ele poderia cantar uma grande canção de batalha que nunca seria esquecida. O sábio balançou a cabeça, confirmando: "Muito tempo atrás, os fasa lutavam contra outros povos; os bardos tocavam o alaúde e são eles que são lembrados, enquanto os guerreiros, não. Você, também, será um cantor de canções de batalha, mas nunca um rei".

Gassire ansiava pela fama, mas foi um alaúde que a trouxe para ele, de uma maneira diferente do que ele esperava.

Gassire pediu a um ferreiro para fabricar um alaúde que cantasse, mas foi informado que para o instrumento cantar precisaria ter um coração, que seria conseguido pelo desenho do sangue derramado em seus feitos, e de seus filhos, no campo de batalha, a fim de que o alaúde se tornasse parte dele mesmo e de seu povo. Assim, todos os dias, Gassire levava um de seus filhos para a batalha e um por um eles iam sendo mortos, seu sangue escorrendo por todo o alaúde, enquanto ele os carregava para casa nas costas. O povo fasa começou a perceber que Gassire não ligava para os filhos e que ele dava mais valor à fama do que à vida. Não mais admirado, foi banido de seu próprio reino.

Naquela noite, acampado sob as estrelas brilhantes e agasalhado contra o ar frio do deserto, não conseguia dormir. Contemplou seus companheiros e alguns homens que dormiam e, em seguida, sentiu vontade de tocar o alaúde manchado de sangue ao lado dele. Então, quando começou a tanger suas cordas, o alaúde começou a produzir sua bela e particular canção de batalha. No mesmo instante, em sua casa ao longe, seu pai, o velho rei, morreu. O alaúde começou a tocar novamente e, desta vez, a raiva deixou Gassire e ele chorou, tanto por sofrimento como de alegria. A música era a mais pungente que já se ouvira. Exprimia sua tristeza pelos filhos e pai mortos, e a dor causada por seus atos. A única alegria que sentia era que seria lembrado por sua canção de batalha tempos depois de os feitos valorosos de quaisquer dos heróis ou guerreiros já terem sido esquecidos.

Coniraya

Coniraya era um espírito trapaceiro que afirmava que ele era o próprio e único criador. Sua habilidade principal era enganar e ele passava a maior parte de seu tempo disfarçado como um mendigo mortal. Estudiosos acreditam que Coniraya antecede os incas e provavelmente foi um dos primeiros contos da América do Sul.

Coniraya era famoso por sua habilidade em seduzir, mas quando avistou a bela Cavillaca tecendo ao lado de uma perfumosa árvore, um abieiro, ele se transformou em uma ave do paraíso e voou para o topo da árvore. Amassou alguns frutos da árvore e fez um creme no qual misturou o seu sêmen, e o deixou aos pés de Cavillaca. A jovem, que ia almoçar, apanhou a fruta na mesma hora e a comeu. Logo depois, deu à luz um filho e resolveu encontrar o pai da criança.

A criança

Ela convocou os deuses e convidou todos os pretendentes locais para uma festa. Coniraya estava lá, vestido como um mendigo e se misturando com os habitantes do lugar. Cavillaca colocou o garoto no meio da reunião, sabendo que ele iria engatinhar em direção ao seu verdadeiro pai. Como a criança correu para Coniraya, os homens abriram a boca abismados e Cavillaca se horrorizou ao saber que o pai de seu filho era um mendigo tão miserável. Ela fugiu para a cidade sagrada de Pachacamac, junto ao mar. Cavillaca sentiu-se tão desgostosa com ela mesma enquanto estava sentada atirando seixos na água que mergulhou no oceano e foi imediatamente transformada em uma pedra.

Enganando o deus

Aonde quer que fosse, Coniraya abençoava aqueles que lhe davam boas notícias sobre o paradeiro de Cavillaca e amaldiçoava aqueles que diziam não saber de nada. Chegando ao mar, descobriu que o deus Pachacamac havia transformado Cavillaca em pedra por ela se atrever a mergulhar em seu mar sagrado. Esse deus serpente-marinha era alimentado diariamente por suas duas filhas com um suprimento de peixes, que eram proibidos a qualquer mortal ou mesmo outro deus. Coniraya se transformou em um homem-lontra, seduziu a filha mais velha

O sítio arqueológico do Templo de Pachacamac, com seus afrescos de peixes, fica a sudeste de Lima, no Peru.

e voltou à noite para fazer sexo com ela. A filha mais nova se transformou em pombo e voou para longe, assustada com seus poderes de trapaça. Não mais se preocupando com a serpente, a filha mais velha escondeu todos os peixes em sua caverna aquática. Uma semana mais tarde, Coniraya libertou os peixes no oceano para que todos os homens pudessem apanhá-los. Pachacamac tentou montar uma armadilha para o homem-lontra, mas Coniraya se transformou em um peixe, seguiu a corrente até o mar aberto e rumou para casa.

Ele voltou a Haurochiri como um mendigo para pregar mais peças na humanidade. Era muito mais seguro do que entrar em confronto com um deus.

Väinämöinen

Como figura-chave no épico *Kalevala*, compilado pelo folclorista Elias Lönnrot, no século XIX, Väinämöinen foi o herói mítico e trapaceiro na luta entre a terra dos finlandeses (Kalevala) e Pohjola, no norte.

Väinämöinen, filho de Luonnatar, nasceu já com mais de 30 anos de idade. Como possuía poderes mágicos, descongelou geleiras e tornou os campos, de maneira geral, cultiváveis. O gigante de gelo Joukhainen não ficou feliz com isso e começou a lançar feitiços para fazer o gelo retornar e a vegetação murchar. Mas Väinämöinen simplesmente entoou suas magias mais alto e enganou o gigante transformando seu cavalo em uma pedra, sua espada em relâmpago e suas flechas em pássaros. Joukhainen ofereceu sua irmã Aino a Väinämöinen, como prêmio. Mas Aino rejeitou o herói já velho e preferiu se afogar a casar-se com ele.

Eterno solteirão

Preocupado que talvez não fosse digno de arrumar uma esposa, Väinämöinen partiu para Pohjola e a terra dos gigantes de gelo para encontrar a esposa certa. Nadou por dias pela vastidão gelada e, quando estava a ponto de se afogar, uma águia o resgatou e depositou-o na praia. Ele chegou ao palácio da princesa bruxa Louhi, que lhe ofereceu sua filha se ele conseguisse criar um dispositivo mágico (um *sampo*) que fosse capaz de produzir ouro, sal e farinha. Väinämöinen partiu para casa para tentar, mas a filha de Louhi encontrou-se com ele, e o herói implorou-lhe para que se casasse com ele sem o *sampo*. Ela concordou, com a condição de que ele realizasse sua própria série de testes, incluindo descascar uma pedra e construir um barco a partir de uma lançadeira de tear. Mas espíritos malignos o impediram de completar suas tarefas e, sem pensar, deu ao seu irmão Ilmarinen, o ferreiro, a tarefa de fabricar o *sampo*. Ilmarinen fez um, levou-o direto para Louhi e casou-se com a filha da bruxa.

Herói corajoso

Mas o casamento não durou e a filha da bruxa foi morta por seu próprio gado após uma disputa com um servo. Ilmarinen retornou para a Finlândia, agora

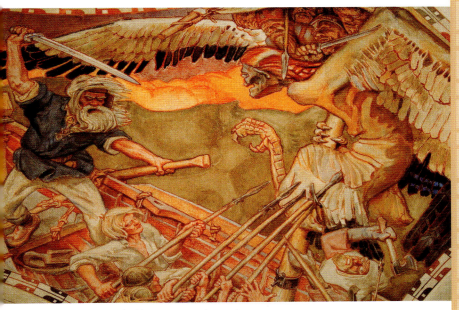

Väinämöinen era conhecido por ser trapaceiro, xamã e um intrépido explorador.

viúvo, e apesar de Väinämöinen ter ficado com ciúmes de seu casamento, os irmãos finalmente se reconciliaram. Decidiram roubar o *sampo* para assegurar a prosperidade de seu povo. Associando-se a outro aventureiro, Lemminkäinen, roubaram o *sampo* do palácio em Pohjola e navegaram de volta para casa. Mas Louhi enviou tempestades para destruir o navio deles, e como a embarcação se desintegrou no mar gelado, o *sampo* se despedaçou. Väinämöinen recuperou alguns fragmentos e uniu-os com um feitiço; em seguida, soprou luz e calor em toda as florestas da Finlândia, de modo que quando Louhi fosse atacá-los com o tempo frio, a primavera viria para restaurar a vida. Quando já estava muito mais velho, Väinämöinen partiu em um barco de bronze numa eterna jornada entre o Céu e a Terra. Dizem que se a Finlândia precisar dele algum dia, ele voltará.

Rata

Existem muitas versões das aventuras de Rata por todas as ilhas da Polinésia. Rata é um herói guerreiro com poderes mágicos e faz parte do ciclo Tawhaki, um grande ciclo de mitos dinásticos. Nessa versão das ilhas do Pacífico Sul, narra-se a busca de Rata por vingança.

Rata era filho da mortal Matoka e do deus-cometa Wahie-roa. Um pouco antes de ter dado à luz, Matoka sentiu um terrível desejo por uma iguaria chamada *koko*, uma espécie de ave gorda tão rica em carne como um veado. Wahie-roa saiu para caçar uma, mas acabou invadindo o território de um assustador gigante chamado Matuku e foi morto.

A árvore mágica

Quando cresceu, Rata prometeu matar Matuku, mas não tinha uma canoa. Apenas uma árvore mágica na floresta poderia ser usada para fabricar um barco, mas toda vez que ele a cortava, a árvore enraizava-se novamente no solo e brotava, cheia de vida. Os espíritos da floresta lhe disseram: "Este é o bosque sagrado do grande deus Tane; volte para casa, faça uma oferenda e, então, iremos ajudá-lo". Assim, Rata ofereceu flores e entoou cânticos, e no dia seguinte, encontrou uma canoa e os espíritos o ajudaram a lançá-la ao mar.

Vingança

Rata navegou para a terra do duende devorador de homens, Poua, que lançou feitiços e colocou em transe os homens de Rata. Contudo, a magia de Rata era mais poderosa. Ele encheu o duende de comida e pedras incan-

Na mitologia da Polinésia, oferendas eram feitas a Tane, o deus ancestral de todas as florestas e árvores.

descentes da fogueira, e o corpo dele explodiu. Em seguida, desembarcaram na ilha de Matuku e atraíram o gigante para fora de sua caverna. Rata e seus homens atiraram um laço em volta de seu pescoço, deceparam-lhe os braços, as pernas e, depois, cortaram o seu pescoço. Matuku transformou-se em um socó australiano, e ainda hoje pode ser ouvido pelos pântanos.

O retorno dos ossos

Os ossos do pai de Rata estavam sendo usados pelos sábios homens ponaturi para fazer feitiços a fim de que ninguém pudesse derrotá-los. Rata roubou de volta os ossos e usou os encantamentos para fortalecer seus homens e enfraquecer o inimigo. Os ponaturi fugiram, e Rata certificou-se de que todos fossem liquidados. Os homens de Rata que haviam sido mortos retornaram à vida, e os ossos de Wahie-roa chocalharam sob as velas na brisa do mar.

Como a Polinésia é formada por ilhas, barcos e navegação têm papel de destaque na mitologia da região.

Olifat

Olifat era mais conhecido como um trapaceiro cujas brincadeiras, às vezes, causavam morte, mas geralmente apenas faziam os mortais de bobos. Como muitos trapaceiros, ele era filho de uma mulher mortal e um deus, nesse caso, o poderoso deus Anulap. A única preocupação de Olifat era provar que era superior à humanidade, e também evitar a condição mortal do tédio.

O nascimento de Olifat foi bastante incomum – os longos cabelos de sua mãe, negros como ébano, estavam amarrados em um nó e presos com uma folha de coco. Certa manhã, ela soltou a folha de coco e Olifat desabou do nó. Ele era muito precoce e amadureceu rapidamente. Anulap havia alertado a mãe de Olifat para nunca deixá-lo beber de um coco que tinha um pequeno buraco, pois temia que ele descobrisse quem era seu pai. Mas Olifat o fez e, como teve de inclinar bastante a cabeça para trás para consumir a última gota de leite, vislumbrou Anulap nos Céus.

O truque

Olifat decidiu visitá-lo imediatamente, mas ele não era popular no Céu. Sabotava as brincadeiras das crianças do céu, deu espinhos reais ao peixe-escorpião, um ameaçador conjunto de dentes aos tubarões e um ferrão de verdade na cauda da arraia, normalmente dócil. Importunou vários deuses bagunçando suas vasilhas de cozinhar, mantendo-os acordados quando queriam dormir, e seduzindo suas filhas à medida que ia crescendo e passando de menino a homem. Quando chegou ao nível mais alto do Céu, os deuses estavam no meio da construção de uma casa dos espíritos para os mortos. Olifat ofereceu-se para ajudar, mas os deuses ficaram muito desconfiados e ele percebeu que tentariam matá-lo se pudessem. Então, escondeu-se em uma cavidade especial no fundo de um dos buracos de pilar, e quando o pilar foi enterrado, ele lançou para fora bastante lama de terra vermelha e folhas verdes mastigadas. Com todo aquele lodo sendo esguichado, os deuses construtores pensaram que aquilo era o sangue e as tripas de Olifat jorrando do buraco e, então, certificaram-se de que ficasse bem tampado, convencidos de que ele estava morto.

Olifat foi o responsável por colocar os espinhos nas costas do peixe-escorpião.

Mas Olifat pediu aos cupins que fizessem um túnel através do pilar até o teto. Então, empoleirou-se sobre as vigas e esperou os construtores retornarem à casa dos espíritos. Com um pedaço de coco, ele bateu nas vigas fingindo ser um grande espírito. Ao vê-lo, os deuses menores ficaram com medo do tal espírito, mas seu pai percebeu que era Olifat e disse-lhe para descer.

De volta à Terra, Olifat sentava-se nos telhados das casas dos homens e causava problemas queimando buracos na madeira ou chamando seus amigos cupins para comer as vigas. Ele azedava o vinho, trocava ovos bons por ruins e era o maior sedutor de mulheres entre todos os deuses. Somente morrendo os seres humanos podiam escapar de seus truques infames, mas o tédio eterno da morte só fazia com que a humanidade desejasse voltar à vida e suportar as palhaçadas de Olifat.

Gaio Azul

Entre os povos costeiros do Óregon e também os grupos de seu planalto centro-oriental, o Gaio Azul era um deus trapaceiro que mudava de pássaro para a forma humana quando bem entendesse. Suas aventuras resultavam em muitas mudanças no mundo natural e mostravam sua habilidade em ludibriar seus rivais. O Gaio Azul também aparece mais ao sul entre os apaches jicarilla do sudoeste dos Estados Unidos.

Para muitos povos nativos americanos, pássaros como o Gaio Azul eram trapaceiros sagrados, amorais, porém sábios.

As travessuras do Gaio Azul geralmente estavam relacionadas com sua irmã Ioi. Sua provocação favorita era "Ioi está sempre contando mentiras". Ioi decidiu que era hora de o Gaio Azul arranjar uma esposa entre os mortos. O pássaro gostou da ideia, mas em vez de tomar uma esposa há muito morta, escolheu a filha de um chefe, recentemente falecida. Embora Ioi torcesse o nariz para a escolha, disse ao irmão que ele deveria levar a garota para a Terra do Sobrenatural, para trazê-la à vida.

Então, o Gaio Azul partiu para a Terra do Sobrenatural e, em cada aldeia que passava, pedia ao povo para restituir a vida à sua mulher. Mas as aldeias só restauravam à vida aqueles que haviam morrido há um, dois, ou três dias, e o Gaio Azul sempre chegava com um dia de atraso. Finalmente, ele chegou a uma aldeia onde as pessoas sentiram pena dele. Reviveram-na e ele se tornou o chefe da aldeia. O casal viveu lá por um longo tempo, mas o Gaio Azul ficou entediado com a Terra do Sobrenatural. Felizmente, a tribo de sua esposa apareceu, desaprovou o casamento e, assim, o Gaio Azul se transformou em um pássaro e voou para longe.

Mundo dos fantasmas

O Gaio Azul queria ver sua irmã novamente, e descobriu que o povo fantasma fora buscá-la certa noite. Ele se transformou em um espírito e encontrou Ioi cercada por uma pilha de esqueletos, que eram também seus parentes. Ioi lhe disse que quando não havia alguém por perto, eles se levantavam e se comportavam como pessoas normais, mas ruídos altos os assustavam e eles se desintegravam de volta a ossos. O Gaio Azul gostou da ideia dessa brincadeira e levou seu primo para pescar. Propositalmente, cantou tão alto quanto pôde apenas para ver seu primo desmoronar novamente em uma pilha de ossos.

Competição de mergulho

Quando o Gaio Azul retornou para a terra dos chinooks, a Terra do Sobrenatural enviou uma mensagem desafiando os chinooks para uma competição de mergulho. O perdedor seria privado de sua vida. O Gaio Azul concordou em mergulhar para os chinooks e enganou sua rival, criando um buraco de respiração embaixo d'água; toda vez que mergulhava, podia respirar, mas quando sua rival mergulhava, ela perdia o fôlego e ficava cada vez mais exausta. O Gaio Azul golpeou-a com um porrete até a morte debaixo d'água e saiu-se vencedor para os chinooks.

Tjinimin

Os mitos dos povos murinbata do Território do Norte, na Austrália, incluem um trapaceiro do Tempo do Sonho chamado Tjinimin ("morcego"). Como a maioria dos trapaceiros, ele era enérgico e criativo, mas também amoral e luxurioso. Em uma versão do mito, a Serpente Arco-Íris Kunmanggur, uma poderosa divindade da fertilidade sexual, também é desafiada pelas palhaçadas lascivas de Tjinimin.

O esporte preferido de Tjinimin era tentar violar as Garotas Papagaios Verdes, consortes da Serpente Arco-Íris. Estava cheio de insaciável luxúria e tinha uma ereção permanente; nada impedia seus ataques desenfreados. Mas as garotas conseguiram afastá-lo, primeiro com abelhas, em seguida empurrando-o de um penhasco sobre rochas pontiagudas, onde ele se despedaçou. Mas o poder de trapaceiro de Tjinimin significava que ele podia regenerar-se, e ele testou isso cortando seu próprio nariz e depois colocando-o de volta. Ele usou uma lança mágica para destruir a Serpente Arco-Íris que, agonizando, arrancou grandes rios e poços, roubou o fogo do mundo e, finalmente, mergulhou para as profundezas do oceano.

Tjinimin não sabia como fazer fogo, mas um pequeno falcão, Pilirin, salvou o mundo mostrando a todos como evocar os espíritos do fogo esfregando dois pauzinhos. Tjinimin só aventurou-se na noite depois disso e, a partir de então, empoleirou-se de cabeça para baixo e fixou os olhos nas estrelas, para que não fosse tentado pelo fogo do desejo sexual no mundo abaixo.

Uma pintura rupestre da Serpente Arco-Íris em Dukuladjarranj, Terra de Arnhem Central, na Austrália.

Simpang Impang

Para os povos iban de Sarawak, Simpang Impang era um herói cultural. Não tinha pretensões à fama ou fortuna, mas conseguiu domar o vento selvagem.

Durante uma noite de chuva torrencial, uma mulher teve relações sexuais com uma trepadeira na forma de um homem, e deu à luz uma criança que era parte trepadeira, mas com um braço e uma perna humanos. A criança, Simpang Impang, encontrou alguns grãos de arroz e os deixou no sol para secar. Mas o vento soprou e os grãos de arroz foram levados para o oeste.

Simpang Impang queria seus grãos de arroz de volta. Ele mancava através das selvas e montanhas em busca do vento. Em seu caminho, encontrou uma árvore antiga, um lago, uma bananeira e algumas canas-de-açúcar que queriam que o vento voltasse para ajudá-los também. Simpang Impang finalmente encontrou-se com o vento,

Uma maloca iban em Sarawak. Os iban eram um temível povo guerreiro de Bornéu, outrora mal-afamados por caçarem cabeças.

que o testou primeiro causando um redemoinho no lago, acreditando que o garoto não conseguiria atravessar a água; mas um peixe foi atrás do vento, que pensou tratar-se de Simpang. O vento assobiou por uma pequena zarabatana e uma formiga moveu-se por dentro dela no lugar de Simpang. O vento não estava com os grãos de arroz de Simpang, então, furioso, ele ateou fogo na cauda do vento, que gritou: "Apague o fogo que farei de você um homem completo!". Simpang largou a tocha e se tornou completo. Extasiado, fez amizade com o vento, e o vento prometeu desbloquear o lago e soprar para longe as folhas mortas da bananeira. Ele não podia dar ramos à cana-de-açúcar, já que, ele era apenas o vento.

MORTE E O MUNDO INFERIOR

O equilíbrio entre a luz e as trevas correlaciona-se àquele do Mundo Superior e do Mundo Inferior, sendo este último um lugar de eterna escuridão, normalmente governado por demônios ou divindades invisíveis. Como, para a maioria dos povos, os deuses negavam aos seres humanos o dom da imortalidade, a morte resultava ou em sofrimento ou no paraíso. Por exemplo, para os maoris, a morte era um retorno ao útero da Grande Mãe; para os egípcios, era o julgamento final; e no mito nórdico, o Valhalla era o lugar de descanso para heróis e guerreiros.

Inanna e Ereshkigal

Inanna é o equivalente sumério da deusa Ishtar, e seu conto é um paralelo direto com o de Ishtar e Tamuz (ver p. 306). A descida de Inanna ao Mundo Inferior e a consequente perda da fertilidade do mundo, leva ao sacrifício de seu infiel consorte, Dumuzi, à sua irmã, Ereshkigal. Também é semelhante ao mito grego de Deméter. Muitos acreditam que todos eles são facetas de uma Grande Deusa original.

Inanna era a deusa suméria da fertilidade e responsável pelo desenvolvimento da terra. Foi para o rei pastor Dumuzi, seu consorte, que ela construiu a cidade de Uruk. Ele é descrito como um ser semelhante a um touro selvagem com uma barba de lápis-lazúli; similarmente, a vulva de Inanna é comparada a um "barco do Céu" ou "campo não cultivado", que ela insiste que Dumuzi lavre. Inanna era também a deusa da luz. Sua irmã gêmea era Ereshkigal, a deusa das trevas que governava o Mundo Inferior.

Não está claro por que Inanna decidiu visitar sua irmã no Mundo Inferior, mas ela vestiu suas túnicas mais finas e chegou ao primeiro dos sete Portões da Invisibilidade. Inanna obteve permissão para passar por cada portão, contanto que tirasse uma ou mais roupas e joias. Quando finalmente ficou diante da irmã, estava nua. Os juízes dos mortos presumiram que ela estava ali para tomar o trono de Ereshkigal, arrastaram Inanna para a

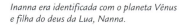

Inanna era identificada com o planeta Vênus e filha do deus da Lua, Nanna.

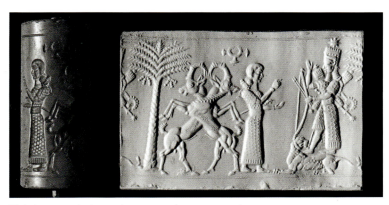

Símbolos como palmeiras e cabras eram usados para representar o papel de Inanna como deusa da fertilidade.

escuridão e a penduraram em um gancho de açougueiro, deixando seu corpo para apodrecer.

O retorno de Inanna

Enquanto Inanna estava no Mundo Inferior, não havia luz ou fertilidade na Terra, e os deuses deram-se conta de que precisavam trazê-la de volta. Enki, o deus trapaceiro, criou três seres sem cérebro, sexualidade ou órgãos internos e deu-lhes uma taça de imortalidade para beber, para que eles pudessem passar pelos Portões da Invisibilidade. Eles tiraram Inanna do gancho de açougueiro e deram-lhe o resto da poção para revivê-la. Ereshkigal concordou que Inanna pudesse voltar ao Mundo Superior, desde que enviasse um substituto. Em seu retorno para Uruk, descobriu que Dumuzi não havia lamentado sua falta nem se importado por ela ter partido. Ele não apenas havia usurpado seu trono, como também dormido com suas irmãs. Sua traição foi suficiente para Inanna bani-lo para o Mundo Inferior como seu substituto e, assim, satisfazer as condições de Ereshkigal. Depois de algum tempo, Inanna arrependeu-se de sua decisão e permitiu que Dumuzi retornasse à Terra a cada ano por seis meses como um deus da vegetação. Esse mito representa o tempo na Terra, quando não há fertilidade ou crescimento e simboliza o ciclo da vida, morte e renascimento.

O Mundo Inferior egípcio

A preocupação filosófica e religiosa com a vida após a morte desempenhava um importante papel na vida egípcia. A mumificação, o *ka* e o *ba* eram componentes essenciais de seu sistema de crenças. A mumificação de Osíris foi a primeira a ser registrada, sendo a arte aperfeiçoada por volta da quarta dinastia (2600 AEC).

Ka e *ba*

Quando um ser humano era criado, seu *ka* era criado simultaneamente pelo deus Khnum em sua roda de oleiro. O *ka* era o equivalente espiritual do corpo físico, podendo viajar para fora dele e, quando o corpo morria, o *ka* se dividia e tornava-se o *ba* (a alma) e o *akh* (o espírito).

O *akh* tomava a forma de um pássaro com cabeça humana, que voava para o Mundo Inferior. O *ba* vivia na tumba com o corpo, mas era livre para ir e vir como quisesse. Enquanto o *ba* estivesse na Terra, o *akh* estava livre para viver para sempre no Mundo Inferior, o grande reino dos mortos, onde espíritos bons misturavam-se com os deuses e viviam uma vida de paz e harmonia. Caso o corpo fosse destruído, o *ba* ficava desabrigado e tanto o *ba* quanto o *akh* teriam uma segunda morte – algo muito temido pelo povo egípcio.

Se a tumba era saqueada ou o corpo destruído, o *ba* podia ficar com a estátua do falecido colocada no túmulo. Essa estátua significava que o *ba* poderia evitar uma segunda morte.

Osíris era o rei ideal, mas deixar sua irmã Ísis reinar sozinha enquanto ele civilizava o resto do mundo foi sua ruína.

A morte de Osíris

Notável governante, Osíris se ausentava devido às suas viagens, por isso, deixou sua esposa e irmã Ísis no poder, mas seu irmão Seth, com inveja, e tramou sua morte. Sem suspeitar, Osíris entrou em um leito fechado*, feito especialmente para ele e oferecido em um banquete e, então, Seth e seus conspiradores fecharam o tampo e lacraram as frestas com chumbo derretido. O caixão mortal foi jogado no rio Nilo, onde ficou à deriva até Biblos. Ísis achou-o em uma árvore de mirra e levou o caixão de volta ao Egito. Com um feitiço mágico, ela reviveu Osíris apenas o suficiente para conceber uma criança e, como fugitiva, deu à luz Hórus, na região do delta.

Hórus, filho de Osíris, acabou derrotando Seth, o irmão maligno de seu pai, e tornou-se o governante do reino de seu genitor.

Seth achou o caixão e cortou o corpo de Osíris em 14 pedaços, que espalhou pelo Egito. Ísis remontou-o com a ajuda de Anúbis, o deus do embalsamamento, e Osíris foi trazido à vida por Hórus. Foi viver no Mundo Inferior como governante e juiz das almas dos mortos.

O culto a Osíris

A mumificação de Osíris levou 70 dias para ser concluída. O culto a Osíris trazia consigo a crença da vida após a morte e continuou nas dinastias egípcias como uma religião distinta. Entre 2500 e 1500 AEC, Osíris era tão importante quanto Rá. Uma festa anual era realizada em Abidos, o lugar onde Ísis achou a cabeça de Osíris. Esse se tornou um importante local para sepultamento entre os egípcios abastados. Nos últimos 600 anos AEC, o culto a Osíris ofuscou todos os outros no Egito e a misteriosa religião espalhou-se por todo o Mediterrâneo.

Cama fechada dentro de um armário espaçoso em forma de gabinete, parcialmente aberto ou guarnecido de portas, montado sobre quatro pés altos.

O Mundo Inferior Indiano

Nos primórdios do período védico, o Mundo Inferior era considerado um lugar bastante agradável para as almas dos mortos, mas na posterior mitologia hindu, os deuses da morte, como Kali, eram arautos da desgraça para aqueles que deveriam entrar no temível Mundo Inferior de Kalichi e seu governante, Yama.

A deusa hindu da morte é geralmente descrita como uma mulher nua aterrorizante, com a língua sedenta de sangue pendendo para fora da boca. Tinha a carne negra, presas e um colar de crânios. Era ou a personificação de uma das sete línguas de Agni, o deus do fogo, ou, mais frequentemente, a ira de Durga, a consorte de Shiva.

Uma história conta como Shiva enviou Durga para lutar contra o terrível demônio Raktabija, que tinha o poder de clonar a si mesmo a partir de qualquer gota derramada de seu próprio sangue. Durga também tentou o truque da clonagem, mas o poder do demônio era maior. Ela ficou tão enfurecida que Kali explodiu de sua testa e sorveu todo o sangue do demônio antes que atingisse o solo. Ela ficou tão bêbada com o sangue que começou a bailar a dança cósmica da destruição de Shiva.

Yama

No final do período védico, entre 900 e 550 AEC, Yama foi o primeiro homem a viver e morrer. Ele também descobriu o caminho que levava os mortos para o Céu, e tornou-se seu governante. Agni, o deus do fogo, podia distinguir o bem e o mal em cada mortal pela cor das chamas da cremação. As cinzas que ficavam representavam o mal, por isso, a alma era transportada para o Céu em uma carruagem dourada para juntar-se ao corpo purificado e viver uma vida desenfreada e feliz no reino de Yama.

Yama passava o tempo bebendo *soma* e tocando sua flauta. Aquele era um lugar de leveza e música, riso e o paraíso eterno, até a era dos deuses rivais e seus próprios reinos se estabelecerem. Indra e Varuna tinham seus próprios céus, mais sofisticados e, com o tempo, Yama passou a ser associado à escuridão e começou a ser considerado uma figura de terror. Na crença hindu, Yama evoluiu como o

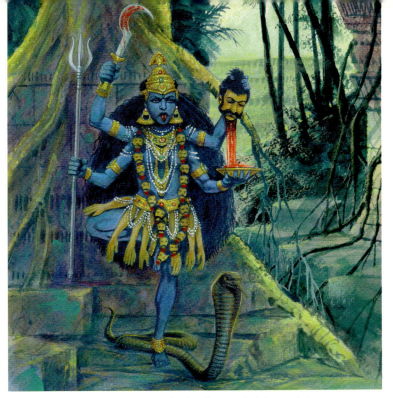

A aparição horripilante e sinistra da deusa hindu Kali era um sinal de morte iminente.

governante do Inferno, onde apenas os perversos e maus eram enviados. Ele vive em um lugar proibido chamado Kalichi. Em seu livro do destino, escreve a duração da vida atribuída a cada ser humano, e seu registrador Chandragupta lê em voz alta as virtudes e os pecados dos mortos. A alma pode ser enviada para um de seus vários infernos ou retornar para encarar outra vida na Terra. De acordo com um mito, Shiva acabou espancando Yama até a morte e todos os seres tornaram-se imortais. Mas, como o mundo ficou populoso demais e a vida tornou-se horrível para aqueles que eram bons e virtuosos, os deuses decidiram restaurar Yama, e os mortais perderam sua única chance de imortalidade.

O Mundo Inferior Grego

Como os egípcios, os gregos acreditavam que o reino do Mundo Inferior ficava a oeste, onde o sol se põe. Também acreditavam que tanto o Mundo Inferior como Hades, seu governante, não eram maus em seus propósitos. Tal lugar era tão necessário quanto o Mundo Superior, e sua reputação de lúgubre e ameaçador provavelmente deriva dos mitos do rapto de Perséfone por Hades e a busca de Orfeu por Eurídice.

Hades governava das sombras e sua invisibilidade fazia dele um caráter particularmente recluso, embora mais por necessidade do que por temperamento. Ele só foi para o Mundo Superior quando estava procurando uma consorte e foi vencido pela luxúria. Raptou a bela Perséfone, que se tornou rainha do Mundo Inferior por seis meses do ano, para manter o ciclo de fertilidade e a mudança das estações.

O Tártaro, como era chamado o Mundo Inferior, só podia ser alcançado atravessando-se o rio Estige, normalmente mediante o pagamento de Caronte, o barqueiro que transportava a alma do morto em sua barca. Tradicionalmente, os parentes dos falecidos deixavam uma moeda debaixo da língua do defunto para esse fim. Caronte era filho da escuridão e da noite, e se recusava a transportar os vivos a menos que o subornassem. Na margem oposta do rio vivia o feroz cão de várias cabeças Cérbero, que guardava a margem e devorava qualquer mortal que porventura tentasse entrar ou qualquer alma que se arriscasse a fugir.

Havia várias regiões no Tártaro: Os Campos de Asfódelos, onde as almas ordinárias chilreiam e farfalham para sempre

Cérbero costumava ser representado com um número variável de cabeças, que iam de duas ou três a mais de cinquenta.

Caronte, o barqueiro, tira uma moeda da boca de Psique, o pagamento por transportá-la à outra margem do rio Estige.

como pássaros e morcegos, o Rio Lete, onde as almas podiam beber para acabar com toda a lembrança de suas vidas, e seu oposto, o Rio da Memória. Havia também um lugar para as almas ruins chamado de Campos da Punição, e um para aqueles que haviam sido virtuosos, chamado de Campos Elísios.

Domínios de Hécate

O Érebo era a região mais profunda, mais inacessível, onde Hécate, a deusa da magia negra, vivia na companhia das Fúrias, que decidiam os tormentos para as almas dos ímpios. Hécate dançava pelos campos do Tártaro com um bando de espíritos uivando atrás dela, e algumas fontes acreditam que quando Perséfone estava vivendo no Mundo Inferior preferia a companhia de Hécate à de Hades.

Nêmesis também não era estranha ao Mundo Inferior, pois ela ia até lá caçar os culpados para garantir a justa punição ao crime do indivíduo.

Orfeu

O mito de Orfeu foi amplamente recontado e se tornou um culto de mistério na Grécia Antiga. Os devotos acreditavam que a iniciação em seu culto garantir-lhes-ia passagem livre do Mundo Superior ao Mundo Inferior, capacitando-os a enganar a morte, como Orfeu havia feito. Fragmentos dos chamados escritos órficos sobreviveram, provavelmente, parte dos ensinamentos do culto, mas os estudiosos não têm sido capazes de extrair muito deles. Um dos maiores músicos do mundo antigo, Orfeu era um príncipe da Trácia, que fazia até as pedras suspirarem de contentamento com o som de sua voz e de sua lira. Quando sua amada esposa Eurídice morreu de uma picada de cobra, Orfeu ficou tão desesperado que desceu ao Mundo Inferior para recuperá-la. Até Hades e Perséfone se comoveram com sua música e concordaram que ele poderia levar Eurídice de volta, contanto que ele não se virasse para olhar para ela durante a subida ao Mundo Superior.

Orfeu concordou prontamente com a proposta, e Hermes conduziu o casal de volta através do reino de invisibilidade. Mas Orfeu não pôde resistir a conferir para ver se Eurídice ainda estava lá. Ao pisar no limiar do Mundo Superior, ele se virou, e Eurídice, seguindo atrás, mas ainda no Mundo Inferior, desapareceu diante de seus olhos.

Orfeu passou sete dias vasculhando as cavernas e túneis do Mundo Inferior, implorando a Caronte para levá-lo através do Estige, mas o velho barqueiro se recusou. Então, Orfeu cambaleou de volta ao Mundo Superior e passou a viver em uma caverna no monte Pangeu. O povo ouviu que ele havia retornado dos mortos e grupos de discípulos se aproximaram de sua caverna para aprender seu segredo. Em sua tristeza por Eurídice, Orfeu nunca mais se casou ou dormiu com outras mulheres, na verdade, sequer olhava para elas, e alguns sugerem que ele introduziu a homossexualidade masculina na raça humana.

No fim das contas, sua adoração a Apolo e sua indiferença para com as mulheres acabou lhe custando a vida. As Mênades, as selvagens devotas de Dionísio, ficaram furiosas por ele não estar mais interessado em mulheres. Irromperam em sua caverna certa noite como uma alcateia e o despedaçaram, lançando as partes de seu corpo no mar; acabaram por amarrar a cabeça decepada na lira e a jogaram no rio Hebro. A lira começou a tocar e a cabeça a cantar enquanto desciam suavemente a correnteza em direção ao mar.

A mãe de Orfeu, Calíope, e as outras Musas recolheram do mar os pedaços do corpo e os enterraram no Monte Olimpo. A lira flutuou até a ilha de Lesbos, onde os habitantes enterraram a cabeça no templo de Dionísio, e Apolo pendurou a lira no céu como uma constelação.

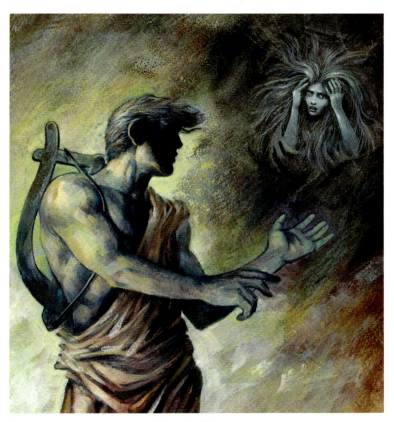

Orfeu foi avisado para não olhar para trás, ou Eurídice desapareceria para sempre.

Valhalla e as Valquírias

Na mitologia nórdica, o Valhalla era o grande salão de banquetes de Odin para honrar os Einherjar, heróis mortos que haviam tombado no campo de batalha. As Valquírias eram as sacerdotisas guerreiras de Odin.

O Valhalla era gigantesco – seu teto era feito com escudos e suas paredes com lanças. Tinha mais de 500 portas e cada uma delas era grande o bastante para dar espaço a 800 homens marchando lado a lado. Os heróis que haviam acabado de morrer eram admitidos por uma porta chamada Valgrind, mas antes que pudessem fazê-lo eles tinham de passar por uma série de obstáculos, que incluía a travessia de um torrencial rio de ar.

Uma vez lá dentro, os grandes heróis eram curados de suas feridas e viviam uma vida sem fim de hedonismo e combates. Todas as manhãs, eles vestem a

Guerreiro morto montando o cavalo de oito patas de Odin rumo ao Valhalla, imagem gravada na Pedra de Tjängvide, encontrada na Suécia.

armadura, iam para o campo de treinos e lutavam entre si. Se morressem, eram trazidos de volta à vida para suportar todos os sofrimentos pelos quais haviam passado anteriormente. Mas, todas as noites, eles voltavam para o Valhalla para se banquetearem com a carne de um enorme javali que reencarnava todos os dias. Porque os vikings acreditavam que essa era a existência perfeita: os guerreiros mais velhos que não haviam sido mortos no campo de batalha durante a juventude ou anos de atividade caíam sobre suas lanças para serem recebidos no Valhalla.

As Valquírias

Belas mulheres ainda que mortíferas, as Valquírias cavalgavam pelos campos de batalha selecionando heróis para o Valhalla e escolhendo os mais desejáveis. Suas origens estão nas antigas deusas dos massacres, que se compraziam em tecer tapeçarias de membros amputados, tripas e sangue. No campo de batalha, eram sádicas e aterrorizantes, mas em Valhalla eram mulheres sedutoras para os guerreiros abatidos. Todas as manhãs, depois de uma noite de sexo desenfreado, renasciam como virgens, trajando vestes brancas e penteando os seus longos cabelos dourados.

Elas também eram auxiliares do deus da guerra Týr, e montavam ofegantes garanhões brancos (ou, às vezes, lobos) através dos céus sobre os campos de batalha, mergulhando para apanhar o herói escolhido. Às vezes, barbarizavam toda a Terra, arrebatando marinheiros dos navios e, em seguida, pulverizando a Terra com geada ou orvalho matinal, que vinha das roupas encharcadas dos homens afogados ou das lágrimas derramadas.

Várias das Valquírias eram famosas por seus relacionamentos mais sérios com mortais ou com deuses. Brünnhild era a amante infeliz de Siegfried. Ela se jogou em sua pira funerária, quando percebeu que ele, de fato, não a traíra. Freya (ver p. 136) era a líder das Valquírias e também a deusa do desejo sexual, e era conhecida por se entregar aos prazeres orgiásticos com os guerreiros abatidos.

As Valquírias eram donzelas guerreiras sobrenaturais, que decidiam quem deveria viver ou morrer.

Xibalbá, o Mundo Inferior Maia

O segundo livro do *Popol Vuh*, os textos sagrados maias, conta a história de dois deuses heróis que se aventuram no Xibalbá, para vingar o assassinato de seu pai e tio pelos deuses do Mundo Inferior. Muitas imagens de deuses maias da morte foram encontradas nos templos. Referem-se a eles como "Deus da Morte L", ou "Deus da Morte D", também conhecido como Itzamná. O Xibalbá era famoso por seu cheiro de podre e vapores sulfurosos.

Os ancestrais dos deuses heróis, Hun Hunahpú e Vucub Hunahpú, estavam jogando *tlachtli*, uma espécie de jogo de bola popular em todo o Antigo México. Infelizmente, a bola deles foi parar em um túnel que levava ao terrível reino de Xibalbá. Os senhores de Xibalbá desafiaram os deuses para um jogo, mas os deuses foram enganados, sendo, então, assassinados, sacrificados e enterrados na Casa do Sofrimento.

Muitos anos depois, os deuses heróis gêmeos, Hunahpú e Xbalanqué, encontraram um rato, que contou a eles a história da morte de seus ancestrais. O rato explicou sobre o jogo de *tlachtli* e onde ele havia sido jogado. Assim, os gêmeos partiram para tentar o jogo, determinados a enfrentar o desafio dos demônios e vingar as mortes do pai e do tio. Os gêmeos acharam o túnel e seguiram o caminho que levava até o Rio de Sangue e da entrada para Xibalbá.

Experimentados e testados

Todas as noites, eles eram testados pelos senhores de Xibalbá; os heróis foram jogados na Casa das Lanças, empurrados para a Casa do Gelo, sobreviveram à Câmara dos Jaguares e à Casa do Fogo. Na Casa dos Morcegos, a cabeça de Hunahpú foi arrancada do corpo por um morcego vampiro, e a cabeça rolou pelo campo do jogo. Mas uma tartaruga cruzou a quadra, tocou a cabeça e, num passe de mágica, ela retornou ao corpo de Hunahpú. O jogo recomeçou e os gêmeos ganharam por se vangloriar de que podiam trazer os mortos de volta à vida e provar que eram imortais. Primeiro, invocaram dois feiticeiros para ajudá-los na sua morte e renascimento. Os senhores de Xibalbá, em seguida, exigiram que eles

Figuras simbólicas da morte feitas em pedra, encontradas nas ruínas do sítio maia de Copán.

matassem e ressuscitassem o Cão da Morte e cortassem um homem em pedaços e o trouxessem à vida novamente. Os heróis fizeram isso e sorriram enquanto os governantes do Mundo Inferior e demônios perguntaram se eles poderiam ser ressuscitados também. Os gêmeos lembraram a eles de que não passavam de fantasmas, sombras sinistras e de que seu poder logo diminuiria, e proibiram-nos de jogar *tlachtli* para sempre.

As almas dos antepassados Hun Hunahpú e Vucub Hunahpú, entretanto, foram enviadas aos céus como o Sol e a Lua, e os heróis voltaram ao mundo para lembrar às pessoas da imortalidade dos deuses e de seu triunfo sobre a terra dos mortos.

A terra dos fantasmas

Na mitologia bantu, espíritos e fantasmas dos antepassados continuam a viver após a morte do corpo e a influenciar aqueles que estão vivos. Poucas dessas terras de fantasmas são encontradas acima do solo, e a maioria é de difícil acesso.

Existem diferentes classes de fantasmas: os fantasmas da família, *kungu*, são honrados e propícios ao longo de gerações, até perderem a sua personalidade individual e se fundirem com uma série de espíritos conhecidos como *vinyamkela* ou *majini*. Os *vinyamkela* são mais amigáveis do que os *majini*, mas ambos são mais poderosos do que os fantasmas de família *kungu*. Esses fantasmas geralmente são invisíveis, mas em certos momentos podem aparecer com metade de um corpo humano e nada do outro lado.

A terra dos fantasmas é encontrada por meio de buracos e cavernas na terra, mas variações podem ocorrer em função da paisagem geográfica. No Kilimanjaro, por exemplo, para se alcançar a terra dos fantasmas é preciso mergulhar em um lago profundo; entre os povos do Transvaal, acredita-se que a porta de entrada para o Mosima (o abismo) é através de um grande desfiladeiro.

Para chegar à terra dos fantasmas do monte Kilimanjaro, as almas devem se lançar em um lago profundo.

Ghede

No Haiti, Ghede era originalmente o deus do amor e do sexo encarnado. No vodu, Ghede é também um termo para uma família de espíritos personificando a morte e a fertilidade; tais espíritos são conhecidos como *loas*.

Da infame "costa dos escravos" do oeste da África, milhões de pessoas foram transportadas para o Caribe e América do Norte entre os séculos XVI e XIX EC. Sua mitologia original e práticas religiosas fundiram-se com as crenças dos povos desses lugares. No Haiti e algumas partes da América do Norte, essa nova religião baseada em uma antiga mitologia foi chamada de vodu. O termo "vodu" vem da palavra *vodun* (espírito), do oeste da África. Ghede é tanto o deus da vida como da morte. Quando os devotos são possuídos por Ghede, tornam-se extáticos e orgiásticos para demonstrar que Ghede também é o senhor da potência. Seus seguidores são arrebatados por uma

A bandeira do vodu haitiano, exibindo os símbolos da morte e Ghede.

dança chamada *Banda* que produz uma espécie de transe, atrás de um adorador que representa Ghede, também conhecido como Baron Samedi. Originalmente um ritual fálico, foi mais tarde considerada uma dança da morte, quando as orgias de Ghede terminariam na fronteira do outro mundo, conhecido como Guinee. Ghede poderia entrar, mas seus seguidores têm de morrer primeiro. Era tradicionalmente representado trajando negro de luto e ostentando uma cartola, em seu outro papel como psicopompo para as almas dos mortos. Em tempos mais recentes, é apresentado com óculos de sol, girando uma longa piteira entre os dedos, ou segurando um tomate.

O Mundo Inferior da China e do Japão

Também conhecido como Di Kang Wang e Ti-Tsang, Di Zang era o deus do Mundo Inferior chinês, enquanto no mito budista japonês Emma-O era o grande governante do Mundo Inferior, o Yomi.

Di Zang

Originalmente um monge budista, Di Zang era um governante do Mundo Inferior bastante benevolente. Quando morreu, foi para o Mundo Inferior e tumultuou o lugar exigindo a libertação de sua mãe, que havia sido enviada para lá por comer carne. Com um grupo de monges, fez tanto barulho que, afinal, sua mãe foi mandada de volta para o Mundo Superior e Di Zang tornou-se governante dos mortos. Assim que a imortalidade lhe foi concedida, ele se tornou um governante generoso, que ouvia as almas perdidas, ensinando-lhes as crenças budistas. Compassivo para com todos, o Mundo Inferior de Di Zang era muito mais um mundo paralelo à bondade e compaixão dos ensinamentos budistas na Terra.

Emma-O

Yomi também significa a parte mais escura da noite, e originalmente era considerado um mundo refletido, sem luz, sem seres, apenas o nada. A fuga de Izanami para o Yomi trouxe consigo a criação de demônios no Mundo Inferior, que passaram a atormentar todos aqueles que haviam morrido. Posteriormente, o Yomi ficou conhecido como um lugar de tortura e sofrimento, em vez de apenas um mundo subterrâneo de conceito sem forma.

Como juiz de todos os que iam para o Yomi, Emma-O assentava-se diante de uma grande mesa feita de metais preciosos. Julgava as almas do sexo masculino, enquanto sua consorte e irmã julgava as almas femininas. As almas eram transportadas em carruagens de fogo ou conduzidas uma vez por ano através do mar da escuridão. Aqueles que fossem considerados inocentes eram devolvidos para o Mundo Superior em uma nova encarnação. Os ímpios eram punidos antes de voltar para outra vida. Ninguém podia mudar isso a não ser que fossem abençoados no último segundo pela deusa da misericórdia, Kannon.

*Se encontrasse uma alma que quisesse se arrepender de seus pecados,
Di Zang fazia com que a sentença da alma fosse reduzida.*

O Mundo Inferior da Polinésia e dos Astecas

Por toda a Polinésia e na mitologia sul-americana, existem muitas variações do mundo dos mortos. Para os astecas, o Mundo Inferior, em geral, era um lugar de vazio, mas para os polinésios, Po era um lugar de terror.

Po

Po era dividido em diferentes regiões. Sua parte mais sinistra era governada por Miru, que aguardava com uma grande rede, na qual apanhava as almas de pessoas solitárias, dos que tinham feito algo errado e daqueles que haviam tido o infortúnio de serem mortos por feitiço. Assim que as almas "saltavam" fora do mundo real para o Outro Mundo, ele as recolhia com sua rede e, em seguida, jogava-os em enormes fornos, onde eram totalmente aniquilados. Aqueles que tinham o privilégio de ter amigos, ou haviam tido os ritos funerários adequados, eram geralmente autorizados a se reunirem com seus antepassados num mundo espiritual que era um reflexo do mundo real. Mas alguns não tinham tanta sorte e eram trancafiados em uma zona de penumbra eterna.

Mictlan

A camada mais baixa (nona) do Mundo Inferior asteca era conhecida como Mictlan, para onde todas as almas iam após a morte, menos os guerreiros que haviam morrido em combate e mulheres falecidas durante o parto. A viagem para lá levava quatro anos, embora as almas fossem acompanhadas pelo deus Xolotl. Mictlan em si era um lugar vazio, inerte, onde os mortos ficavam permanentemente parados.

Os governantes de Mictlan eram Mictlantecuhtli, o deus dos mortos, e sua consorte Mictecacihuatl. Mictlantecuhtli geralmente era retratado como um esqueleto, às vezes, salpicado de sangue. Tinha medonhos olhos salientes, dentes repugnantes e um colar de globos oculares, e vivia com sua esposa em uma casa sem janelas. Era associado com morcegos, aranhas e corujas, o norte e o último momento. Sua adoração também era conhecida por envolver canibalismo.

O culto a Mictlantecuhtli envolvia certos rituais como o sacrifício, a cada 260 dias, de um homem vestido como o próprio deus.

MORTE E O MUNDO INFERIOR

Terra do Avô

Para o povo guarayo, da Bolívia, se a alma conseguisse sobreviver aos testes e provações em sua longa e árdua jornada para o além, poderia entrar na Terra do Avô, governada por Tamoi. Lá, ela se juntaria a seus ancestrais para desfrutar de eterna juventude e do tipo de paraíso almejado na Terra.

Assim que se completava o enterro, a alma tinha que escolher entre dois caminhos: um largo e aparentemente fácil, o outro estreito e sombrio. Se escolhesse o caminho mais fácil, passaria a vida após a morte na escuridão eterna.

Primeiro, a alma atravessava um rio largo e perigoso e, a menos que levasse o cachimbo de bambu enterrado com ele na sepultura, o barqueiro se recusaria a ajudar a alma. Após cruzar o rio, a alma tinha de atravessar uma torrente furiosa sobre um tronco de árvore instável. Se caísse na espuma de afluência, seria devorado pelo palometa – um peixe cujos afiados dentes e hálito fétido traria dor eterna.

Vencidas essas etapas, a alma tinha de lidar com torrentes perigosas e um verme-juiz, conseguir um milhão de penas de velozes beija-flores e oferecê-las a Tamoi em forma de cocar. Ainda mais perigos enfrentava a alma cansada: quebrar rochas, ter a pintura do rosto inspecionada pelo abutre *galli-naza* para verificar se estava adequada, aguentar as cócegas de um macaco um dia inteiro sem rir, passar por uma árvore falante sem prestar atenção e, finalmente, contemplar a coisa que a alma mais almejava em sua vida passada e não desejá-la. Se a alma sobrevivesse a todos esses testes, seria bem-vinda para se banhar no lago da eterna juventude e viver a vida como tinha sido no mundo "real".

As almas deviam obter um milhão de penas de beija-flor para oferecer a Tamoi.

Dubiaku

Dubiaku é um herói trapaceiro do povo ashanti de Gana, e foi o único mortal a enganar a morte. Sendo o décimo primeiro filho de uma família pobre, sua mãe suplicou ao espírito do céu que pedisse à morte para levar algumas das crianças.

O espírito do céu mandou os meninos para a cabana da Morte, onde ela os acolheu e preparou onze esteiras de dormir, que eles compartilharam com os filhos dela própria à noite. Seu plano era comer cada um dos meninos, mas Dubiaku ficou acordado e enganou a Morte, enviando-a para cuidar dos afazeres. Os meninos saíram da cabana sorrateiramente e deixaram em seu lugar trouxas de roupa. Quando a Morte veio pegar as crianças, foi sua própria prole que ela devorou.

Enfurecida, a morte correu atrás dos meninos, que subiram em árvores para se esconder. Dubiaku urinou sobre a cabeça dela, e a Morte gritou um feitiço para fazê-los cair das árvores e, um por um, os meninos despencaram no chão e morreram. Dubiaku já havia saltado para o chão e, quando a Morte subiu na árvore para ver onde o último menino havia se metido, Dubiaku gritou a mesma magia que ela usara nos meninos, e a própria Morte caiu morta no chão. Dubiaku então jogou Água da Vida no rosto dos meninos para acordá-los, mas algumas gotas espirraram também no rosto da Morte e assim ela também foi reavivada, como os meninos.

Ela os perseguiu até um rio e os meninos começaram a atravessar a nado a torrente furiosa. Mas Dubiaku não sabia nadar e, como a Morte se aproximava, ele se transformou em uma pedra, que ela jogou nos meninos na outra margem, e assim todos eles escaparam.

O povo ashanti (também conhecido como asante) do Gana tem uma coleção rica e alegre de histórias transmitidas oralmente.

387

Purukapali

Para o povo tiwi da ilha Melville, no norte da Austrália, Purukapali era o filho de Mudungkala e o primeiro homem na Terra. Originalmente um ancestral criador imortal no Tempo do Sonho, Purukapali foi o responsável por trazer a morte para o mundo.

Purukapali era casado com Bima, mais tarde conhecida como Waiai, e eles tinham vários filhos: Jurumi e Madati que criaram o fogo; e uma terceira criança, Jinaini, que era apenas um bebê quando Bima costumava carregá-lo para a floresta todos os dias para coletar sementes. Mas Bima estava tendo um caso com o irmão de Purukapali, Tapara. E um dia, enquanto faziam amor sob as árvores, esqueceram o bebê dormindo. Como o Sol se deslocou no céu, o bebê ficou ali deitado debaixo do calor total do Sol do meio-dia e foi queimado até a morte.

O pássaro Tokampini chorou e correu para dar a Purukapali a terrível notícia. Bima fugiu, perseguida por alguns pelicanos irritados que assobiavam e bicavam-na. Purukapali encontrou seu irmão e lutou com ele, derrubando-o no chão. Mas Tapara fugiu para a Lua, mãe deles, que o protegeu e disse a Purukapali que ela iria trazer a criança de volta à vida, mas apenas na época da Lua Cheia. Louco de raiva, Purukapali arrebatou o corpo da criança e prometeu que, doravante, todos os seres humanos morreriam.

O povo tiwi decora seus postes totêmicos para se parecerem com a pessoa que morreu.

Postes funerários são plantados nas cerimônias pukamani *dos tiwi. Os postes são deixados, então, para se desintegrarem.*

Ele fez a primeira cerimônia *pukamani* (funeral) para seu filho; então, entrou no mar e se afogou, criando um enorme redemoinho no oceano. Bima se transformou em uma ave maçarico e como tal ela ainda vagueia durante a noite, lamentando-se com remorso e tristeza. Tapara se tornou o homem na Lua, e você ainda pode ver as cicatrizes em seu rosto deixadas por sua luta com Purukapali. Ele foi o único que enganou a promessa de morte de Purukapali. Quando aparece no céu, come com avidez toda a carne dos caranguejos dos mangues, e depois de duas semanas, está tão inchado que parece prestes a estourar. Mas como comeu muito, adoece e morre. Então, sua mãe o traz novamente à vida, e toda vez ele come caranguejos demais e o ciclo continua eternamente.

O povo tiwi considera a Lua Minguante o esqueleto de Tapara, e a Lua Crescente o seu espírito revivido.

Annwn e Arawn

Annwn (também conhecido como Anfwn, Affan e Anghar) era o Outro Mundo ou Mundo Inferior na mitologia celta. Um reflexo do mundo mortal era, no entanto, intemporal e sem forma.

Para começar, havia dois governantes de Annwn, chamados Havgan e Arawn. Todos os habitantes de Annwn eram espíritos, demônios ou fadas, sem substância, e só se tornavam aparentes quando viajavam para o mundo "mortal", a fim de enganar, confundir ou prejudicar os seres humanos que encontravam. Annwn, mais tarde, tornou-se cristianizado e identificado com uma terra das almas dos mortos.

No *Mabbinogion*, Arawn queria destruir seu rival Havgan e tornar-se o único governante do Outro Mundo. Ele sabia que não era forte o bastante para vencer, mas Pwyll, rei de Dyfed, era. Certo dia, enquanto caçava, os cães de Pwyll perseguiram outra matilha que estava matando um veado. O proprietário da matilha era Arawn, e como compensação por esse insulto, ele persuadiu Pwyll a governar o Mundo Inferior por um ano, enquanto ele, Arawn, governaria Dyfed. Durante esse tempo, Pwyll matou facilmente Havgan e um ano depois eles retornaram para seus próprios reinos. Como único governante de Annwn, Arawn foi, a partir de então, visto como um governante bastante manso e suave. Em um mito muito mais tardio, Annwn era governado por Gwyn ap Nudd, que liderava uma matilha de cães sobrenaturais e escoltava as almas dos mortos para o Outro Mundo.

Mitos do Graal

O *Livro de Taliesin*, um antigo manuscrito galês, contém um poema em que o Rei Arthur e seus cavaleiros viajam por Annwn em busca do Caldeirão da Abundância, a eterna fonte de delícias e imortalidade do Outro Mundo. É possível que este seja o precursor dos mitos do Graal posteriores. O texto remonta ao século X EC, mas estudiosos acreditam que a maioria dos mitos galeses foi transmitida oralmente e, assim, o poema poderia ser ainda mais antigo, do século VI EC.

Supunha-se que Annwn fosse acessível pela foz do rio Severn, perto da ilha Lundy, ou do alto de Glastonbury Tor, perto da cidade de Glastonbury, no sudoeste da Inglaterra.

Glastonbury Tor na Inglaterra, reverenciado como a sagrada "Ilha dos Mortos" e uma possível entrada para o Outro Mundo, Annwn.

MORTE E O MUNDO INFERIOR

Índice remissivo

A

abelha-mulher 316-17
Aborígine, arte 31, 157
Aborígine, mitologia 26-7,
   180-85
   criação 242-43
   feras e monstros 300-01
   Homem da Lua 274-75
   Purukapali 388-89
   Tempo do Sonho 157,
      180-82, 184-85,
      244, 303
   Tjinimin 37, 362
Adão 93
Adnoartina 181
Adônis 107, 112-13
Africana, mitologia 9, 24,
   155, 158-69
   Ashanti 387
   Bambini 168-69
   Bantu 222-23, 380
   Banyarwanda 162-63
   cenário histórico 156-57
   criação 222-23, 226
   Gassire 350-51
   Ijaw 222
   Iorubá 16-7, 27, 158, 160
   Trovão e o Elefante 260-61
   Zulu 169
Afrodite 37, 91, 103, 106-07,
   112-13, 117, 306, 312
Ag-Ag 270-71
Agamenon 118
Agni 47, 53, 57, 60, 370
Águia e Serpente 280-81
Ahriman 94-6
Ahura Mazda 95-6
Aillil 314-15
Airavata 52
Altair 324-25
Amadlozi 169
Amana 238-39
amantes 305-31
   Altair e Vega 324-25
   Bitiou e a noiva de barro
      320-21

Cara de Cicatriz 326-27
de Zeus 310-13
Etain e Midir 314-15
Ishtar e Tammuz 306-07
Kama e Rati 308-09
Pomona e Verturno
   322-23
Rakian e a abelha-mulher
   316-17
Tristão e Isolda 330-31
Wolfat 328-29
Amaterasu 51, 64-5, 67,
   262-63
Amaunet 76
América Central 16
América do Norte 17, 26, 31,
   202-11
   caçadores-coletores 8-9
   Cara de Cicatriz, tribos
      algonquinas 326-27
   cenário histórico 188-89
   Cherokee 240-41
   Mitos da criação 203-04,
      209-11, 236-37, 240-41
   Homens-cobra Sioux
      298-99
   Gaio Azul 13, 37, 360-61
   caçadores-coletores 8-9
América do Sul 188-89, 190-201
   Coniraya 37, 352-53
   Mitos da criação 238-39
   Sol e Lua 266-69
   ver também Incas
Ameta 224-25
Amma 158-59
Amon 76
An 92-3
Anansi 164
Anapou 320-21
Anfitrite 105
Angrboda 204
Angus 147-48
Anguta 202
animais, espíritos 188
animistas, tradições 187
Annwn 390

Ansar 92
antepassados, culto dos 187
Anúbis 83
Ápis, o Touro 77
Apolo 30, 36, 107-08, 113-14,
   116, 120, 252, 311, 374-75
Apsirahts 326-27
Apsu 92
Aquiles 344
Aralu 306
Arawn 390
Areop-Enap 176
Ares 107, 109, 113, 117, 121
Arianos 22-3, 49, 128, 218
Ariconte 198-99
Armênias 23
Arquétipo(s)/arquetípico 14,
   28, 34-7, 42-3
Ártemis 37, 123, 311-12
Arthur, Rei 146, 152-53, 390
Artos 152
Arturianas, lendas 31, 128,
   146, 152-53
   Annwn 390
   Merlin 142-43
   Morgana, Fada 146
   Távola Redonda, A 152-53
   Tristão e Isolda 330-31
Asagao 318-19
Asgard 130, 133-34, 136-37,
   229, 294, 348
Ashanti 27
Ashushu 307
Asiática, mitologia 46-69
Assíria 26, 74, 91
Astarte 78, 306
Astecas 9, 27, 31, 36, 187,
   188-89, 190-93
   Mundo Inferior 384-85
   sacrifício humano 192
astrologia 15
Atahualpa, imperador inca
   194
Atarrabi 141
Atená 18, 105, 108, 289, 310
Aton 79, 84

ÍNDICE REMISSIVO

Atrahis 75
Áttar 96
aurora, divindades da 250
Austrália, ver mitologia aborígine
Avalon 146, 153
aventuras, ver heróis e aventuras
Avesta 89
Azhi Dahaka 96

B

Babilônia 16-7, 26, 36, 74, 90
  amantes 306-07
  mitos da criação 17, 232-33
  monstros e feras 280-81
Baldur 130, 136-37, 348-49
Báltico 23
Banyarwanda, povo 162-63
Bao Chu 254-55
Basca, mitologia 27, 129, 140-41
Bastet 86
Báucis 124-25
Belerofonte 287
Benu, Ave 86-7
Benzaiten 66
Bes 76
Big Bang, teoria do 17
Bima 388-89
Bishamon 66
Bitiou 320-21
Bjorketorp, pedra rúnica de 130
Boann 147-48
Bobbi-Bobbi 244-45
Bodhisattva Diabossatsu 67
Bomong 218-19
Bona Dea 122-23
Bong 218-19
Brahma 49, 54-5, 60, 220, 251, 284
Bresson, Robert, Lancelot du Lac 31
Brigit 147
Brihaspati 60, 251
Bronze, Idade do 18, 22
Brünnhild 377
Buda 62-3

Budista, mitologia 23, 27, 50, 60-3
  Chinesa 68, 70
  Hachiman 67
  Mundo Inferior 382-83
  Sete Deuses da Sorte 66
Bumba 222-23
Bunyip 301

C

caçadores-coletores 8-9, 26
caiaques 208
Calígula 77
Calipso 346
Calisto 311-12
Camelot 142, 146, 152-53
Camelot 31
Caminho budista 63
Campbell, Joseph 11, 28, 42
cangurus 302-03
canibalismo 173, 384
Caos 216
Cara de Cicatriz 326-27
Caronte 372-74
Casa da Lua 36
Cassandra 30, 108
Catequil 195
Cavillaca 352
Celta, mitologia 23, 27, 31, 36, 127, 142-51
  Annwn 390
  cenário histórico 128
  Etain e Midir 314-15
Centauro/Sagitário 252-53
Cérbero 286, 290-91, 372
Ceridwen 142
Cernunno 150-51
Chantico 195
China 20, 31, 37, 48, 50, 68-71, 227
  amantes 324-25
  feras e monstros 292-93
  Imperador de Jade 47, 68-9
  mitos da criação 227
  Mundo Inferior 382-83
  Sol e Lua 254-57
Cibele 122
cíclicos, mitos 17
Ciclopes 103, 105, 111, 345
Circe 346-47

Clitemnestra 118-19, 312
Cobra(s) 161, 165, 167, 175
  Serpente Arco-íris 182-83, 362
Cocteau, Jean 30
Coiote 203, 209
Colatino 125
Comedores de Lótus 344-45
Conchobar 150
Confucionismo 27, 50, 68
Congo, rio 166
Coniraya 37, 352-53
conquistadores 192
Cook, Capitão James 234
Coribantes 122
Corvo 236-37
Cósmico, Ovo 227
crença no espírito 187
Criação, mitos da 16-7, 215-45
  Aborígines 242-43
  África 222-23, 226
  América do Norte 203-04, 209, 210-11, 236-37, 240-41
  América do Sul 238-39
  Astecas 192
  Babilônia 17, 232-33
  China 227
  Gregos 216-17
  Incas 194-95
  Indígenas 218-21
  Indonésia 224-25
  Maias 196
  Nórdicos 228-29
  Oceania 234-35
Cristianismo 74
Crônica do Japão 51
cronologia das mitologias do mundo 24-7
Cronos 34, 102-04, 107, 121, 252, 310
Cuchulain 148-49
Curdistão 75

D

Da 161
Dag 258
Dagda, O 144-45, 147
Daikoku 66

393

ÍNDICE REMISSIVO

Dama do Lago 143, 153
Dânae 312
Danu 144, 147
Daphne 107-08
Deirdre 150
Delfos, oráculo de 19, 107, 347
Deméter 17, 105, 108, 111
Denis, Maurice 30
desconexão espiritual 15
Deucalião 20
Deusa Mãe, ver Grande Deusa/Mãe
deuses chifrudos 13
Devadatta 62
Devi 35, 56-7, 60
Dhakan 243
Di Zang 382-83
Diana 37, 123
Dionísio 105, 107, 112, 311, 374-75
divindades como arquétipos 34-7
divindades do céu 35
Djanggawul 242-43
Dogon, povo 158-59
dragão, chinês 50
Dravidianos 49
Dubiaku 387
Dudegera 178
Dumuzi 366-67
Durga 57, 370
Dyaus (Pai Céu) 53

E

Ea 92, 233, 307
Ebisu 66
Éden, Jardim do 93, 177
Édipo 28, 38-9, 289
Egípcia, mitologia 17, 20, 25-6, 35, 72, 76-87
  amantes 320-21
  árvore genealógica 77
  cenário histórico 74
  divindades 78-87
  Filas, Templo de 82
  hieróglifos 12, 85
  Ísis 35, 77, 82-3, 85, 248-49
  mistério, cultos de 77
  morte 365

Mundo Inferior 368-69
  ouro 36
  Sirius 248
Eingana 243
Electra 119
Electra, complexo de 28, 38-9
Elefante e Trovão 260-61
Eliade, Mircea 39-40
Ellal 198
Emma-O 382
encolher cabeças 268
Endimião 117
Enéade 76
Enéas 101, 290
Engungun, cerimônia (iorubá da África) 16
Enki 20, 37, 89, 95, 367
Enkidu 334-47
Enlil 89, 92, 95, 97
Enuma Elish 89-90
Eochy 314-15
Eos 116-17
Ereshkigal 306, 366-67
Eriú 145
Éros 29, 37, 107, 112
Erzulie 329
Esfinge, a 286, 288-89
Eshu 160
Eslavos, mitos 23, 27, 129, 138-39
Estepe pôntica 22
Etain 314-15
Etruscos 120
Etsa 268-69
Eurídice 30, 33-4, 372, 374-75
Eurínome 216-17, 222
Eurípides, Mulheres de Troia 30
Europa 313
Excalibur 143, 146, 153

F

Fada Morgana 143, 146
Faetonte 116
Fei Lian 71
Fenrir, o lobo 294-95
feras e monstros 38, 279-303
  Chineses 292-93
  Gregos 286-91

Hindus 282-85
homens-cobra 298-99
lobisomens 297
Nórdicos 294-95
Oceânicos 300-03
Fertilidade, mitos da 16-7, 35
  Incas 195
  Mesopotâmia 88
  Taoistas 70
Filêmon 124-25
Filipinas 179
Filira 252
Fineu 291
francês, movimento simbolista 32
Franz, Marie-Louise von 29
Freud, Sigmund 28, 38-9
Freya 35, 136, 377
Freyr 35, 136
Frigga 130, 132-33, 137
Fu Xi 69-70
Fukurokuju 66
Fúrias 103, 373

G

Gaia 102-03, 286, 310
Gaio Azul 13, 37, 360-61
Ganesha 47, 58
Garotas Papagaios Verdes 362
Garuda 60
Gatha 89
Geb 79-81
Gerd 136
Ghede 381
Gilgamesh 20, 32-3, 88, 334-37
Gimbutas, Marija 22-3
Gitagovinda 59
Glastonbury Tor 390-91
Glooskap 272-73
Górgonas, as 289
Grande Deusa/Mãe 18, 26-7, 34-5, 127
  Devi 56-7, 60
  Grego 216
  Hina 176
  Inanna 366
  Mari 129, 141
  Neith 78

Grande Dilúvio, mito do 16, 20-1, 74-5
Gu 161
Guan Yin 70
Gucamatz 196
Gwion 142

H
Hachiman 67
Hades 105, 108, 110-11, 372-74
Hainuwele 225
Haiti 329, 381
Hannahanna 97
Hanuman 338-39
Hapi 20
Harpias, as 291
Hathor 80, 85
Hattusa 89
Haua 171
Haumea 170
Havaí 170, 174, 264-65
Havgan 390
Hebe 19, 109
Hebraica, mitologia 89
Hécate 37, 373
Hefésto 107, 109, 119
Hel 136-37
Helena de Troia 312, 342
Hélio 36, 116
Heng-O 37, 256
Hera 19, 105, 107, 112, 289, 310-12
Hércules 19, 252, 286, 290-91
Hermafrodito 107
Hermes 113, 289, 346, 374
Hermes Trimegisto 77, 84-5
heróis e aventuras 17, 18-9, 38, 42, 333
  Gassire 350-51
  Odisseu 18, 105, 333, 342-47
  Rama 55-6, 338-39, 340-41
  Simpang Impang 363
  Gilgamesh 20, 32-3, 88, 334-37
Hesíodo, Teogonia 100, 102-03, 111, 119
Héstia 105
Hidra, a 286-87

hieróglifos 12
Hillman, James 43
Hina 176
Hindu, mitologia 23, 27, 35, 218, 220
  amantes 308-09
  divindades 36, 49, 54-61
  Dussera 284
  feras e monstros 282-85
  Hanuman 338-39
  Ramayana 49, 338-39, 340-41
  Sete Deuses da Sorte 66
Hine Titama 171
Hirohito, Imperador 51
Hitita, mitologia 89
Ho Po 71
Holawaka 166
Homem Porco, o 265
homens-cobra 298-99
Hórus 78, 80, 82, 85
Hórus Cego 80, 85
Hotei 66
Humbaba 336-37
Hurakan 196
Hurwitz, Dr. Sigmund 29

I
Iae 200-01
Iatiku 210-11
Ifugao, cultura 179
Ilha de Páscoa 170-71
Imana 162-63
Imperador de Jade, O 47, 68-9
Inanna 37, 89, 97, 306, 366-67
Incas 9, 17, 20, 27, 31, 187, 189, 194-95
  Sol e Lua, mitos de 266-67
inconsciente coletivo 12, 28
Índia 17, 24-6, 48
  cenário histórico 48
  divindades 31
  Konarak, templo 36
  Madurai 49
  Minyong, povo 218-19
  mitos da criação 218-21
  Mundo Inferior, O 370-71
  Rig-Veda 12, 26, 42, 49, 52-3, 220

Védica, mitologia 23, 26-7, 49, 250-51
  ver também mitologia hindu
Indo-Europeia, cultura 22-3
Indo-Iraniana, cultura 22-3
Indonésia 224-25
Indra 52-3, 57, 60, 282, 339, 370
interpretações da mitologia 38-43
Inti 194, 266-67
Inuítes 188, 202, 209, 237
Ioi 361
Iorubá, povo 16-7, 27, 158, 160
Ishtar 37, 78, 88, 91, 306-07, 336, 366
Ísis 35, 77, 82-3, 85, 248-49
Islamismo 74
Islândia 128-29
Isolda 330-31
Itcai 238
Itzamna 196-97, 378
Ixchel 35, 196
Ixtab 197
Izanagi 64, 230-31
Izanami 64, 230-31, 382

J
Jacinto 37
Jainismo 23
Japão 48, 50-1, 64-7
  leques 318-19
  Mitos da criação 230-31
  mulher-raposa, a 296
  Mundo Inferior 382-83
  Sol e Lua 262-63
  ver também xintoísmo
Jari 175
Jasão 291
Jeová 89
Jiaoren 293
Joyce, James 42
Judaísmo 74
Julunggul 182
Jung, Carl 12, 15, 28-9, 38-9, 42
Juno 120-21
Juok 164

ÍNDICE REMISSIVO

Júpiter 120-21, 124-25
Jurojin 66

K

Kali 57, 91, 370-71
Kama 308-09
kami 51
Kamonu 226
Kamrusepas 97
Kansa 59
Kek 76
Keket 76
Khepri 76, 84
Khnum 76, 320-21
Khonvoum 168-69
Kinie Ger 302-03
Kisar 92
Klang 270-71
Kojiki 50-1
Komagawa 318-19
Krishna 55-6, 59, 285
Kuat 200-01
Kui 31
Kuma 238
Kurgan, cultura 22-3, 26
Kushinada 65

L

Lakshmi 55-6
Lasca de Pedra 206
Leda 30, 312-13
leques 318-19
Letã, mitologia 23
Lévi-Strauss, Claude 40
Lilith 29, 35, 89, 93
Lo Shu 69
lobisomens 297
logos 10
Lohaiu 264
Loki 133, 136-37, 294, 348-49
Lovelock, James 102
Lua, mitos da
    Aborígines 274-75
    divindades 37, 176-77, 188, 247
    Japoneses 262-63
    Malaios 270-71
    Nórdicos 258-59
    Purukapali 388-89

Soma 60, 250-51
Sul-americanos 268-69
Lucrécia 124-25
Luonnatar 138-39

M

Ma'at 83, 85
Madurai 49
Mãe do Milho 210-11
Mãe Terra 34
Mahabharata 49, 58
Mahisha 57
Maia 9, 16, 27, 189, 196-97
Maju 141
Makemake 170-71
Malásia 270-71
Malory, Thomas, Le Morte
    d'Arthur 31
Mama 17, 266-67
Mamma 169
Manco 17, 266-67
Mani 258-59
Maoris 235, 365
Mara 62
Marduk 89-90, 93, 232-33, 280
Mari 129, 141
Marindi 181
Marte 120-21
Matuku 356-57
Maui 174-75
Mawu-Lisa 161
Medusa 30, 35, 289
Melanésia 175, 178, 234
Melo 218
Mênades, as 374
Menrva 120
Mercúrio 125
Merlin 142-43
Mesopotâmia 12, 25, 73, 88-97
    Gilgamesh 334-35
    cenário histórico 74-5
metamorfos 130, 142-43, 146, 160, 164, 203, 296, 348
    feras e monstros 282, 296
Métis 310
Micenas 118
Micronésia 328-29

Mictlan 384
Mictlantecuhtli 384-85
Midir 314-15
Mil Espaine 145
Miller, Henry 30
Mimi 300-01
Minerva 120-21
Minotauro, o 13
Minta 111
Miru 384
mistério, cultos de 77
Mitologia grega 12, 17, 23, 26
    amantes 310-13
    árvore genealógica do
        Olimpo 101
    cenário histórico100
    da Lua 37
    divindades 104-19
    e as artes 30
    feras e monstros 286-91
    Grande Dilúvio, mitos
        do 20
    heróis, mitos de 18-9
    interpretações da 38-9
    Mundo Inferior, o 372-75
    Quíron 111, 252-53
    Sirius 248
mitologia e as artes 30-1
Mitra 35, 36
Miyuki 318-19
Moiras, As 114-15, 147
Mokosha 138
monstros, ver feras e
    monstros
Mordred 153
Morfran 142
Morongo 165
Morrígan, a 145, 146-47, 152
morte, mitos da 16
    Dubiaku 387
    Haiti 381
    terra dos fantasmas 380
    ver também Mundo
        Inferior
Mudungkala 185, 388
Mulher
    Aranha 210
    Cambiante 204
    de Cobre 205
    do Milho 206-07

396

Pensante 210, 222
raposa 296
Mundo Inferior 306-07,
365-91
Celta 390
Chinês/Japonês 382-83
Egípcio 368-69
Grego 372-75
Guarayu 386
Indiano 370-71
Maia 378-79
Nórdico 376-77
Sumério 366-67
Musas 114, 375
Mwindo 165-67
Mwuetsi 164-65

N

Na Kaa 177
Nagas 282
Nanda 63
Nanna 97
Nantu 37, 268-69
Narciso 28-30, 37
natureza antropomórfica dos
deuses 17
Navajo, povo 17
Neith 76, 78-9
Nêmesis 312, 373
Neolítico, período do 22
Néphtis 80, 82
Netuno 125
Newgrange, Irlanda 148
Nihil 97
Nihoshoki 51
Nimue 143, 146
Ninigi 65, 67
Ninurta 95
Nippur 95
Noé 20, 75
Nórdica, mitologia 23, 27, 35,
127, 130-37
árvore genealógica 129
cenário histórico 128-29
criação 228-29
divindades 130-33
feras e monstros 294-95
Loki 133, 136-37, 294,
348-49
Sol e Lua 258-59

Valhalla 365, 376-77
Valquírias, as 376-77
Nornes, as 134-36, 147, 294
Nott 258
Nova Zelândia 26-27, 155, 174
Nu Gua 69
Nu'u 20
Nut 79-81
Nyambi 226
Nyx 102-03

O

Oceania 7, 9, 155-56, 170-85
cenário histórico 157
feras e monstros 300-03
mitos da criação 234-35
Oceano 30
Odin 130-32, 134, 137, 294,
376
Odisseu 18, 105, 333, 342-47
Odosha 276-77
Ofion 216
Ogdóade 76
Oito Trigramas 69
Ojinm, Imperador 67
Olifat 333, 358-59
Olokun 158
Olorun 158, 160
Omiogane 262
Orestes 118-19
Orfeu 30, 33-4, 290
no Mundo Inferior 372,
374-75
Orongo 170-71
Osíris 35, 76-7, 80, 82, 85-6,
248
ouro 36
Ovídio, Metamorfoses 124

P

P'an Ku 227
Pã 13
Pa-Guá 69
Palâmedes 342-44
Palas Atena 108
Pandora 119
Papa (Terra) 235
Papua Nova Guiné 178
Paraparawa 201
Partenon, friso do 30

Parusha 220-21, 228
Parvati 57-8, 60, 308
Pashupati 13
Patagônia 188, 198-99
Pégaso 287
Pelasgo 216
Pele 264-65
Penélope 342, 347
Persas 23
Perséfone 17, 108, 111, 113,
372-74
Perseu 113, 289, 312
Picasso, Pablo, *Guernica* 30
Pirra 20
Píton, a 107
Pizarro, Francisco 194
Po 384
Polifemo 105, 345
Polinésia 20, 26-7, 170-79,
300
Mundo Inferior 384
Rata 356-57
Pomona 33, 322-23
Portador do Céu 206
Posêidon 104-05, 311, 344-45
Pradyumma 308-09
Prajapati 220
Priapus 107
Privithi (Mother Earth) 53
Prometeu 20, 111, 113, 253
propósito do mito 14-5
Protoindo-Europeus 22-3
psicologia 28-9, 38-9, 43
Psiquê 29, 107, 373
Ptah 76
Puana 238
Puranas 49
Purukapali 388-89
Pwyll 390

Q

Qat 234-35
Qayaq 33, 209
Quetzalcoatl 190, 192
Quimera, a 286-87, 296
Quíron 111, 252-53, 286, 342

R

Rá 75-6, 78-9, 80, 83-6
Radha 59

ÍNDICE REMISSIVO

Radin, Paul 41
Ragnarök 133-34, 137, 294, 348
raio 223
Rakian 316-17
Rama 55-6, 338-41
Ramayana 49, 338-41
Rangi 235
Rank, Otto 38
Rata 356-57
Rati 308-09
Ratri 250
Ravana 284-85, 338
Raxasas 283
reflexo, mitos como 11
Registro das Coisas Antigas 50-1
Reia 104
religião 39-42
Remo 101, 121
renascimento 16
Renfrew, Colin 23
Rig-Veda 12, 26, 42, 49, 52-3, 220
Romana, mitologia 23, 27, 100-01, 120-25, 322-23
Rômulo 101, 121
Rudra 55
runas 130
Rwanda 162-63

S
sacrifício humano 192
Samoa 172, 174
Santo Graal 128
Saoshyant 96
Sapo 219
Sarasvati 54
Sarawak 363
Satã 89
Sati 56-7
Saturnália 121
sazonalidade, mitos de 17
Sedi 218
Sedi-Diyor 218
Sedna 202-03
Sekhmet 80
Selene 116-17
Sêmele 311
Serápis 77

sereia/tritões 293
Serpente Arco-íris 182-83, 362
Serpente e a Águia, a 280-81
Sesha 282
Set 76, 78, 80, 82, 85
Setanta 148-49
Sete Deuses da Sorte 66
Sexto 125
Shakespeare, William 30
Macbeth 147
Shamash 280-81
Shang Di 68
Shanhaijing, O 292-93
Shen Nong 70-1
Shiva 34, 36, 49, 54-5, 58, 251, 308, 370
Shu 79-81
Shun 71
Sibilas 114
Sido 178
signos animais do zodíaco 68-9
símbolos 32
Simpang Impang 363
Sirius 248
Sisupala 285
Sita 56, 338, 340-41
Skrymsli 348
Smirna 112-13
Sol 258-59
Sol, eclipse do 161
Sol, mitos do 35-6, 188, 190, 247
Chineses 254-57
Incas 17, 194, 266-67
Japoneses 64-5, 67, 262-63
Malaios 270-71
Nórdicos 258-59
Polinésicos 178
Shuar do Equador 268-69
Soma 60, 250-51
sonhos 10-1, 28
Soto, Hernando de 240
Stonehenge 142
Stravinsky, Igor 30
Sugaar 141
suicídio 197
Suméria 16-7, 26, 74, 366-67

Surya 36
Susano 64-5, 262-63

T
Tabakea 177
Taliesin 142
Tamendonare 198-99
Tammuz 91, 306-07, 366
Tamoi 386
Tane 20, 171, 356
Tangaloa 172
Taoismo 27, 50, 68-70
Tapara 388-89
Tara 47, 60-1, 251
Tara Azul 61
Tara Branca 61
Tara Verde 61
Tara Vermelha 61
Tártaro 102, 286
Tawhaki, ciclo 356
Tefnut 79
Telégono 347
Telêmaco 347
Telepinu 96-7
temas compartilhados 16-21
Tempo do Sonho 157, 180-82, 184-85
Terra do Avô 386
terra dos fantasmas 380
Teseu 18
Tezcatlipoca 190-92
Thor 130, 132, 136
Thoth 84
Tiamat 89-90, 92, 232-33
Tífon 286, 290
Tintagel 153
Tirawa 206
Titãs 102-03, 105, 111, 216
Tito Lívio 124
Tjinimin 37, 362
Tnong 270-71
To Kabinana 173
To Karvuvu 173
trapaceiros 188
Coiote 203, 209
Coniraya 37, 352-53
Corvo 236-37
Dubiaku 387
Enki 20, 37, 89, 95, 367
Eshu 160

398

Gaio Azul 13, 37, 360-61
Glooskap 272-73
Hanuman 338-39
Loki 133, 136-37, 294, 348-49
Maui 174-75
Olifat 333, 358-59
Tjinimin 37, 362
Väinämöinen 138-39, 354-55
Tripitaka 338
Tristão 330-31
Troia, cavalo de 343-44
Troia, Guerra de 106-07, 122, 342-44
Trovão e o Elefante 33, 260-61
Tsukuyomi 262-63
Tuatha De Danann 144-45, 147, 314
Tuli 172
Tuonetar 138-39
Tuoni 138-39
Tutankâmon 78
Týr 133, 136, 294, 377

U

Uke Mochi 262
Ulster, Ciclo de 150
Uluru/Ayers Rock 181
universais, temas 12-3
universo, o 13, 15
Unkulukulu 169
Unushi 269
Unwabi 169
Urano 102-03, 107, 121
Urubustsin 200
Ushas 220, 250
Utnapishtum 20, 75
Utu 97
Uzume 67

V

Väinämöinen 138-39, 354-55
Valhalla 365, 376-77
Valquírias 377
Varuna 52, 251, 370
Vega 324-25
Vênus 306
Vertumno 33, 322-23

Vestais, Virgens 122
Vikings 128
Vinata 60, 282
Vingança, mitos de 33
Viracocha 20, 194-95
Virgem Maria 138
Virgílio 101
   Dido 30
Vishnu 49, 54-6, 59, 284, 340-41
Vodu 329, 381
Vodyanoi 138-39
Vritra 52
Vyasha 58

W

Wakahirume 65, 67
Wakan Tanka 204
Wanadi 276-77
Waramurungunji 244
Wati-Kutjara 244
Widjingara 185
Wigan 179
Wishpoosh 209
Wolfat 328-29
Wondjina, os 184-85, 243
Worora, povo 184-85
Wotan 130
Woyengi 222
Wuraka 244
Wyrd, Poço de 134

X

Xangai, Lago Oeste 254-55
Xibalbá 378-79
Xintoísmo 27, 50-1, 64-5, 67, 262
   Sete Deuses da Sorte 66
   Rochas casadas 230
Xochipili 191
Xochiquetzal 191

Y

Yama 370-71
Yao 71
Yara-ma-yha-who 302
Yen Ti 71
Yggdrasil 130, 133-36, 228
Yi e os dez sóis 71, 256-57
Ymir 130, 220, 228-29, 258

Yowie 301
Yu 20, 71
Yu Huang 68

Z

Zeus 19, 30, 104-05, 108-09, 117, 121, 195, 252, 297
   amantes de 310-13
   e Prometeu 20, 111, 253
   e Tífon 286
Zimbábue 164-65
Zimmer, Heinrich 42
zodíaco, signos animais do 68-9
Zoroastrianismo 23, 27, 74, 89
Zulu, mito 169
Zurvan Akarana 95

ÍNDICE REMISSIVO

Agradecimentos

Ilustradores: John Higgins e Dean Spencer
Pesquisa de imagens: Giulia Hetherington

Créditos das imagens

AKG Images 24-5, 39, 152, 323; /Alfio Garozzo 368; /Bildarchiv Steffens 72, 148; /Electa 37; /Erich Lessing 15, 32, 116, 170, 189, 214, 347, 376; /Jurgen Sorges 355; /Nimatallah 79; /Ullstein Bild 61. **Alamy**/Alaska Stock LLC 208; /Anna Sherwin 205; /Bill Heinsohn 174; /Black Star 16; /blickwinkel 162; /Bruce Coleman Inc. 359; /Carlotta 179; /Christian Ostrosky 199; /Content Mine International 183; /Danita Delimont 184; /Deco 180; /imagebroker 138; /Interfoto Pressebildagentur 2, 367; /J. Marshall/Tribaleye Images 50, 319; /Joan Wakelin 302; /John Cancalosi 242; /John Warburton-Lee Photography 226; /Juniors Bildarchiv 316; /Karsten Wrobel 159; /Lebrecht Music and Arts Photo Library 345; /LOOK Die Bildagentur der Fotografen GmbH 275; /M. Timothy O'Keefe 379; /Martyn Vickery 44; /Mary Evans Picture Library 66, 121; /Mike Goldwater 201; /Mireille Vautier 268; /Murray Cohen 241; /Nik Wheeler 357; /Paul Panayiotou 68; /Rachael Bowes 172; /Robert Estall Photo Agency 327; /Robert Harding Picture Library 36, 140; /Rolf Hicker Photography 185; /Terry Whittaker 243; /The London Art Archive 90, 113, 137, 281; /The Print Collector 35, 272; /travelib da Irlanda 145; /William Leaman 360; /Worldspec/NASA 17. **Bridgeman Art Library**/Bibliotheque Mazarine, Paris/Archives Charmet 120; /Bonhams, Londres 235; /Bradford Art Galleries and Museums, West Yorkshire 331; /Brooklyn Museum of Art, Nova York/Museum Expedition 191; /Museum Collection Fund 237; /Galleria degli Uffizi, Florença 3-3; /Nationalmuseum, Estocolmo 132; /Private Collection/Archives Charmet 343; /Private Collection/Peter Newark América Ocidental 299; /Private Collection/The Stapleton Collection 311; /The Stapleton Collection 53-4; /Trustees of the Royal Watercolour Society, Londres 119; /Victoria & Albert Museum, Londres 52. **Corbis** 380; /Charles O'Rear 246; /Fine Art Photographic Library 373; /Jaipal Singh/epa 284; /Richard T. Nowitz 245; /Yves Gellie 168; /Adam Woolfitt 126; /Alexander Burkatovski 304; /Ali Meyer 43; /Araldo de Luca 6, 122; /Art on File 388-89; /Asian Art & Archaeology, Inc. 263; /Bettmann 11, 232, 234; /Chris Hellier 103, 271; /Christophe Boisvieux 42; /Danny Lehman 171; /Davis Factor 158; /Diego Lezama Orezzoli 194; /Frans Lanting 166, 173; /Hinrich Baesemann/dpa 188; /Homer Sykes 391; /Hubert Stadler 195; /Hugh Sitton 328; /Jane Yeomans 255; /Jim Sugar 265; /John Henry Claude Wilson/Robert Harding World Imagery 251; /Julio Donoso/Corbis Sygma 353; /Karl Kinne/zefa 161; /Kevin Fleming 186; /Lester Lefkowitz 217; /Michael & Patricia Fogden 298; /Michael S. Yamashita 67, 97; /Mimmo Jodice 112; /Neil Rabinowitz 277; /Nico Tondini/Robert Harding World Imagery 88; /Nik Wheeler 335; /PBNJ Productions 14; /Penny Tweedie 300, 362; /Pete Saloutos 210; /Peter Adams 46; /Peter Adams/zefa 40; /Roy Morsch 265; /Stapleton Collection 253; /The Art Archive 89; /Theo Allofs/zefa 154; /TongRo 71; /Underwood & Underwood 269; /Werner Forman 385, 387; **Fotolia**/Daniel Rajzczak 303; /Jean-Yves Foy 69; /Jenny Solomon 146. **Getty Images**/AFP 219 acima; /David Madison 267; /Ed George 239; /Karl Weatherly 98; /The Christian Science Monitor Archive 163; /Thony Belizaire 329. **istockphoto.com**/Jim Jurica 207; /Klaas Lingbeek-van Kranen 41; /Serdar Yagci 351. **Mary Evans Picture Library** 31, 38, 102, 136; /Edwin Wallace 150. **NASA**/Human Spaceflight Collection 177; /NASA/JPL-Caltech/J. Hora (Harvard-Smithsonian CfA) 13; /NASA/JPL-Caltech/S Stolovy (Spitzer Science Center/ Caltech) 212. **National Geographic Image Collection**/Tim Laman 363. **Octopus Publishing Group Ltd** 204. **Photolibrary Group**/Brigitte Merle 224. **Picture Desk**/Eileen Tweedy 93. **Photo Scala, Florence**/Bildagentur für Kunst, Kultur und Geschichte, Berlim 63; /Egyptian Museum, Cairo 75; /Egyptian Museum, Vaticano 12; /Louvre, Paris/C. M. Dixon/HIP 91; /Monte Cei Paschi Collection, Sena 125; /Museo de America, Madri 193; /Museo delle Ceramiche, Deruta 18; /Musee du quai Branly/Hughes Dubois 356; /National Archaeological Museum of Cagliari 34; /Photo Spectrum/HIP 153. **Shutterstock**/Mark Atkins 223; /Sam DCruz 48; /Saniphoto 10. **TopFoto**/ImageWorks 381. **Werner Forman Archive** 78, 156, 230, 240; /British Museum, Londres 191, 264, 367; /National Library of Australia, Sydney 181; /Private Collection 157; /Schimmel Collection, Nova York 27; /Statens Historiska Museum 377; /Tishman Collection, Nova York 160. **Wikipedia** 92, 292.